KB161746

이제 막 출근했는데,
뭘 하라고요?

이제 막 출근했는데,
뭘 하라고요?

초판인쇄 2020년 4월 10일
초판발행 2020년 4월 10일

지은이 윤홍준
펴낸이 채종준
기획 · 편집 신수빈
디자인 서혜선
마케팅 문선영

펴낸곳 한국학술정보(주)
주 소 경기도 파주시 회동길 230(문발동)
전 화 031-908-3181(대표)
팩 스 031-908-3189
홈페이지 http://ebook.kstudy.com
E-mail 출판사업부 publish@kstudy.com
등 록 제일산-115호(2000. 6. 19)

ISBN 978-89-268-9881-9 13320

Z세대 직장인이 회사에서
살아남는 성과 창출 프로젝트

이제 막 출근했는데,
뭘 하라고요?

윤홍준 지음

이담
Books

일주일 여정의 시작

신입사원 장태준

그는 딥 오토메이션의 인사팀에 6개월 전 입사한 직장인이다. 딥 오토메이션
은 매출 1조 원의 산업용 로봇을 제조하는 건실한 중견기업이며, 장태준은 천
신만고 끝에 입사하여 직장생활을 시작했다. 그는 직장의 크기보다는 직무가
중요하고, 연봉보다는 배움이 중요하며, 조직에 충성하는 것보다 내 삶에 충실
해야 한다고 생각하는 전형적인 Z세대이다. 그러나 직장은 그의 방향과 의지
대로 놔두지 않는다. 알 수 없는 직장용어와 함께 각종 야근 및 질타가 가뜩이
나 주눅 드는 그의 직장생활을 더욱 힘들게 만들었다. 장태준은 무엇이 옳고
그른지조차 알 수 없는 세상에 사는 느낌이었다.

Z세대의 시작점

딥 오토메이션의 회장은 이제 새롭게 등장하는 장태준 같은 Z세대를 위한 조
직문화를 만들어야 한다고 생각했다. 그 이유는 딥 오토메이션은 앞으로 30
년 이상 그들의 손에 운명이 결정된다고 판단했기 때문이다. C○○(최고운영책
임자: Chief Operating Officer) 최인걸 부사장에게 Z세대에 걸맞은 인재상과 직장
백서를 만들 것을 지시했고, 최인걸은 인사팀장 유별난에게 긴급히 오더를 내
리며 일주일의 시간을 주었다. X세대 유별난은 Z세대를 위한 조직문화를 시
급히 준비해야 한다는 것에 의문을 품고 있지만, 신입사원 장태준과 오상실을

보며 함께 숙제를 풀어내야겠다고 생각했다.

일주일의 시간

유별난은 먼저 차주 월요일에는 인사팀에서 생각하는 Z세대를 가미한 인재상을 보고해야 한다고 결정했다. 그러기 위해서는 인사팀 워크숍을 금요일에 진행하기로 하고 사전준비를 팀원들에게 지시했다. 폭풍 같은 한 주가 시작되는 것이다. 때마침 연초인 관계로 인사팀이 목표 수립, 승진심사, 교육 로드맵 수립, PMS TF 및 채용 등 눈코 뜰 새 없이 바쁘고 중요한 시기다. 그 와중에 부사장의 오더 해결을 위해서는 팀원과 협업해야 한다는 것을 잘 알고 있었다. 그녀는 일요일에 인사팀의 주간계획을 구상했다.

㈜딥 오토메이션 인사팀의 주간 스케줄, 1/6~1/10

구분		월(1/6)	화(1/7)	수(1/8)	목(1/9)	금(1/10)
오전	09~10시	팀 성과 회의	인재상 수립 워크숍 사전미팅	성과관리 OJT (나대로 차장)	팀장 면담 (장태준)	
	10~11시	교육 TF				
	11~12시		담화: 장태준, 오상실	담화: 나 차장, 장태준, 오상실	성과코칭미팅	
Break	12~13시	중식				
오후	13~14시	반도체 본부 목표수립회의	공장 외근 (채용관리)		PMS TF	미래인재상 워크숍(강원도)
	14~15시					
	15~16시			수요특강 (고성과 조직문화 이해, 류 박사)		
	16~17시				PMS 결과미팅	
	17~18시				회식(18시 이후)	

이제 올해 가장 중요한 한 주의 시작이다!

Contents

직장에서 성과 내는 기술은 따로 있다

성과를 200% 끌어올리는 방법

Z세대여, 스마트 에너자이저가 되자

유별난 팀장

직책 : 팀장
직급 : 부장
세대 : X세대
특징 : 답정녀
특기 : 골프
혼인 : 기혼

심각한 차장

직책 : 팀원
직급 : 차장
세대 : X세대
특징 : 고문관
특기 : 꼰대
혼인 : 기혼

나대로 차장

직책 : 팀원
직급 : 차장
세대 : Y세대
특징 : 멋짐
특기 : 잡학
혼인 : 돌싱

강단 대리

직책 : 팀원
직급 : 대리
세대 : Y세대
특징 : 해결남
특기 : 건담
혼인 : 기혼

오상실

직책 : 팀원
직급 : 사원
세대 : Z세대
특징 : 새침
특기 : 스쿠버
혼인 : 미혼

주인공

장태준

직책 : 팀원
직급 : 사원
세대 : Z세대
특징 : 소신
특기 : S/W
혼인 : 미혼

출근하자마자
퇴근하고 싶은
Z세대에게

DAY 1

일하기 싫은데
오늘 연차 쓸까?

1단계

연차 쓸까? 장태준은 월요일 아침에 연차를 꿈꾼다. 6시부터 시작된 휴대폰 알람은 이제 쉬고 싶다는 듯 지겹게 울어댔다. 30분 간격으로 칼날 같은 클래식 음악이 그의 귀를 파고들었다. 팀장님께 아침에 사고가 났다고 할까? 복통으로 밤샘? 작은아버지가 뇌출혈로 쓰러지셨다고 할까? 아내가 아프다고 할까? 아, 나는 미혼이지. 연차전화는 어제 미리 해야 했다. 지금은 이미 늦었다. 달콤했던 휴일 이후 다시 직장으로 무거운 발걸음을 할 때마다 장태준은 중얼거린다. "왜 내가 일을 해야 하지? 일을 안 하고 살 수 없나?"

장태준은 6개월 전 천신만고 끝에 지금의 직장에 들어왔다. 아버지의 사업실패로 집안 형편이 갑자기 어려워진 상태에서, 관공

기업 시험에 낙방하고 대기업의 면접에서 전부 떨어져 영혼이라도 팔고 싶은 심정이었다. 가까스로 중견기업 딥 오토메이션에 입사했다. 그러나 그는 직장에 진입한 지 고작 반년 만에 탈출하고 싶은 샐러리맨이 되었다. 툴툴대며 침대에서 일어나서 눈감고 양치질을 했다. 입안의 거품을 뱉으며 시계를 보았다. 7시 20분. 앗 늦었네. 머리에 물을 대충 묻히고 털었다. 와이셔츠와 바지를 동시에 입고 허겁지겁 지하철로 향했다. 아. 지옥철. 이미 사람들로 가득하여 에어프라이어 같은 전철 안에 사람들이 구겨져 들어가고 있었다. 그도 앞사람과 포개어져 들어갔고, 그 이후는 뒷사람들이 알아서 밀어주었다. 각종 비명과 욕설이 난무하고 나서 간신히 문이 닫혔다. 지하철에서 내리자마자 뛰었다. 터질 것 같은 허벅지의 압박을 느끼며, 출구로 올라갔다. 회사에서는 강 대리가 보나 마나 시간을 재볼 터. 미처 헹구지 못한 치약의 달착지근한 맛이 어우러져 입에서 단내가 나게 회사 로비를 향해 뛰었다. 9시 출근에 8시 59분에 도착.

 강 단 대리 "세입(Safe)."

 오상실 사원 (오늘따라 유난히 긴 눈썹을 깜박이며 배시시 웃는다.)

 나대로 차장 "장태준 씨, 어라? 머리를 그냥 담그기만 했지? 드라이할 시간도 없었냐?"

1일 출근하자마자 퇴근하고 싶은 Z세대에게

장태준 사원　　"허~ (숨을 고르며) 네, 죄송합니다."

강 단 대리　　(노트북과 빔 포인터를 챙기며) "장태준 씨. 좀, 일찍
　　　　　　　다녀. 자~ 9시부터 팀 성과 회의입니다. 1회
　　　　　　　의실로 가시죠."

고달픈 장태준과 딥 오토메이션 인사팀의 일주일이 시작되었다.

왜 내가 일을 해야 하나?

왜 직장은 힘들고 괴로운가? 지긋지긋하고 끊임없이 발생하는 일 때문이
다. 그것도 하기 좋은 일보다는 하기 싫은 일이 대부분을 차지한다. 그 일을
To Do List에서 지워져야 월급을 받는다. 단순히 일한다고 급여가 나오면 얼
마나 좋겠는가? 일은 목표에 맞추어 성과를 내야 한다. 즉, 직장은 성과와 연
봉이 거래되는 마켓이라는 점에서 성과를 도출하기 위해서는 일을 마무리해
야 한다.

직장인의 고객은 직장이고 일은 상품이며 그 대가가 연봉이다. 마트에서
만족스러운 상품이 아닌 경우 구매의 가치가 없듯이, 직장도 마찬가지로 고
과를 통한 평가, 상벌, 승진, 명퇴, 다운사이징이 존재한다. 그렇기에 일은 즐
거움을 추구함과 동시에 긴장감을 가지고 임해야 한다. 희희낙락한 일은 이

세상에 없다. 일하면서 절박한 가운데 마무리와 성취를 통하여 즐거움을 만나게 될 뿐이다.

타인에 의해 부여받은 일을 억지로 수행하면 노동이지만, 그 노동에 창의적 활동을 가미하면 상응하는 성과가 나온다. 스스로 착화(着火)되어 일을 주도적으로 진행하면 노동이 아니라 가치가 된다는 의미이다. 우리는 돈을 벌기 위해 일하는가? 이 질문에 대한 답으로서 미국의 여론조사센터 톰 스미스 박사는 198개 직업의 종사자를 대상으로 직업 만족도를 조사한 결과, 수입과 만족도는 미약한 상관관계를 보였다. 즉, "일은 돈이 아니라 일 그 자체에서 행복을 얻는다"라는 다수의 답변을 도출해 낸 것이다.[1] 결론적으로 금전보다는 일해서 얻는 성과에 우리는 행복해한다는 의미이다.

직장인이 느끼는 일에 대한 심정

첫째, 솔직히 일이 지겹다.

연차를 결국 사용하지 못한 월요일 아침에 허겁지겁 출근하면 자리에 앉을 틈도 없이 일이 밀려든다. 상사는 마치 주말에는 뭐 했냐는 식으로 문제점을 꼬집고 다그치기 시작한다. 하지만 금요일에 정리되지 않은 일들이 월요일에 어찌 완성품으로 나타날 수 있겠는가? 정상적인 과학 법칙상 그 문제는 그대로이거나 심지어는 더 악화돼 내 앞에 버틴다. 옆 부서는 이메일 속에 내가 해야 할 일을 납기와 함께 교묘하게 넣고는 뿌려댄다. 게다가 별도로 작성된 협조문이 내 숨통을 조인다. 금요일 퇴근 시간에 던지고는 월요일에 태연하게 진행 상황을 묻는 동료들도 있다. 동료라기보다는 원수들이다. 이렇게 지나가지 않을 것 같은 서프라이즈한 월요일을 깡으로 버틴다. 사실 월요일뿐만 아니라 일주일 내내 이렇게 일한다. 그저 흑기사 카드를 내 자리 위에 던지면 영화 속의 어벤져스가 나타나 문제를 깨끗하게 해결하길 바랄 뿐. 당분간 조용히 휴식(Staycation)하고 싶다.

둘째, 일 좀 그만 주었으면 좋겠다.

일이 너무 많다. 내 기준에는 대부분 쓸모없다. 이렇듯 일은 단지 처리해야 하는 대상으로 여길 때 가치가 없어진다. 상사는 일에 자신의 영혼을 넣으라는 얘기를 종종 한다. 이게 무슨 같잖은 소리인가? 내 영혼은 어제의 스트레스를 풀기 위해 마신 술로 몽롱한 상태이고, 일은 꼬일 대로 꼬여서 해결점이 보이지 않는 가운데, 내가 각고로 노력하여 올린 결재판은 상사의 서랍에서 나올 기미가 없다. 그런데도 상사가 퇴근 한 시간 전에 나를 부른다. 숙제를 또 준다. 꼴도 보기 싫다. 내일이 보고기한인데 상사는 지금까지 뭘 하다가 이 시간에 일을 줄까? 투덜거리면서 야근을 시작한다. B 음료 회사 CF처럼 음료수 그만 주고 사람 좀 뽑아줬으면 좋겠다. 내 감정을 존중받으며 일하고 싶다.

셋째, 어디 다른 일 없을까?

나는 왜 이 일을 하지? 다른 일을 하면 안 될까? 이직할까? 다른 부서로 옮길까? 직장인은 이러한 질문을 하루에도 몇 번씩 한다. 지겹고 풀어내기 어려운 일을 마지못해서 해야 하기 때문이다. 반드시 그 부서에서 평생 일해야 할 필요는 없다. 그러나 타부서 or 타사에 가도 불량업무와 악동 상사가 대기 중일 것이다. 아니 더 악조건을 만날 수도 있다. 하는 수 없이 현실을 받아들인다. 아, 내 길(Mysider)을 만들어 가고 싶다.

일을 잘하기 위한 방향성

일을 잘해 낸다는 것은 '자신에게 부여된 역할과 책임의 범위 내에서 최대한의 성과를 내는 것'을 의미한다.[2] 즉 일의 결과물이 성과이고, 역으로 성과를 내기 위해 일을 하는 것이다. 그렇기에 일에는 항시 스트레스가 따른다. 스트레스는 월급의 부산물이다. 이 세상에 돈 벌면서 스트레스를 피하는 방법은 없다. 다만 긴장과 압박으로 다져진 내공을 가진 사람은 일을 하나의 게임으로 치부한다. 그들은 어떻게 일을 잘 할 수 있을까?

우선, '자신의 역량'을 끌어올려야 한다. 역량이란 어떤 일을 해내는 힘을 말한다. 만일 혼자서 기획, 인사, 영업, 생산, 회계 등 다수역량을 가지고 있다면, 경험에 의한 '일 해결 방정식'을 곧바로 수립하므로 과제에 대한 두려움이 감소할 것이다. 대부분의 기업들이 업적과 역량을 동등한 입장에서 인사고과를 측정하는 이유는 바로 역량이 중요하기 때문이다. 일을 잘 처리하는 사람을 자세히 보자. 그들은 일 해결 도면을 미리 머릿속에 그려내고 일을 시작하므로 실제 행동에서는 이미 한번 경험을 보유했다고 봐야 한다. 바로 이런 시뮬레이션의 기능은 그가 가진 역량의 크기와 비례한다.

또한, '주도적인 열정'이 있어야 한다. 주도적이란 점에서 열정페이와는 다른 의미이다. 타인이 부여한 열정은 몰입과 창의가 미흡할 수밖에 없다. 그러나 주도적인 열정은 '평범한 일'을 '창의가 만개한 답'으로 지독스럽게 생산해 낸다. 유능한 상사들은 이런 점을 귀신같이 간파한다. 전날 똑같은 일을 주고, 상사도 그 일을 밤새워 작성할 때도 있다. 이런 상사가 보는 것은 방향성이 아니다. 부하가 얼마나 고심해서 만들었는가를 보는 것이다. 창의는 열정을 쫓아가기 때문이다. 사실 확인은 물론, 그 데이터 내면으로부터 근본 원인, 해결점, 향후 개선안까지 도출하여 답을 만들어 내는 것은 '주도적인 열정'이다.

마스터키(Masterkey)인 역량이 부족할 때, 때로는 열정이 과제를 해결하는 비상키의 역할을 해야 한다. 이렇듯 역량이 부족하다면 열정으로 커버해야 하는 것이 일에 대한 방향성이다.

왜 내가 꼴통인가?
세 가지가 없어서

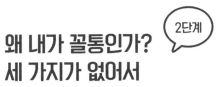

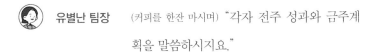

유별난 팀장 (커피를 한잔 마시며) "각자 전주 성과와 금주계획을 말씀하시지요."

그때 지각한 심각한 차장이 들어왔다. 심각한 차장은 유별난 팀장의 2년 선배였지만 직장에서 고문관으로 통했다. 만년 차장이라고 불리는 그는 인사팀에서 가장 고과가 낮고 일 처리가 부실했다.

유별난 팀장 (간신히 화를 삭이며) "심 차장님, 인사팀의 기강과 후배 본보기로서 지각이 없도록 당부드립니다."

심각한 차장 "네, 죄송합니다." (과묵하게 한마디만 하고 자리에 앉는다.)

 유별난 팀장 "자, 계속합시다. 시간이 없으므로, 공지사항 먼저 말씀드릴게요. 지난주 금요일에 최인걸 부사장께서 특별한 오더를 내렸습니다. 장태준, 오상실 씨 같은 Z세대가 회사에 신규입사를 했기에, 조직문화 차원에서 그들과 어우러지는 인재상의 초안을 금주까지 만들라고 했습니다. 그래서 인사팀 전원 금주 금요일에 워크숍을 진행하고자 합니다. 시간을 비워두세요. 진행 및 준비사항은 내가 지난주에 나대로 차장에게 지시했습니다."

 나대로 차장 "네, 그렇습니다. 금주에 금요일 14시에 워크숍을 진행합니다. 강원도 속초리조트로 정해놓았습니다. 아울러, 사전자료 작성을 위해 금주에 제가 별도로 장태준, 오상실 씨와 내일 9시에 면담을 했으면 합니다."

 유별난 팀장 "그리고 금주 수요일 15시에 수요특강이 있는 건 다 아시죠? 전 직원이 참석하므로 강연

준비에 전력을 기울여 주시고요. 내용은 류랑
도 박사의 '고성과 조직문화의 이해'입니다.
오상실 씨는 사전에 류 박사께 전화해서 준비
바랍니다."

팀원들이 각자 주간계획을 발표했다. 강단 대리는 화요일에 장
태준과 함께 인력 채용의 면접 준비를 위해 공장에 간다고 보고했
고, 나 차장은 수요일 오전에 장태준, 오상실 씨에게 성과관리 및
MBO에 대한 OJT 교육을 실시한다고 했다. 유별난 팀장이 갑자
기 생각난 듯 심각한 차장을 보며 질문했다.

유별난 팀장 (안경을 올리며) "심 차장님. 금일 10시에 전사
교육로드맵 TF 회의를 합니다. 준비는 하셨
지요?"

심각한 차장 (고개를 숙이며) "네? 네. 준비라고 할 것은 없습
니다만, 아무튼 관련 자료를 모아놨습니다.
그리고 장태준 씨가 KMA, KPC의 교육 자
료를 정리하여 발표할 예정입니다."

유별난 팀장 "장태준 씨 교육 관련 자료 준비했나?"

장태준 사원		"아, KMA, KPC를 찾아봤는데, 내용이 너무 많아서요. 그냥 인터넷을 띄워서 설명하겠습니다." (장태준은 어물쩍 넘어가려고 했다.)
유별난 팀장		(화를 내며) "장태준 씨. 엑셀로 옮기면 되는 것을 준비가 안 되었다고요? 그럼 과목별 Sorting을 어떻게 하지? 심 차장님. 업무지시를 제대로 했나요?"
심각한 차장		(여전히 답답하게 천천히) "사실 교육을 왜 다시 검토하는지 잘 모르겠고요. 이것을 정리해서 뭘할 것인지도 이해가 안 갑니다."
유별난 팀장		(기가 막힌다는 듯) "그걸 지금 말씀이라고 합니까? 2주 전에 제가 부사장님 특별지시라고 설명했죠. 우리의 교육방법과 내용이 너무 오래되어서, 이번 기회에 기본, 리더십, 직무교육으로 나누어 전사적으로 교육프로그램을 정비하자고 했고, 그러기 위해서는 외부교육의 확인이 필요하므로 장태준 씨가 교육기관 KMA와 KPC의 교육내용을 전부 확인하여 도표화하기로 했잖습니까? 그리고 심 차장님

은 교육로드맵을 만들어 오기로 했고요. 그런데 장태준 씨는 준비가 안 되었고, 그렇다면 심 차장님은 교육로드맵을 작성했나요?"

심각한 차장 (눈을 껌벅이며) "아직 못했습니다. 그림이 잘 그려지지 않습니다."

유별난 팀장 (땅이 꺼져라 한숨 쉬며) "**불통, 불납, 불량**이군요. 주간회의 마칩시다."

일을 못하는 근본이유

초년시절에는 일을 잘하지 못한다. 솔직히 상사가 지시하는 의미를 모른 채 뛰어다니기 때문이다. 그로 인해 꾸중, 비난, 수정 및 재작업을 양산하면서 시행착오를 거치며 성장한다. 이렇듯 일을 못 하는 수많은 이유 중에서도 직장생활에서 일을 못 하는 이유를 꼽는다면 상사와의 방향, 품질, 납기가 불량한 상태에서 내놓은 결과물일 것이다.

① 방향: 상사의 원츠(Wants)가 아닌 니즈(Needs)만 만족시킨 결과물인 불충분한 의사소통

② 품질: 상사의 품질 수준에 미달된 결과물인 불량품의 양산

③ 납기: 상사가 원하는 유통기한을 넘긴 결과물인 불량한 납기

이 세 가지의 문제요인 중 하나만 양산해도, 일을 깔끔하게 한다는 소리를 듣지 못한다. 결국 일을 잘해 내려면, 주어진 업무를 상사가 원하는 방향과 품질 수준으로 기한 내에 완수해야 한다.[1]

불충분한 의사소통

불통(不通)이란 무엇인가? 서로 통하지 않는 것, 직장에서는 상사가 원하는 것을 제대로 모르고 일하는 것을 의미한다. 상사가 과제를 줄 때 자세히 들여다보면, 그가 진실로 원하는 원츠와 단순히 지시하는 니즈가 있다. 일이라는 것은 실제 그가 원하는 것이 중요하다. 그렇다면 원츠와 니즈는 무엇이다른가? 원츠는 心(마음)이고, 니즈는 言(지시)이다. 일은 실제로 지시한 말보다는 상사의 마음에 의미가 있음을 뜻한다. 지시하는 손가락 끝만 보지 말고, 의미를 간파한 후에 일을 시작해야 한다. 축구코치가 소리친다고 골문만 보고 뛰어갈 것이 아니라, 전략적인 패스로서 골문에 골을 넣어야 한다는 것이다. 상사와의 소통은 방향성이며, 일에서 가장 중요한 첫 번째 요소이다.

다른 방향으로 가면 Zero가 아닌 마이너스이고, 낭비한 시간과 기회비용이 고스란히 회사의 손실로 이어진다. 직장 내에서 상사와 소통하지 아니하

고 실적을 낸 부하는 거의 없다. 가장 자유롭다는 연구직도 상사와의 소통과 조직목표의 범위 내에서 창의가 발현된다. 그렇다면 어떻게 상사와 소통해야 하는가? 첫째, 보고를 명확하게 하고, 둘째, 심안(心眼)을 가져야 한다.

1. 상사에게 칭찬받는 보고요령 3가지 원칙

① **결론을 말하고 과정 언급하기**: 즉, 스토리 배경을 표현하고 나서, 곧바로 "요컨대~, 결론적으로는~, 요약하여 보고 드리면~"이라는 종결 문장을 사용한다. 상사는 결론부터 들어도 항시 시간이 촉박한 이들이기 때문이다. 상사의 시간을 소중하게 생각하는 만큼 내 고과도 올라간다.

② **숫자로 보고하기**: 숫자가 어떻게 머릿속에 새겨지는가? 내 자신이 그 일의 인과를 꿰뚫어서 정량적으로 논리가 명확해졌을 때다. 예를 들어, "A, B, C 중 A의 연 평균치는 78%입니다", "B값이 표준이며 43%를 차지합니다", "필리핀 수출 건은 FOB 부산으로, 원가율 87%이로 T/T 조건입니다"라고 명확히 말한다.

③ **생생한 사실을 보고하기**: 주관적 의견과 사실은 전혀 다르다. 생생한 사실이란 현장의 데이터와 정보이며 상사의 의사결정에 결정적인 도움이 된다.[2]

2. 상사의 마음을 심안으로 들여다보기

심안은 사물을 살피고 분별하는 능력을 의미한다. 상사의 마음을 살펴보기란 눈치를 보라는 뜻이 아니다. 상사의 입장에서 나에게 지시한 그 심정을 헤아리라는 뜻이다. 심안으로 보기 위해서는 깊은 생각이 필요하다. '왜 그렇게 지시했는가?', 'A와 B는 상호 모순인데 어떻게 해결하란 말인가?', '왜 상사는 A를 B라고 표현했을까?', '상사는 어떤 결과물을 만들어서 대표에게 보고하려 하는가?'라고 진진하게 생각하고 자문자답해야 한다. 상사도 그런 과정을 거치고 그 자리에 존재하는 것이다. 그도 당신이 어떤 행동을 하는지를 주시할 것이다. 정말 잘 모르겠다면, 상사의 지시사항을 내가 일단 글로 정리하고, 그 내용과 함께 방향성을 논의하는 것이 좋다.

불량품의 양산

길을 걷다가 상점에서 애플파이를 한 박스 샀는데, 포장을 열어보니 절반가량 부서진 채로 포장되어 있다면 여러분은 어떻게 하겠는가? 고소까지야 하지 않겠지만, 당장 환불하거나 교환할 것이다. 직장도 마찬가지다. 어떤 일이든지 상사가 원하는 수준까지 작업해야 한다. 미흡, 불만족 혹은 마음에 들지 않으면 모두 불량이다. 불량이 심한 표현이라고 생각되면 본인의 자존감과 함께 사원증을 인사팀에 조용히 내려놓으면 된다. 돈을 받고 일하면 그만한 품질의 작업은 필수다. 거저먹는 일이란 세상에 없다. 불량을 방지하는 두 가지 방법을 살펴보자.

1. 해당 업무에 대한 지식 갖추기

업무에 '알 것 같은'이라는 상태는 없다. 모르면 신속히 공부해야지, 절대로 대충 넘어가서는 안 된다.[3] 특히 의사결정자라면 불충분한 이해가 완전히 잘못된 이해보다도 위험하다는 것을 알아야 한다.[4] 1,400년 전 공자가 제자에게 **"아는 것을 안다 하고, 모르는 것을 모른다 하라"**라는 가르침이 논어에 기록되어 있다. 모르면 배우면 되지, 아는 척이 문제를 해결할 수는 없다는 것을 의미한다. 아울러 그 문제를 근본까지 해결하려면 단편적이 아닌 3차원의 지식으로 무장해야 한다. 지식의 끝에는 지혜를 얻을 수 있는데, 지혜로운 사람은 뛰어난 예지력으로 위기의 상황에서도 최적의 의사결정을 한다. 지혜의 단계로 건너가기 위해서는 먼저 지식을 쌓아야 한다. 지식은 지혜에 도달하기 위한 척도이자, 가교이다.[5] 불량을 양산했다면 원인분석을 통해 향후 재발을 방지해야 하는데, 원인분석에도 철저한 지식무장이 필수이다.

2. 사전계획 수립하기

사전계획을 수립하려면 내가 어떤 패턴으로 무슨 일을 하는지 기록해야 한다. 예로써 한 시간 단위로 며칠간 업무일지를 기록해 보면 일의 중요도 정리와 불합리한 습관을 파악할 수 있다. 그럼으로써 내 업무에 불량을 유발하는 태풍(상사가 분양하는 긴급한 업무)이 있음을 확인하게 된다. 태풍은 때때로 내 업무를 송두리째 삼켜버린다. 잘 정돈해 놓은 내 일정을 뒤죽박죽으로 만들고, 그로 인해 촉박해진 기존의 중요업무는 불량품이 되어버리고 만다. 그렇다면 대안은 있을까?

사실 상사가 불어넣는 태풍을 고사할 수 없다. 상사에게는 중요한 일이므로 지체했다가는 심한 압박과 질책을 받는다. 가장 좋은 방법은 사전계획에 태풍을 가두어 버리는 것이다. 즉, 일과에 여유시간(버퍼링)을 두어 갑자기 침범하는 태풍을 조율해야 한다. 사전계획이라는 양식장에 태풍도 자연스럽게 집어넣어야 한다. 일과 후 퇴근 전 5분 정도는 내일의 중요업무 1, 2, 3의 성과목표 정리가 필요하다. 이렇듯 사전계획을 수립하면 작업순서가 뚜렷해지고, 단시간에 해답을 도출하는 과정에서 일 근육의 발달을 촉진한다. 사전계획은 불량을 방지하면서 중요하고 긴급한 일을 해낼 수 있도록 만든다.

불량한 납기

여러분이 팀장이라면, 10명의 팀원 중 가장 일을 잘하는 사람을 어떻게 알수 있을까? 간단하게 문자로 확인할 수 있다.

"경쟁사 B가 A라는 신제품을 출시했다고 하는데, 혹시 관련 자료나 내용을 아는 분은리플 요망."

그러면 가장 먼저 답변이 오는 사람이 있다. 대부분 그가 팀 내 평가 1위일 것이다. 그리고 2, 3, 4위 순으로 답변이 온다. 답변의 상위권자가 평가도 상위권일 확률이 높다. 왜 그럴까? 납기에 대한 개념이 명확한 이들의 순서이기 때문이다. 훌륭한 부하직원은 단납답변(短納答辯)도 훌륭하다. 이들은 상사의 성공을 돕기 위해 모든 촉각을 상사의 질문에 집중한다. 이렇듯 납기는 일에 근간이 되는 가장 중요한 요소이며, 동시에 안정화된 품질을 전제로 한다.[6] 고품질이라는 기초 위에 납기가 존재하는 것이다.

또한, 납기를 준수하기 위해서는 보수적인 견지와 관리 방법이 필요하다. 그 방법 중 하나는 간트차트(Gantt chart)로 일정을 백워드로 되짚어보는 것이다. 즉, 목표 일자(End Day)를 정해놓고 거꾸로 가능한 일정을 수립하여 관리하는 것을 의미한다.

세상의 모든 비즈니스는 계약에서 비롯되고, 첫 번째 합의 조건에는 납기가 포함된다. 종종 계약에 있어서 납기는 금액보다 우선한다. 금액은 가변적이지만 시간이라는 돌이킬 수 없는 제약으로 인해 가치가 휘발되어 사라지기 때문이다. 따라서 납기는 비즈니스의 가장 중요한 인자로서 상사의 기한에 맞춰 철저히 관리해야 한다.

TMI가 아닌 심플한
이정표가 필요해

> 3단계

    월요일 아침부터 팀 성과 회의는 긴장감이 흐른 채 끝나고 말았다. 이어서, 인사팀이 주관하는 교육 TF 회의가 시작되었다. 인사팀에서는 심각한 차장, 강단 대리, 장태준, 오상실이 참석했고, 각 본부의 교육담당자 3명이 모였다. 교육 TF는 최인걸 부사장이 인사팀과 유관부서에 지시한 특별 오더였다. 딥 오토메이션은 근래 연 20% 이상 성장하여 작년에 1조 매출 달성과 함께 많은 인력을 채용했다. 영업, 설계, 관리, 생산 및 연구 관련 부서의 인력이 지속적으로 증가했고, 개발부서는 Profit Center로 격상하면서 신지식에 대한 교육을 필요로 했다. 교육은 부서별 적시에 진행됨으로 인해 교육 대상, 주제, 당위성, 프로시저, 프로세스, 데이터베이스 등

전반적인 교육시스템이 부실했다.

　부사장은 인사팀 유 팀장에게 교육제도를 대학교처럼 만들 것을 요구했다. 모든 부서에 적합한 교육내용을 적출하여 Junior, Senior, Manager로 구분하고 교육에 대한 비전, 로드맵, 커리큘럼과 MBA 과정을 설립할 것을 지시했다. 올해 1월부터 즉시행을 주문하며 작년 12월에 교육 TF를 시작하게 된 것이었다. 심각한 차장이 교육 TF의 리더로서 회의를 주관했다.

 심각한 차장　　"여러분 반갑습니다. 지난주에 이어 금주에는 각자 준비한 자료를 리뷰하도록 하겠습니다. 먼저 장태준 씨가 교육기관의 교육로드맵을 설명해 주세요."

　심 차장이 말하는 순간, 느닷없이 최인걸 부사장이 회의실에 들어왔다. 모두 자리에서 일어났고, 부사장은 인사를 하며 앉았다.

 최인걸 부사장　"그래, 잘 되어가고 있지요? 진행하던 것 계속하세요. 하도 궁금하여 와 봤습니다."

 심각한 차장　　(말을 더듬으며) "에~ 장, 장태준 씨. 교, 교육기

관 KPC와 KMA의 교육프로그램 벤치마킹
한 내용을 발표해 주세요."

 장태준 사원 "네, KPC를 먼저 보겠습니다. KPC의 교육
프로그램은 이곳에 가서 이렇게 누르면 나오
는데요."(장태준도 이런 순간이 올 줄 꿈에도 몰랐다.)

장태준이 홈페이지를 클릭했는데, 때마침 랙(Lag)이 걸리면서 화
면이 정지됐다. KMA에 들어가서도 마찬가지였다. 장태준은 얼굴
이 벌겋게 달아올랐다. 컴퓨터 탓을 하면서 OFF를 하고는 좌중을
둘러보았다. 심각한 차장은 장태준을 노려보며 재촉했고, 회의는 순
식간에 냉동상태가 되었다. 참다못해 최인걸 부사장이 질문했다.

최인걸 부사장 "장태준 씨, 다음에는 PPT는 아니어도 엑셀
로 다운받아서 그중에 중요한 사항을 분석하
여 설명해 주세요. 타인의 시간은 소중할 뿐
만 아니라 결국은 회사의 자원입니다. 내가
한 시간 준비하면 여기 모인 열 명의 10시간
을 단축해 주기 때문이죠. 그건 그렇고, 심 차
장. 교육 벤치마킹보다는 교육로드맵이 더

중요한데, 그건 준비가 어떻게 되었습니까?"

심각한 차장 (침을 삼키며) "네, S 대기업에서는 교육을 A, B, C로 구분하여, A는 D와 E를 활용하고, B는 F와 G로 진행하고 있었습니다만, 그, 그래서…."

최인걸 부사장 (심 차장의 말을 끊으며) "나에게 TMI(Too Much Information)는 필요 없고요. 핵심이 무엇인가요? 우리의 로드맵은 무엇이죠?"

송곳 같은 추궁이 들어왔다. 심 차장은 머리를 긁적이며 아무런 말도 못 했다. 부사장은 겉으로는 매우 유했으나 내면의 분노가 회의장을 가득 메웠다. 그때, 강단 대리의 노트북 화면이 빔프로젝터에 쏘아졌다. 딥 오토메이션-Way로 표현되는 간략한 교육로드맵을 준비한 것이었다. 기본, 리더십, 직무의 세 가지 교육을 Junior, Senior, Manager로 매트릭스화하여 일목요연하게 정리한 자료였다.

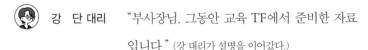

강 단 대리 "부사장님. 그동안 교육 TF에서 준비한 자료입니다." (강 대리가 설명을 이어갔다.)

최인걸 부사장 (이제야 안심하는 듯 고개를 끄덕이고, 나가며) "심 차

장. <u>일의 본질을 꿰뚫고</u> 심플하게 정리, 보고
하세요."

일의 중요성, 본질

일의 본질을 모르고 일을 하면 백전백패다. 일을 주는 자와 받는 자가 명확하게 일을 이해해야 한다. 목표도 마찬가지다. 예를 들어, 회사는 매년 경영방침을 수립한다. 경영진은 경영방침이 액자에 넣어져 게시됨으로써 직원들이 매일같이 숙지한다고 생각한다. 그러나 직원들의 절반은 경영방침의 의미를 알지 못한다. 이는 간단히 확인할 수 있다. 지금 옆에 지나가는 직원을 붙잡고 금년도 경영방침과 매출목표를 물어보라. 하늘에 있는 경영진의 의도와 바닥에 있는 직원들의 생각은 그야말로 천양지차(天壤之差)이다.[1]

『어린 왕자』의 저자 앙트완 드 생텍쥐페리는 **"배를 만들고 싶다면 사람들에게 목재를 가져오게 하고, 할 일을 나눠주고, 일을 시키지 말라. 대신 그들에게 넓고 끝없는 바다에 대한 동경심을 갖게 하라"**라고 말했다.[2]

비전에 대하여 직원이 공감해야 조직이 성공할 수 있다는 의미이다. 고어텍스 섬유회사인 고어 앤 어소시에이트에는 '워터라인(Water Line)'이라는 원칙이 있다. 직원들이 실탄을 만지다가 실수로 배의 워터라인 위에 구멍을 낸다면 큰일이 아니지만, 워터라인 아래에 손상을 입힌다면 배는 침몰하고 만

다. 기업은 직원들이 의사결정 시 워터라인 위인지 혹은 아래인지 가르치기 위해 노력한다.[3] 직원들이 어느 방향으로 어떻게 전략적으로 움직여야 하고, Risk를 방지하기 위해서는 어떤 매뉴얼이 있어야 하는지를 알 수 있는 대목이다. 그러므로 일의 방향, 전략 수립, 리스크 헷지를 위해서는 반드시 '본질'에 집중해야 한다. **"조직원이 본질을 어떻게 이해했느냐에 따라 행동이 달라진다."**[4]

본질을 꿰뚫는 사례

미국 NBA 최고의 농구 스타 매직 존슨(Magic Johnson)은 다른 선수들과 달랐다. 그는 'LA 레이커스 왕조'를 이끌며 5회의 팀 우승을 연출했고 정규리그 MVP 3회, 플레이오프 MVP 3회의 위업을 이룩했다. 특히, 플레이오프와 올스타 같은 큰 경기에서 자신의 진가를 유감없이 발휘하며 역대 NBA 플레이오프 통산 최다 어시스트, 가로채기 기록과 올스타 통산 최다 어시스트 기록을 동시에 보유하고 있다. 그는 어떻게 매번 상황이 다른 게임에서 두각을 나타내도록 본질을 꿰뚫었을까? 그것은 바로 조망능력이다. 그는 모든 게임 상황을 조망하면서도 열심히 경기에 임했다는 점이다. 마치 연단이나 발코니에서 경기 전체의 그림을 보고 움직이는 것 같았다. 경기에만 몰두한 평범한 선수들에 비해 탁월할 수밖에 없었다.[5] 마찬가지로 유능한 영업자는 과제를 조망하는 능력이 뛰어나다. 광고나 컨설팅회사에서도 'OK'를 받아내는 영업자는 고객에게 제안요청을 받고 돌아오는 길에 이미 한 달 뒤에 있을 프레젠테이션의 기본개념과 방향을 정하고 있을 사람이다.[6]

　일은 시작하기 전에 정리해야 한다.[7] 즉 일의 시작에 있어서, 결과 자각이 과정 자각보다 선행되어야 한다. 결과 자각은 최종성과를 그리는 것이고, 과정 자각은 성과를 도출할 전략을 창안하는 것이다.[8] 결과를 먼저 그리고 과정을 생각해야 함을 뜻한다. 한자성어로 흉유성죽(胸有成竹)이 동일한 의미이다. 대나무 그림을 그리기 전에 이미 마음속에 대나무가 들어앉아 있어야 하는 것과 같은 이치이다.[9] 이와 관련하여, 하버드의 전설적인 마케팅 교수 시어도어 레빗은 다음과 같이 말했다.

"사람들이 사려는 것은 0.25인치 '드릴'이 아니다. 그들이 원하는 것은 0.25인치 '구멍'이다."[10]

　과제를 탁월하게 수행하려면, 전체적인 조망과 함께 미래를 예측하는 명쾌한 시각으로 본질을 꿰뚫어야 한다.

심플한 이정표, 성과청사진

　일의 본질을 심플하게 꿰뚫기 위해 '성과청사진'의 방법을 제시한다. 성과청사진은 성과의 결과를 미리 조감(Bird-View)하는 것이다. 본질을 확인하기 위하여 머릿속의 드론을 창공에 띄워 일의 전체를 조망하고, 큰 그림(Big

Picture)상에 해결의 실마리를 찾는다. 우리는 왜 성과청사진을 미리 그려봐야 할까? 대부분의 직장인은 과제 수행 전 계획을 수립하는데, 계획뿐만 아니라 완수해야 할 결과물을 미리 검토해야 성과 낼 확률이 높아진다. 즉, 결과물을 확인하고자 한다면, 과제의 본질을 명확히 알아야 한다. 머릿속으로만 구상하지 말고 구체적으로 '성과청사진'을 그려 봄으로써 해결의 실마리를 찾아내자. 성과청사진의 방법에는 ① 고스트 팩(Ghost Pack), ② 스케치 페이퍼(Scatch Paper), ③ 로직 트리(Logic Tree), ④ PDCA(Plan-Do-Check-Action) 등이 있다.

① 고스트 팩

고스트 팩이란 핵심요소만 미리 한 장 안에 만들어보는 것이다. 즉 PPT 6장을 한 장의 이면지에 표현한다. A4 이면지 위에 연필로 조그만 네모도형을 4~6개 정도 만든다. 첫 번째 네모 칸 안에 과제에 걸맞은 표지를 기재한다. 두 번째 박스에는 목차를 기재한다. 세 번째~여섯 번째까지는 주요 내용, 구상안건, 소요 비용, 일정 등을 넣는다. 상사가 과제를 이해하고 결정할 수 있는 합리적인 자료를 만드는 것이다. 자료를 함축하기 위한 Tool로서 4M(Man, Machine, Material, Method), 4P(Product, Promotion, Place, Price), 4C(Contents, Communication, Commerce, Community) 등을 사용한다. 고스트 팩은 말 그대로 A4 시트에 리포트의 개요를 유령(Ghost)처럼 슬라이드(Pack) 형태로 작성해 보는 것이다.

1. 왜 일하는가?

| 성과 창출 | 역량 | A, B, C |
| | 열정 | D, E, F |

2. 일 못하는 이유

불통	소통X	결론, 숫자
불량	양품X	지식, 계획
불납	납기X	간트 차트

3. 일의 이정표: 성과청사진

고스트 팩　스케치 페이퍼　로직 트리　PDCA

4. 일의 목표

| MIT |
| Most Important Target |

5. 목표의 가시화

| 전광판 |
| 점수, 좌표, 피드백 |

6. 스케쥴

NO	구분	내용	일정			
1	A	A → A´	1月			
2	B	B → B+D		2月		
3	C	C → D-A			3月	
4	D	D → A-C			3月	
5	E	E → E´				4月

7. 예상결과

유형효과	무형효과	투자비	ROI
소통력: 30% ▲	A → A´		
불량율: 20% ▼	B → B+D	○○만 원	2년
단납기: 10% ▼	C → D-A		

8. 의사결정

안	내용	현업	팀장	임원
1안	A 추진	○	○	●
2안	B 추진			

② **스케치 페이퍼**

　스케치 페이퍼는 고스트 팩과 유사하다. 일에 대한 배경, 목적, 문제점, 해결방안, 비용, 스케줄, 예상 결과물의 최선과 차선 등을 One page에 모두 표

현하는 기법이다. 보통 A3지 한 장에 모든 것을 함축하여 넣는다. 이 한 장은
보고자 입장에서 어필이 심플해지고, 결재자 입장에서 단번에 이해가 할 수
있다는 장점이 있다.

A3 한 장

1. 배경 및 목적

배경	일, 성과에 대한 개념정립
목적	조직 역량강화, 성과증진

2. 문제점

1	A(불통): 소통 부재
2	B(불량): Spec 미흡
3	C(불납): 단납기

3. 해결방안

1	결론과 숫자로 표현
2	지식증진, 계획수립
3	간트차트 백워딩

4. 스케줄

NO	구분	내용	납기	일정			
1	A	A → A´	1/5	1月			
2	B	B → B+D	2~3월		2月	3月	
3	C	C → D-A	4/30				4月

5. 예상결과물

유형효과	무형효과
소통력: 30% ▲ 불량율: 20% ▼ 단납기: 10% ▼	A → A´ B → B+D C → D-A

6. 예상비용

A: ○만 원 B: ○만 원

7. 의사결정

1안	A 추진	●
2안	B 추진	

③ 로직 트리

로직 트리는 프로젝트를 전체적으로 조망하여, 문제점과 해결점을 끝까지 적출하거나 드릴다운(Drill Down)하여 표현해야 할 때 적합하다. A-A'-A", B-B'-B", 이런 방식의 트리 형태로 과제를 펼쳐서 표현한다. 복잡하고 분산된 Data의 연관성을 잡아내어 결정질(의미)을 추출하는 것이 로직 트리의 장점이다.

④ PDCA

PDCA도 한 장에 작성하면 매우 효과적이다. Plan-Do-Check-Action으로 일을 어떻게 계획하고, 실행하고, 측정하고, 개선할 것인가를 미리 그려볼 수 있다.

Plan		
계획수립		
No	구분	일정
1	A	1月
2	B	2月
3	C	3月
4	D	4月

Do			
실행			
No	구분	실행내용	납기
1	A	A→A'	1/5
2	B	B→B+D	2/10
3	C	C→D-A	3/15
4	D	D→A-C	3/30

Check		
확인 및 피드백		
문제점 및 원인분석		
구분	원인	Item
불통	소통X	A
불량	양품X	B, C
불납	납기X	D

Action		
개선 및 조치		
개선사항 및 관리방안		
구분	개선	관리
A	결론, 숫자	○
B, C	지식, 계획	△
D	간트차트	○

이렇듯 성과청사진은 다양한 얼굴을 하고 있으나 그 목적은 같다. 해당 과제에 적합하고 기호에 맞게 사용하면 그만이다. 기법사용에 정답은 없다.

이제 막 출근했는데, 뭘 하라고요?

MIT,
가장 중요한 목표

교육 TF 회의를 마치고 장태준은 숨고르기를 하며, 오상실 씨와 함께 식당으로 향했다.

 오상실 사원 "장태준 씨. 너무 의기소침하지 마세요. 담에 준비 잘하면 되죠. 오늘 가장 큰 문제는 심 차장님이신데 준비를 안 해서 큰일 날 뻔했어요. 강 대리님 덕분에 위기를 넘겼어요. 그나마 다행이에요."

장태준은 창피했다. 그는 사실 프로그래머 수준의 전산 능력을 보유하고 있었다. 동기들이 수천 개의 데이터를 엑셀로 V-Lookup(데이터를 아이템별로 자동 정렬하는 함수)을 하며 며칠씩 힘겨워할 때, 그는 VBA 프로그래밍으로 단번에 정리했다. 이러한 능력을 특히 회계팀에서 주목했고, 회계팀장이 인사팀에 정식으로 장태준의 보직 발령을 요청하기도 했다. 교육 TF에서 데이터 취합쯤은 그에게 식은 죽 먹기였다. 그런데도 정리하지 않은 채로 대충 넘어가려다가 최인걸 부사장이 갑자기 참석하여 찍히게 되었다. 젠장. 그는 한숨을 쉬며, 밥을 먹었다. 돈가스가 너무 바삭해서 입천장을 스크래치 내며 식도를 타고 내려갔다. 하~ 블랙먼데이. 월요일은 언제나 술을 부른다고 생각했다.

1월 6일 월요일 14시 반도체 영업본부 회의실 / 목표 수립 회의

점심시간 이후 반도체 영업본부의 당해 연도 목표 수립을 진행하는 회의를 시작했다. 반도체 영업본부는 회사매출의 4천 억(40%)을 차지하는 중요한 조직이다. 통상 목표 수립은 전년도 12월에 완료됐으나, 작년 말 조직개편으로 인해 올해에는 1월에 시행하게 됐다. 즉, Item별 신규조직에 각 팀장이 변경 및 위촉됨으로써 목표 수립을 이제야 진행하는 것이다. 인사팀에서는 각 본부에 나뉘어 참조자(Audit)로 참석했는데, 반도체 본부는 심각한 차장, 강단 대리 그리고 장태준이 참석했다. 반도체 영업본부장인 강판매 본부장이 팀장들을 향해 말했다.

ⓧ **강판매 본부장** "매년 목표 수립을 하는데, 우리가 목표를 설정하여 금주까지 회장님께 상신하고, 1월 내 전략 및 액션플랜 수립을 전부 해야 해. 각자 허심탄회하게 의견을 말해봐."

ⓧ **영업 1팀장** (불만 섞인 목소리로) "본부장님. 죄송한 말씀이지만, 목표설정을 왜 하는지 사실 잘 모르겠습니다. 작년에도 사업 계획상 저희 1팀은 1,500억을 하기로 했으나, 물류 영업팀의 수주가 미흡하자 하반기 수정 계획상 1,800억으로 300억이나 올리셨습니다. 저희 1팀 영업자들은 연초대비 인센티브가 줄었다면서 불만이 많습니다. 이 상태에서는 목표가 불필요하다는 의견도 있습니다."

영업 2팀장   "저도 목표 수립에 대해 한 말씀 드리겠습니다. 1팀장 말대로 목표가 매번 변경도 되지만, 중요도가 낮은 급한 일들이 갑자기 나와서 몰입을 방해합니다. 목표를 설정해도 한 번도 끝까지 간 적이 없습니다. 목표에 회의감이 듭니다."

영업 3팀장   "목표가 너무 많습니다. 그런 영업활동뿐만 아니라 각종 수매수, 매출채권, Cash 등을 챙겨야 합니다."

30년 이상 영업을 하고 괄괄한 성격인 강 본부장은 책상을 탕 치며 말했다.

강판매 본부장   "자네들은 MIT(Most Important Target)를 아는가? 본부에서 가장 중요한 목표가 뭐야? 수주, 매출, 수금, 그리고 손익 아닌가? 정량적으로 얼마를 해 낼 거야? 목표 없이 어떻게 성과를 낼 수 있어? 여러분이 의견을 내어 목표를 그려서 내게 가져와. 그리고 월별로 쪼개어 개인별로 분배해봐.

이것 봐, 영업자 인당 매출을 얼마나 해야 영업이익이 10%가 나오나? 자네들 연봉의 몇 배를 수주해야 BEP가 되는가? 이런 질문들에 대한 정량적인 답변들이 툭툭 튀어나와야지. 회사를 리드해야 할 자네들이 목표에 대해 탁상공론하면 돼? 명심해. 영업이 답답하면, 회사는 산으로 가는 거야."

목표란 무엇인가?

목표(目標)는 한자로 눈목(目), 표할표(標)로서 눈에 보여야 함을 의미하는 명사다.[1] 내 눈에 보여야 원하는 바를 이룰 수 있다. 그러나 목표는 현재가 아닌 미래에 존재한다. 미래에 존재하는 이미지를 어떻게 내가 볼 수 있단 말인가?

사전을 찾아보면, 목표는 **"조직이 달성하고자 하는 바람직한 성과를 표현해 놓은 상태"**로 정의되어 있다. 바람직한 성과라는 단어 또한 미래의 훌륭한 영상을 의미한다.[2] 어찌 됐든 목표는 **"미래에 내(조직)가 원하는 최적의 성과"**를 말한다. 목표는 그냥 적당히 사는 것이 아니라, 먹고살기 위한 치열한 타깃이다. 예를 들어, 사자의 사냥성공률은 30%에 불과하며 70%는 목표를 달성하지 못한다. 체력방전이 된 사자는 목표달성률이 줄어들수록 생명도 감소한다. 우리도 사자와 다를 바 없이 치열하게 살아간다. 어떠한 목표를 두었느냐가 시간과 자원의 효율성을 좌우한다. 그래서 목표는 매우 중요하다.

조직에서의 목표가 분명하다면 조직원은 주도적으로 혁신하며, 이 조직의 리더는 최고의 명석한 의사결정자 수십 명을 곁에 두는 것과 같다.[3]

왜 목표를 달성하지 못하는가?

첫째, 목표가 너무 많다.

현업, 혁신, 교육, 회의 등 해야 할 일이 너무 많다. 과제마다 정해진 목표를 모두 할 수는 없다. 또한 중요하지만 부담스러운 목표보다는 내가 하고 싶고 쉬운 것을 먼저 하게 된다. 관제탑이 왜 한 번에 한 대씩의 비행기만 착륙시키겠는가?[4] 인간은 태어날 때부터 한 번에 하나씩 '훌륭하게' 해내도록 설계되었기 때문이다.

스티브 잡스는 더 많은 제품을 내놓을 수 있었지만 몇 개의 '가장 중요한' 상품에만 집중했다. 그의 집중은 기어코 성과를 만들어 냈다.[5] 조직에 핵심중점과제가 너무 많으면 실패할 확률이 높다. 중점과제는 5개면 족하다. 만일 4개의 팀에 공통된 중점과제를 20개를 선정한다면 최소 팀 간 80번(20과제*4팀)의 크로스체크와 협의를 하게 되며, 그 하단의 Action Plan은 그야말로 거미줄과 같은 복잡한 로직이 되고 만다. 5개 정도만 진행하면, 80%(4개) 이상의 혁신을 이루면서, 조직의 피로도를 현저히 줄인다. "일하러 왔지, 자료를 양산하러 왔는가?"라는 자조와 탄성 대신 '선택과 집중'이라는 교훈을 얻을 수 있다.

둘째, 목표설정의 방법을 모른다.

목표는 어떻게 설정해야 하는가? 목표설정은 학문적으로 두 가지의 방법이 있다.

① **탐색적 목표설정**: 과거와 현재의 데이터를 기반으로 미래의 일정 시점에는 '어떻게 될 것이다'라는 방식으로 목표를 설정하는 방법이다.
② **규범적 목표설정**: 미래의 일정 시점에는 '어떤 상태가 되어야 한다'라고 가정하여 관점의 목표를 설정하는 방법이다.

최근에는 ①보다는 ②가 더 큰 효과를 도출하고 업무혁신도 이룰 수 있다고 한다.[6] 사업계획서상 차년도 목표 작성 시 가장 먼저 해야 할 일은, 영업에서 도출되는 수주-매출-수금에 대한 목표이다. 이 수매수 목표가 조직 전체의 하위목표를 좌우하기 때문이다. 대체로 그 순서는 다음과 같다.

영업 팀원이 목표 취합 후 영업팀장보고 → 영업팀장은 목표를 하향 후 사장보고 → 사장은 목표를 호통을 치며 상향조정

정리하자면, 영업팀장은 실적 부담감으로 목표 수립을 낮추고, 사장은 웃기지 말라고 하면서 목표를 상향하여 영업팀장에게 불가능한 목표(Mission Impossible)를 주는 것이다. 우습지만 현업에서 종종 발생하는 동상이몽 프로세스이다. 영업팀장은 현실 지향적인 '탐색적 목표설정'을 하고, 사장은 미래 지향적인 '규범적 목표설정'을 독려하기 때문이다.

셋째, 목표가 무엇인지 알지 못한다.

직원들은 목표가 무엇인지 잘 모른다. 심지어 리더들에게 지금 당장 올해 매출목표를 물어보면, 10% 정도만이 명확한 숫자를 말할 것이다. 확실한 목표는 긴장 속에 명쾌하게 각인되어야 한다. 그 예로서 1958년에 창설된 미국 NASA의 목표 중 하나는 "대기와 우주의 현상에 관한 인류의 지식확장"이었다. 이렇게 두루뭉술한 단어의 조합에 대하여, 1961년 존 F. 케네디는 "1960년대가 가기 전 인간을 달에 착륙시키고, 안전하게 귀환한다"라고 바꾸도록 명령했다.[7] 어떠한 점이 다르게 느껴지는가? 목표가 무엇인지 명확하게 설정되면, 최단·최적으로 향하는 행동이 달라진다.

넷째, 긴급한 일에 매달린다.

조직에서의 목표달성의 저해요인 1순위는 '쓸데없는 긴급한 일의 침투'이다. 이 긴급한 일은 목표를 방해하는 태풍(Typoon)이다. 태풍은 조직의 집중해야 할 소중한 시간을 앗아가는데, 갑자기 불어 닥치고 영혼이 없기에 한번 지나가면 소멸하고 만다. 아이젠하워는 **"긴급한 일 중 중요한 일은 없고, 중요한 일 중에는 긴급한 일은 없다"**라는 유명한 말을 남겼다. 올바른 우선순위란 지금 당장 긴급한 일보다는 급하지는 않지만 중요한 일을 먼저 하는 것이다.[8] 축구나 테니스 등 운동경기에서 라이벌 간의 숨 막히는 순간, 선수들은 대부분 승리에 집중한다.[9] 그러나 '승리'보다는 '공'에 집중하는 팀이 이긴다. 메시나 호날두, 나달과 페더러를 보라. 그들은 공에 집중하여 승리를 쟁취한다.

아이젠하워 매트릭스

	긴급함	긴급하지 않음
중요함	**I** 즉시처리	**II** 전략적 계획과 기한설정
중요하지 않음	**III** 축소 or 위임	**IV** 버리기

▶

	긴급함	긴급하지 않음
중요함	**I**	**II** 확장
중요하지 않음	**III**	**IV**

다섯째, 목표에 집중하지 못한다.

더 많이 벌릴수록 더 적게 얻는다. 소수의 가장 중요한 목표에 실행력을 집중해야 한다. 이런 단순성은 조직의 에너지를 집중하여 진정한 성과를 촉진하도록 돕는다. 데이비드 브룩스는 2014년에 쓴 〈집중의 기술(The Art of Focus)〉 칼럼에서 야심 찬 목표를 토대로 초점을 맞춘 행동을 이끄는 방법을 이렇게 설명했다. "전쟁에서 승리하려면, 정보의 뷔페에서 강력히 소망하는 것을 토대로 다른 모든 것을 몰아내라."[10]

목표달성의 방법, MIT

첫째, MIT(Most Important Target: 가장 중요한 목표)를 수립하자.

가장 중요한 목표인 MIT를 찾아내야 한다.[11] 만일 사업 방향성에 대한 MIT를 정한다면 "무엇이 가장 중요한가?"라고 묻지 말고 "우리 사업에서 딱 한 분야만 바뀌고 나머지 분야는 모두 현재 수준을 유지한다면, 그 변화의 파급력이 가장 큰 분야가 어디겠는가?"라고 질의해야 한다.[12] MIT를 달성하지 못하면 다른 모든 성취가 부차적이거나 심지어 하찮아 보일 수도 있다.[11] MIT를 찾아내는 것에 집중해야 한다. 우리가 바라는 목표 10개를, 무조건 달성해야 하는 목표 한두 가지로 함축, 선택하면 조직의 사기진작에 엄청난 효과를 미친다. 무수히 들이닥치는 태풍 속에서도 중심을 잃지 않고, 선명한 승리의 결승선으로

향하기 때문이다.[13]

둘째, 긴급한 일보다 중요한 일을 우선하자.

　중요한 일을 하다 보면, 긴급한 일이 눈 녹듯이 해결되어 버린다. 또한, 긴급한 일보다는 중요한 일을 먼저 해결하는 사람이 최종 승자가 된다. 예를 들어, 어떤 세대의 대입 시험(본고사, 학력고사, 수능)에서도 국·영·수는 중요하다. 왜 그러할까? 모든 학문들 중에 국·영·수가 가장 중요한 과목이기 때문이다. 그래서 수험생은 예나 지금이나 사교육으로 많은 시간과 노력을 투자한다. 벼락치기가 가능한 암기과목이 '긴급한 일'이라면, 기본기가 중요한 국·영·수는 '중요한 일'이라 할 수 있다. 지금 공부를 시작한다면, 어느 것을 먼저 해야 할까?

셋째, 목표는 개인이 수립-발표하고, 협업하자.

　목표는 반드시 개인이 먼저 수립해야 한다. 개인의 목표가 결정되면 자신이 공개적으로 발표해야 한다. 그래야 적극적이고 자발적인 참여를 할 수 있다.[14] 목표달성의 협업 방법은 월요일 아침에 'MIT 스탠딩 미팅'을 하면 된다. 20분 이내에 팀원들과 각자 연간 MIT의 진척도와 주간업무에 대하여 발표를 하고, 문제를 찾고 협업으로 해결하는 방법이다. 주의사항으로서 연간 MIT를 논의 시 긴급한 태풍(예를 들어, 사장님 내방 손님 PT Order 등)에 대한 것은 절대 언급하지 않아야 한다. 태풍으로 인하여, 가장 중요한 미션인 MIT 의 초점이 흐려지면 안 되기 때문이다. MIT를 먼저 얘기하고 태풍의 순으로 논의 및 해결한다.

넷째, 목표를 쪼개어, 작은 목표의 성공을 맛보자.

큰 목표를 달성하기 위하여 작은 목표로 잘게 쪼개어 성과를 내다보면, 원래의 목표가 이루어진다. 미국의 수영선수 존 네이버(John Naber)를 주목해 보자. 그는 1972년 뮌헨올림픽에서 7개의 금메달을 획득한 마크 스피츠(Mark Spitz)를 보고, 1976년 올림픽에서 100m 배영에서 금메달을 따겠다는 목표를 세웠다. 그가 전국 학생수영대회에서 1위를 했지만, 올림픽 기록에는 5초가 뒤처진 상태였다. 그는 5초를 4년 동안의 훈련 시간으로 나누어 훈련마다 15분의 1초씩 기록을 끌어올린다는 전략을 수립했다. 결국 그는 1976년 몬트리올 올림픽에서 100m와 200m에서 금메달을 획득했다.[15]

전광판,
목표가 보여야
달성할 수 있다

5단계

1월 6일 월요일 15시 반도체 영업본부 회의실 / 목표 수립 회의

　　본부장의 일갈에 영업팀장들은 움찔하고 고개를 숙였다. 각 팀
의 MIT와 달성전략을 명확히 수립하여 보고하라는 본부장의 지
적은 구구절절 옳은 얘기였다. 어색한 침묵이 흐른 뒤 가장 고참
격인 영업 1팀장이 말문을 열었다.

영업 1팀장　　"본부장님 말씀이 맞습니다. 저희 팀장들의
　　　　　　　생각이 짧았습니다. MIT 및 필달전략(必達戰
　　　　　　　略: 반드시 달성해야 하는 전략)을 수립하여 금주
　　　　　　　금요일까지 보고드리겠습니다." (다른 팀장들도
　　　　　　　고개를 끄덕이며 동의했다.)

(8) **강판매 본부장** (휴대폰에 일정을 꾹꾹 저장하며) "그래, 금요일은 내가 사장님께 보고하니까 목요일 10시까지 보고해. 알았지? 그리고 인사팀의 심 차장. 영업실적을 한눈에 볼 수 있는 시스템을 전산실과 협의해 주었으면 하네. 오늘 참석의 이유야."

(심각한 차장) **심각한 차장** (잠시 졸다가 화들짝 눈을 뜨며) "영업실적을 어떻게 확인할 수 있도록 하라는 말씀이신지요?"

(8) **강판매 본부장** (본부장은 답답하다는 듯 심 차장을 쏘아붙였다.) "이봐, 심 차장. 내 오더에 당신이 확인해서 보고해야지 무엇을 묻는가? 내 얘기는 영업의 수매수, 손익을 매일 확인할 수 있도록 시스템화하라는 거야. **전광판경영** 모르는가? 영업 1, 2, 3팀의 영업자가 ERP에 실적을 입력하면, 내 책상의 모니터에는 그 상황이 한눈에 식별할 수 있도록 해달란 말일세. MIT를 명확하게 확인하고 평가하기 위해서 전광판이 필요한 거야. 이해 가는가?"

심 차장은 "네" 하고 답하고 수첩에 열심히 적었다. 영업팀장들은 순식간에 얼굴이 벌겋게 달아올랐다. 매일같이 본부장으로부터 쪼임을 당할 것은 불 보듯 뻔했다. 그러나 누구도 반대 의사를 펼칠 수 없었다. 팀장들도 영업직원에게도 독려해야겠다고 생각했다. 그때 갑자기 강단 대리가 말했다.

 강　단 대리 "본부장님, 인사팀 강단 대리입니다. 질문 하나 드리겠습니다. 전산실과 협의하여 시스템을 갖추겠습니다. 그 시스템과 인사와 연계하여 진행해도 되겠습니까? 즉, 영업 직무를 인사평가 시스템과 연계하여 향후 팀 평가, 개인고과, 승진과 연계하면 더욱 효율적일 것으로 사료됩니다."

 강판매 본부장 "자네가 강 대리? 허허 그렇지. 좋은 제안일세. 그렇게 되면 **전광판경영**이 완성되는 거야. 본인들이 세운 MIT와 전략에 대하여 실시간 관리하고, 명확하게 숫자로 평가할 수 있으니까, 오케이. 시스템은 1월 이내 구축하고, 2월 1일부터는 내 책상에서 한눈에 볼 수

있도록 만들어 봐. 강 대리는 본 진행 상황을
나에게 별도로 직접 보고해 줘."

 강 단 대리   "네, 알겠습니다."

장태준은 강단 대리가 영업팀장들의 외압에도 전혀 굴하지 않
고, 저 호랑이 같은 본부장에게 천연덕스럽게 질의응답을 하는 모
습을 보고 참으로 대단하다고 생각했다. 그렇게 살벌 짜릿한 목표
수립 회의가 마무리되었다.

왜 전광판이 필요한가?

첫째, 점수를 관리하면 성과가 달라지기 때문이다.

점수를 관리하면 경기를 하는 양상이 달라진다. 가장 중요한 조직의 목표
를 향해 조직원이 나아가도록 만들려면 공개된 장소에서 목표와 지표를 기록
하고 추적하는 일이 가장 중요하다.[2] 이러한 과정에서 성과를 얻게 된다.

몇 년 전 미국에서 발생한 지역 미식축구 경기의 사례이다. 경기가 시작되
면서 뭔가 허전했다. 사람들이 환호하지 않았다. 대체 무슨 일이 일어난 걸
까? 전광판이 허리케인에 날아갔는데 여전히 복구가 안 된 탓에 관객은 점수
를 볼 수 없었다.[3] 전광판이 없으면 경기가 재미없고, 집중이 안 된다. 때때로

상사가 MIT 관련하여 이런 말을 하지 않던가?

"이게 얼마나 중요한데, 이제야 챙기는 것인가?", "자네. 허~(한숨) 여태까지 뭐 했어?
내 말이 뭔 말인지 몰라?"

담당자의 일정 착오 등 여러 문제가 있겠지만, 1순위는 전광판이 없어서
그렇다. 그 과제가 매우 중요하다면, 조직 내 항시 확인할 수 있는 전광판이
필요하다. 담당자가 그 일이 심각한지 모르기에 소홀하게 된 것이다. 정확히
말하면 다른 긴급한 태풍들을 처리하다가, 지금 상사가 날뛰는 MIT 관리를
놓친 것이다. 전광판을 관리한다면 곧 해결될 문제다.

둘째, 좌표를 설정하기 위함이다.

우리는 일을 시작할 때 '정성적 벡터'보다는 '정량적 좌표'에 집중해야 한
다. 사업 수립 관련하여 영업팀장 甲, 乙이 다음과 같이 발표를 했다. 甲, 乙
중 어느 쪽이 더 전략적이며 설득력이 있는가?

구분	영업팀장 甲	영업팀장 乙
설명방식	정성적 벡터	정량적 좌표
예문	"A 사업을 적극 추진하는 데 있어 판매원 채용을 더욱 가속하고 판매력 강화를 도모하면서 동시에 제품개발력을 향상하는데 주력한다."	"A 사업 매출 120억을 목표로, 판매원 20% 추가 채용하고, 동시에 판매교육시간을 현재 8시간 → 32시간으로 증대한다. 제품개발프로세스는 현재 14개월 → 6개월로 단축하여 시장대응력을 높인다."
가시성	벡터: 추진, 가속, 강화, 향상	좌표: 120억, 20%, 32시간, 6개월
상사답변	그래서? 뭘 어떻게 하겠다는 거야?	음, 목표 및 전략이 확실하군~ 좋았어!

甲은 추진, 가속, 강화, 향상이라는 '방향'을 나타내는 벡터만 언급하고, 명확한 좌표를 나타내지 못했다. 반면 乙은 120억, 20%, 32시간, 6개월이라는 확실한 좌표설정으로 구체적인 의사결정과 실행력을 높인다.[4] 만일, 직장동료가 해외직구로 구매한 신규 휴대폰의 가성비가 부럽다면 그 좌표를 물어보자. 그런데 그가 "온라인에서 B 쇼핑몰 찾아서, 휴대폰 특가라고 치면 다 나와"라고 답변한다면 분노 게이지가 상승할 것이다. 필요한 것은 키워드가 아니라 URL 주소이기 때문이다. 이렇듯 전광판은 명확한 좌표설정을 의미한다.

셋째, 결과가 곧바로 피드백되기 때문이다.

근래에는 록(rock) 볼링장이 유행이다. 록 볼링장은 화려한 조명과 시원한 맥주 그리고 스포츠가 어우러져, 회식 장소로도 주목 받는다. 그런데 이곳에 스코어보드가 없다면 어떠할까? 록 볼링장의 묘미는 우리가 치는 볼링의 점수를 계량화하여 게임의 진지함과 각종 내기에 따른 아슬아슬한 스릴감을 주기 때문에 모이는 것이다. 즉 볼링의 재미는 모든 스포츠 게임이 그러하듯 전광판이 갖는 매력 덕분이다. 우리는 스코어보드의 결과에 따라 손뼉을 치고 탄성을 지른다. 조직에서 결과의 피드백이 중요한 이유는 바로 볼링장과 같은 '직시 환경'을 만드는 것이다. 자신의 업무 결과가 바로바로 피드백되어서 내가 다음에는 어떤 조치를 해야 할지, 어떤 작전으로 스페어처리를 해야 하는지를 알 수 있게 해준다.[5]

넷째, 리더의 행동을 구체화한다.

리더가 해야 할 일은 무엇일까? 전날 고객 접대로 힘들었을 직원들의 쓰린 속을 달래기 위해 커피를 사 주고, 사우나를 가는 것? 직접 엑셀, PPT, ERP로 기안이나 협조문을 만드는 것? 그가 정작 할 일은 MIT 상에 나타난 문제에 대한 집중이다. 그 문제를 해결하기 위해서는 전광판이라는 신호등에 불이 켜져야 식별이 가능하다. 직장을 골프장이라고 한다면 결국 리더는 프로 캐디와 같다.[6] 부하가 130m가 남았으니, 8번 아이언이 필요하다고 말하면, 리더는 그에게 골프채와 함께 격려를 건네야 한다. 만일, 경험상 맞바람과 러프가 우려되면 7번 채를 권해야 한다. 골프 게임에서의 전광판은 점수표다. 리더는 게임을 관장하는 캐디와 같이 채점과 조력을 해주어야 한다. 그렇기에, 전광판은 리더가 부하들에게 핵심 사안에 대하여 필요한 것을 도와주고 의사결정을 할 수 있도록 관리해 주는 나침반 역할을 한다.

전광판의 운영방법

우리는 어디로 가고 있으며, 어떻게 성공할 것인가? 조직원 모두 인지하고 정진하기 위해서는 전광판은 어떻게 운영해야 효과적일까? 전광판은 단순하고, 스스로 기록하며 운영해야 한다.

첫째, 전광판은 단순해야 한다.[7]

훌륭한 전광판은 단순하다. 복잡한 숫자와 그래프가 어지럽게 그려진 차트를 보면 일일이 해석하기보다는, "그래서 결론이 뭔가?"라고 묻고 싶다. 특히 불같은 성격의 한국형 리더들은 즉시 결론을 제시해야 한다. 선수들의 점수판은 최상위 리더들이 주목하는 복잡한 '손익계산 점수판'이 아니다. 현재의 승패 상황을 곧바로 알아볼 수 있도록 아주 단순해야 한다. 조직원들이 모두 즉시 알아볼 수 있어야 한다.[7] 어제 들어온 신입사원도 한눈에 현재 상황을 확인하고 무엇이 문제이고, 방향성을 가늠할 수 있을 정도로 단순해야 한다. 즉, 전광판은 팀이 경기에서 이기고 있는지, 지고 있는지를 5초 안에 판별할 수 있도록 디자인되어야 한다.[8]

(상반기 수주: 150억/31%)   (상반기 생산량: 250대/63%)

둘째, 스스로 점수를 기록해야 한다.[9]

사람들은 스스로 점수를 기록하면 행동이 달라진다. 점수를 기록해야 하는 사람은 제3자가 아닌 본인이다.[9] 어린 시절 동네 친구들과 농구를 할 때 왜 재미있었는가? 가장 큰 이유는 서로 점수를 주고받았기 때문이다. 즉 스코어보드가 없는 가운데 "2:2다" "3:5다" "아냐~, 3:4야!" 하며 스스로 점수를 매겼기 때문이다. 조직원들은 '자기가 직접' 점수를 기록하면 행동이 달라진다. 다른 사람이 점수를 기록할 때와는 사뭇 다른 느낌이다. 조직원이 직접 점수를 기록하면, 자신의 성과와 목표 달성 사이의 연관 관계를 확실히 이해할 뿐 아니라 경기 수준도 달라진다.[10] 즉, 조직원이 주, 월, 분기, 연 단위로 지표를 스스로 측정하면 성과가 달라짐을 의미한다.

01

회사적응력

핵심 인재의 생각은 '내가 상대방에게 어떤 가치를 줄 것인가?'로부터 시작된다.

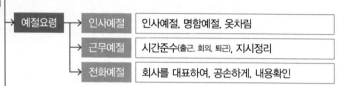

회사적응			
	예절요령	인사예절	인사예절, 명함예절, 옷차림
		근무예절	시간준수(출근, 회의, 퇴근), 지시정리
		전화예절	회사를 대표하여, 공손하게, 내용확인

▶ 신입사원은 항상, 언제든지, 먼저 크게 인사하자(분위기도 밝게 만들고, 활기차고 신선한 이미지를 준다).

▶ 명함은 상대방이 보이도록 일어서서 자신의 이름을 밝히고, 오른손으로 건네고 받자. 명함 지갑에 잘 보관하고 연락처를 즉시 휴대폰에 저장하여 향후 수신 시 즉시 알아보도록 하자.

▶ 직장에서는 시간이 가장 소중한 자원이다. 늦지 않도록 주의하고, 피치 못할 경우 담당자에게 전화로 사전에 양해를 구한다.

▶ 회사 전화는 공손하게 착, 수신해야 한다. 보통 선배들의 전화이므로 전화 내용을 메모하거나 정리하여 메신저 또는 메모지로 전달하는 센스를 갖추자.

	보고요령	결론부터	헤드라인 설정, 결론부터, Fact만
		숫자로	정량화(개, %, 억), "숫자로 정리하면~"
		1, 2, 3원칙	답변을 1, 2, 3으로 요약정리 → 5년 후 달변가

▶ 시간이 없는 선배에게 보고는 가장 중요하다. 급한 용무는 서면보다 구두로 즉시 해야 한다. 보고는 2~3중으로 두텁고 보수적으로 해야 한다. 즉, 문자 및 구두로 재차 보고해야 양방향 소통이 확실해진다.

▶ 서면보고는 3Why기법을 통해 문제의 핵심원인을 알아내고 나서, 한 줄로 요약해야 한다. 즉, 두괄식으로 헤드라인을 잡고, 결론부터 Fact만 보고하자.

▶ 정성적인 보고는 두루뭉술하다. 보고는 숫자로 정리하여 보고하자. "숫자로 정리하면 ○○입니다"라고 명확하게 얘기하도록 습관화해야 한다. 답변은 1, 2, 3으로 축약하도록 하자. 습관이 되면 머릿속이 구조화되면서 5년 후에는 달변 가가 된다.

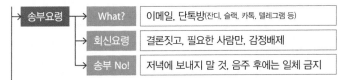

송부요령	What?	이메일, 단톡방(잔디, 슬랙, 카톡, 텔레그램 등)
	회신요령	결론짓고, 필요한 사람만, 감정배제
	송부 No!	저녁에 보내지 말 것, 음주 후에는 일체 금지

▶ 직장생활에서 이메일과 단톡방에 투척하는 글은 조심해야 한다. 공개적으로 상처받은 상사는 반드시 복수한다. 말은 허공에 사라지지만, 문자는 오랫동안 남는다.

▶ 이메일은 계속 회신을 거듭하면서 여러 사람 피곤하게 해서는 안 된다. 문제를 해결하여 답을 제시하며 끝을 맺어야 한다. 또한 일과 사람을 분리하여 작성한 후 송부한다.

▶ 저녁에는 이성보다 감정 지수가 높으므로 가급적 이메일을 송부하지 말자. 오늘 보낸 내 감정을 상대방은 내일 이성적인 상태에서 읽게 된다. 또한 슬기로운 직장생활을 위해서, 음주 후 절대 아무것도 송부하지 말자.

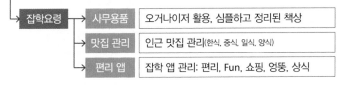

잡학요령	사무용품	오거나이저 활용, 심플하고 정리된 책상
	맛집 관리	인근 맛집 관리(한식, 중식, 일식, 양식)
	편리 앱	잡학 앱 관리: 편리, Fun, 쇼핑, 엉뚱, 상식

▶ 신입이 조직에 제공할 수 있는 것은 신선한 정보이다. 잡학에 대하여 관심을 가질 필요가 있다. 먼저 책상은 심플하면서 정리가 잘 되어 있어야 한다. 시중에 판매하는 오거나이저를 구매하여 각종 사무용품과 자주 사용하는 집기류를 일목요연하게 관리하자.

▶ 선배들과 함께 식사할 때는 맛집을 잘 알아 놓는 것이 좋다. 주변 맛집을 종목별 리스트화하여 출력해 놓자. 손님들이 방문 시 당황 없이 사전에 원하는 음식점에 예약을 할 수 있다.

▶ 휴대폰에 잡학폴더를 구성하여 관리하자. 예를 들어, 계산기-시계-플래시-지도 맵 등 편리 폴더에, 유머-예능은 Fun 폴더에 저장한다. 필요시 센스 있게 사용하자.

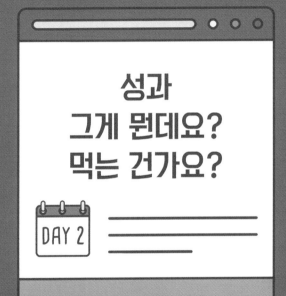

성과
그게 뭔데요?
먹는 건가요?

DAY 2

Z세대, SMART한 시대의 프로직장인

6단계

1월 7일 화요일 9시 1회의실 / 워크숍 사전미팅

나대로 차장은 회의실에서 차를 준비하고 있었다. 이윽고 장태준과 오상실이 들어왔다.

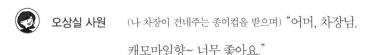

오상실 사원 (나 차장이 건네주는 종이컵을 받으며) "어머, 차장님. 캐모마일향~ 너무 좋아요."

나대로 차장 (장태준에게도 차를 권하며) "굿모닝. 캐모마일은 심신안정 효과가 있어서 대화하기 좋은 차랍니다."

금요일에 Z세대를 위한 인재상 수립에 대하여 인사팀 자체의 워크숍을 진행한다. 워크숍에 대한 사전 준비를 맡은 나 차장은 Z세대인 장태준과 오상실과 인재상에 대해 대화하고자 했다. 우선 딥 오토메이션의 인재상에 대하여 장태준에게 의견을 물었다.

㈜**딥 오토메이션의 인재상**

혁신하는 인재 (Innovation)	**도전적인 인재** (Challenger)	**성과 창출 인재** (Performance)
새로운 발상과 유연한 사고로 혁신하는 인재	크고 담대한 목표를 세워 추진, 실천하는 인재	열린 사고와 국제적 소양으로 성과 창출하는 인재

 장태준 사원 "현재 인재상의 핵심은 혁신, 도전, 성과를 창출하는 인재인데요. 제 입장에서는 솔직히 구식입니다."

 나대로 차장 "그래? 어떤 점에서?" (나 차장의 눈빛이 빛났다.)

 장태준 사원 "Z세대들은 회사에 관심이 별로 없습니다. 정해진 시간에 업무를 수행하면 그뿐이죠. 오히려 퇴근 후 여가에 더 관심이 많습니다. 워라밸(Work Life Balance)과 스라밸(Study Life

Balance)을 중시합니다. 그뿐만 아니라 나를 스토리텔링하는 마이싸이더(My+Sider: 내 안에 기준을 세우고 따름), 열정과 소신이 있는 소피커(소신+스피커: 자신의 소신을 거리낌 없이 말함)이자, 직접 실행하고 감을 잡는 실감 세대이니까요."

 오상실 사원 "저희는 디지털만큼은 선배들로부터 배울 것이 없다고 생각합니다. 디지털 생산자 겸 포식자라는 의미입니다. 아울러 심플한 감성을 중시합니다. 그래서 인플루언서가 웬만한 정치인이나 유명 CEO보다도 Z세대들에게 더 많은 영향을 끼칩니다. 아울러 인포그래픽을 통한 간결하면서도 강렬한 정보를 받아들입니다."

나 차장이 들어본 것 중에 모르는 단어가 너무 많았다. 오상실은 관련된 책을 권했고, 나 차장은 주중에 공부하겠다고 하며 질문했다.

 나대로 차장 "그렇다면, Z세대에 적합한 인재상은 어떻게 만들어야 할까? 소위 베이비부머, X, Y세대에 적합한 현재 인재상은 없앨까? 그것도 답은 아닌 것 같은데. 이걸 어쩐다."

장태준 사원 (손가락을 튕기며) "아, 차장님 이렇게 하면 어떨까요? 기존의 인재상은 그룹사 전체의 인재상으로 두고, Z세대 신규입사자를 위한 '<u>딥 오토메이션 신입사원 인재상</u>'을 별도로 만들면 어떻겠습니까?"

오상실 사원 "호호. 태준 씨 그것도 방법인 것 같아요. 어차피 신입사원들은 그 회사의 홈페이지를 통해 비전을 타진하거든요. 너무 올드한 인재상은 꼰대 문화라며 SNS를 통하여 공유하잖아요."

장태준 사원 "아울러, 인재상을 키워드로 함축하면 어떻겠습니까? 예를 들어 앞글자를 따서 SMART나 SPEED, CHANGE 등으로 만드는 겁니다."

나대로 차장 "예를 들어 S는 Story, M은 Motivation 이렇게?"

오상실 사원 (손뼉을 치며) "차장님, 롸저. 갓잇. 저와 장태준 씨가 키워드로 인재상을 먼저 만들어 볼게요. 제 생각에는 스마트 시대이므로 SMART가 어떨까 싶어요. 어때요? 태준 씨?"

장태준 사원　(뚱한 표정으로) "저 요즘 요리 배웁니다. 워라

밸은 지켜주십시오."

 나대로 차장　"좋았어. 그럼 목요일까지 만들어 오세요. 나

도 각종 자료를 준비할 테니까."

활기찬 아침 회의가 웃으며 마무리되었다.

성과란 무엇인가?

성과는 '이루어 낸 결실'을 의미한다.

한자로 열매(果)를 이룬다(成)로서 성공적 결과를 뜻한다.[1] 사전은 모두 '이루어 낸 것에 대한 좋은 결과'를 가리킨다. **"성과란 일을 시작하기 전에 미리 정해놓은, 일을 통해 원하는 결과물"**이다. 즉 '성과'에는 일을 하기 전에 책임져야 할 결과물에 대해 구체적인 내용을 미리 알고 시작한다는 선제 자세가 포함된다.[2]

성과관리란 일을 시작하기 전에 원하는 결과물, 기대하는 결과물을 사전에 성과목표의 형태로 형상화해놓고 이를 달성하기 위한 실행전략과 방법을 한정된 자원의 범위 내에서 선택과 집중하여 원하는 성과를 반드시 이루는 것이다.[3]

성과주의란 의도하고 기획한 결과를 평가하는 것으로서 성과 중심으로 일하는 것을 의미한다. 성과주의와 결과주의는 엄연히 다르다. 결과주의는 자신이 의도한 결과인지 불명확하지만, 성과주의는 자신이 책임져야 할 기준이 무엇인가를 사전에 합의하는 것이 핵심이다. 일이 끝나고 난 후에는 사전에 합의한 기준을 달성했느냐 여부를 평가하고 평가 결과에 따라 상벌하는 것이 성과주의이다.[4] 그러므로 흔히 얘기하는 '성과주의 폐해'라는 말은 있을 수 없다. 본인의 책임 기준과 원하는 결과를 미리 공언한 후 합의한 것인데 어떻게 폐해가 있을 수 있겠는가?

성과경영이란

① 미션, 비전을 실현하기 위한 전략을 수립한다.
② 이를 달성하기 위해 조직의 수직적 계층과 수평적 기능 간에 시너지가 발휘되도록 목표와 자원을 정렬한다.
③ 각 조직 및 개인에 맞는 합리적인 목표를 설정하고 창의적 방안을 실행한다.
④ 결과를 평가하고 피드백한다.
⑤ 개인의 성장을 도모하고 일의 만족을 통해 조직성과를 끌어내는 선순환적인 경영활동을 의미한다.[5]

왜 성과를 내야 할까?

사실 성과를 내라고 말하기는 쉬워도 실제로 성과를 창출해내는 일은 절대로 쉽지 않다. 성과를 압박하는 말과는 달리 업무 현장에서 성과를 창출하기란 힘겹기 때문이다.[6] 왜 우리는 성과 창출에 목숨을 걸어야 하는가? 당연하게도 우리 조직의 지속적 생존이 거기에 달려 있기 때문이다. 지속적 성과 창출 없이 생존 가능한 조직은 이 세상에 없다.[7]

가장 큰 이유는 나 자신이 생존하기 위함이다. 직장인이라면 잘나가는 대기업에서도 살아남기 위해 버둥거려야 한다. 철밥통이란 세상에 없다. 치열한 평가 속에 조직에 살아남아야 현재의 생활을 영위할 수 있다. 또한, 아무리 회사가 어렵고 적자이며 마이너스 아이템이고, 또한 앞으로 벌고 뒤로 밑지는 수익구조라 해도, 직장인은 성취, 보람, 역량증진 및 월급을 위하여 꿋꿋하게 직장생활을 영위해야 한다.

두 번째 이유는 회사를 위함이다. 회사는 살아있는 생명체다. 그래서 언젠가는 회사도 생명을 다한다. 회사가 절명하는 것을 연장하는 일이 조직원의 미션이다. 조직원이 성과가 없다면 회사는 곧 멸하고 만다. 조직원들이 과제 수행의 과정에서 발생하는 문제와 허들을 뛰어넘는 것이 직장생활이다. 그 해답 풀이의 올바른 결과로서 성과를 창출하는 것이다. 즉 성과는 직장과 개인 모두를 위한 필수 불가결한 요소이다.

스마트한 세상과 프로직장인

직장에서는 스마트한 시대에 성과를 내는 프로를 원한다. 그러나 사회초년생인 Z세대가 갑자기 프로가 되기는 어려우며, 먼저 스마트한 시대에 대한 이해가 필요하다. 우선, 4차 산업혁명에 주목해야 한다. 4차 산업혁명의 주된 기술은 약 10가지다.

4차 산업혁명의 주된 기술 10가지

① IOT(사물인터넷)　② AI+퀀텀 컴퓨터　③ 공유경제　④ 블록체인
⑤ 3D프린팅　⑥ Big Data　⑦ 로보틱스　⑧ 나노 테크놀로지
⑨ 유전공학　⑩ 신소재(Graphene)

이 다양한 기술의 공통점은 '파괴적 기술(Disruptive Technology)'이다. 예를 들어, 블록체인 하나만으로도 기존 은행을 무너뜨릴 수 있다. 은행은 해커의 주공격 대상으로서 보안에 취약하지만, 블록체인은 300만 개 이상의 컴퓨터를 10분 안에 해킹해야 하므로 보안 유지가 가능하다.

3D프린팅은 어떤가? 각종 제품, 건축, 음식은 물론 골수로 뼈를 만드는 세상이다. 대형생산에 필요한 제반 비용을 소비자가 부담하던 시대에서, 3D프린터로 가성비를 높이는 맞춤형 생산시대가 열렸다. 로보틱스는 위험한 곳

을 넘어 정교한 라인에 투입되고, 인간을 대신하여 에러와 오차 없이 제품을 뽑아낸다. 또한, 사람들은 점차 93%의 주차율로 대기하는 차를 없애고, 10명이 한 대를 공유(쏘카, 그린카 등)하는 시대가 온다. 그렇다면, 이러한 파괴적 기술은 어떤 궁극적인 위협이 있는가? 바로 노동시장에 대한 불안감이다. 로봇은 1.4억 명의 아시아 근로자의 일자리를 빼앗을 것이라고 ILO(국제노동기구)가 경고했다. 파괴적 기술의 주도로 근로자가 점차 자리를 잃게 되는 아이러니한 스마트 시대에 직면한 것이다.[8]

스마트한 세상, 직장에서 어떻게 서바이벌할 것인가?

첫째, 탁월한 프로가 되어야 한다.

평범해서는 살아남지 못한다. 과거 대한민국 고도성장기의 베이비부머, X, Y세대는 성실과 근면하면 버틸 수 있었다. 하지만 현재는 비범한 사람이 평범하게 전락해 버리는 스마트한 세상이다. 앞서 말했듯이 살아남기 위해 발버둥 쳐도 쳇바퀴 속 세상에 놓여있다. "평범한 두 사람이 탁월한 한 사람과 동일한 성과를 올릴 수 있다고 생각해서는 안 된다. 그 둘은 평범한 한 사람보다도 못한 경우가 있다는 것을 알아야 한다"라고 피터 드러커(Peter Ferdinand Drucker)는 말했다.[9] 이 탁월함에 대한 시각은 바둑에 있어서 100명의 아마추어가 단 한 명의 프로기사를 이길 수 없는 것과 같은 의미이다.

이제 막 출근했는데, 뭘 하라고요?

둘째, 프로는 성과로 말해야 한다.

당연한 말이지만 성과관리는 결과가 중요하다. 프로는 결과적으로 성과를 내는 사람을 의미한다. 피터 드러커는 생전에 〈아시안 월스트리트 저널〉에서 "리더십은 자질이 아니라 업적"이라는 명언을 남겼다. 유능한 리더십은 카리스마에서 나오는 것이 아니다. 루스벨트, 윈스턴 처칠, 조지 마셜, 아이젠하워, 몽고메리, 맥아더는 제2차 세계대전 당시 훌륭한 지도자였다. 하지만 이들 가운데 단 두 사람도 '성격상의 특성', '자질' 면에서 공통점이 없다.[10] 즉 리더십에 대한 평가는 그가 어떤 성격, 자질을 갖추었느냐보다는 결론적으로 업적으로 귀결된다는 의미이다. 에드워드 쉘레(Edwrd C. Schleh)는 **"성과관리에서는 과정이 중요하지만, 결과는 더 중요하다"**라고 말했다.[11]

셋째, 대체 불가능한 전문가이어야 한다.

현 직장에서 나를 대신하는 사람은 누구인가? 역으로 나만 보유한 전문성은 무엇인가? 예를 들어, 지식노동자는 아이디어나 정보, 개념을 생산한다. 그렇기 때문에 지식노동자는 대부분 전문가를 지향한다. 모든 것을 다 잘하는 사람은 거의 없다. 또한 한 가지만을 대단히 잘 수행할 수 있을 때, 큰 성과를 올린다.[12] 이러한 면에서 『딥 워크』의 저자 칼 뉴포트는 대체 불가능한 전문가를 다음과 같이 3분야로 정리하였다.[13]

① 신기술을 활용해 일할 수 있는 고숙련 노동자

② 업계 최고의 능력을 갖춘 슈퍼스타

③ 신기술에 투자할 수 있는 자본가

우리는 어느 쪽으로 가야 하는가?

몇 년 후 나도
직장 꼰대가 된다?!

7단계

워크숍 사전미팅을 마치고 장태준과 오상실은 휴게실에서 커피를 한잔 권하며 말했다.

장태준 사원 "오상실 씨. 요즘에는 너무 바빠서 커피 마실 시간도 없어요. 근데 무슨 일 있어요? 안색이 좋지 않네요."

오상실 사원 (커피를 한 모금 마시며) "사실 심 차장님 업무스타일 때문에 그래요. 우선 반말과 함께 꼭 중언부언하세요. 함께 승진관리를 진행 중인데, 심플하게 해결할 내용을 복잡하게 생각하시고요. 정치 얘기는 안 했으면 좋겠는데, 자꾸 제 성향을 물어보세요. 항상 술 냄새가 나고, 제가 질의하면 한심하다는 듯 말씀하시고요. 정말 불쾌해요."

👨 **장태준 사원**   (휴대폰을 보며) "심 차장님은 꼰대병에 걸리신 겁니다. 여기 보세요. 꼰대 10계명. 똑같으시잖아요."

👩 **오상실 사원**   "어머, 완전 똑같네요. 와. 심 차장님을 누가 보고 써 놓았네."

장태준이 보여주는 페이스북에 꼰대 10계명이 있었다. 오상실은 눈이 휘둥그레졌다.

그때, 어느새 뒤에서 나타난 유별난 팀장이 말했다.

👩 **유별난 팀장**   "장태준 씨, 오상실 씨, 말씀이 좀 지나치네요. 그리고 회사의 공공장소에서 상사 뒷담화는 좀 아닙니다. 인사팀답게 행동하세요."

👨 **장태준 사원**   (머리를 긁으며) "앗, 팀장님. 죄송합니다. 오신지 몰랐습니다."

유별난 팀장 "그리고 두 분 다 긴장감 있게 행동하세요. 내가 보기에 <u>**본인들도 몇 년 지나면 꼰대가 될 수도 있어요.**</u> 두 분은 혹시 브리태니커백과사전과 공룡의 공통점이 뭔지 아나요?"

 유별난 팀장 (머뭇거리는 장태준, 오상실을 보며) "멸망하고 없다는 거예요. 퇴출당한 꼰대와 같은 결말이죠. 우리도 현재 FPD 및 반도체 시장이 정황상 위기입니다. 딥 오토메이션을 이끌 차세대 주자들이 '꼰대학'에 지체할 시간이 없어요. 정진하기 바랍니다. 그리고 오상실 씨는 승진심사 기획안 들고 따라오세요."

두 사람은 허겁지겁 자리로 향했다.

현실을 직시하라

우리가 처한 환경은 얼마나 빠르게 변화하고 있는가? 그 변화 속에 생존을 위하여 어떤 성과를 도출해야 하는가? 변화에 순응하거나 혁신을 통해 뛰어넘은 사례와 도태되거나 퇴화한 사례를 통하여 우리는 어떤 교훈을 얻을 것인가? 본 챕터에서는 절박한 심정으로 성과관리를 해야 하는 이유를 알아보고자 한다.

첫째, 우리는 안개 속에 살아가고 있다.

멀리서 어떤 형체가 나타났을 때 처음에는 어렴풋이 보이다가 점점 가까이 다가올수록 분명한 모습을 드러낸다. 그러나 지금의 환경과 변화는 이러한 일반적인 순서가 그대로 적용되지 않는다. 과거의 경영환경은 예측 가능한 선형적 변화였다면, 지금은 다양·복합·동시다발적이다. 조직은 지금까지 경험해보지 못한 혁명적인 변화와 경쟁 환경에 노출되어 있다.[2]

둘째, 생존을 위해서 가치판단의 진화가 필요하다.

"우리가 맞닥뜨리는 심각한 문제들은 우리가 그 문제들을 발생시킨 당시의 사고방식으로는 해결할 수 없다." 알베르트 아인슈타인의 말처럼 성과를 창출하고자 한다면 현재 상황과 관점을 뛰어넘는 대담하고 도전적인 목표를 지향해야 한다.[3] 세상은 어떻게 변화하고 있는가? 현재의 생각으로 과거를 정리하기는 쉽지만, 미래를 현재의 생각으로 예단할 수는 없다. 현재와 미래의 갭만큼을 성큼 뛰어넘을 수 있는 관점을 보유해야 살아남는다. 새로운 과학기술이나 시장이 등장하면 곧바로 기업가들이 몰려들어 골드러시 현상을 이룬다. 그러나 가치가 떨어지면 시장은 사라지고, 몰려든 자원은 더 높은 가치가 있는 곳으로 이동한다.[4]

이 시점에 새로운 관점은 밸류체인상 최상위의 가치를 볼 수 있느냐에 따라 미래사업의 성패가 현재에 결정된다. 그 가치를 보지 못한다면, 제품 라이프 사이클에서 성숙기나 쇠퇴기에 투자하게 돼 큰 실패와 함께 내리막 롤러코스터를 타게 될 것이다.

셋째, 대구조조정이 눈앞에 있다.

우리는 대구조조정(Great Restructuring)의 초기 단계에 있다. 많은 육체노동자들에게 나쁜 소식을 예고한다. 지능형 기계가 개량되고, 기계와 인간의 능력 격차가 줄어들면 고용주들이 '새 인력'보다 '새 기계'를 쓸 가능성이 커진다. 사람만 할 수 있다는 지식노동자의 경계도 예외가 아니다. 통신과 협업기술을 통한 원격작업과 AI가 가미된 인공지능의 분야는 이미 의술까지 넘보고 있다.[5] 결국 육체노동자와 지식노동자가 설 곳은 점점 사라지고 있다.

넷째, 우리의 현실을 직시해야 한다.

제약이론의 창시자이자 세계적인 베스트셀러 『더 골(The Goal)』의 저자인 엘리 골드렛은 "균형 잡힌 공장을 만들어가려고 노력할수록 그만큼 파산에 가까워진다"라는 유명한 말을 남겼다.[6] 매일같이 제조와 영업이 생판 회의를 해도 의미가 없는 이유는 정해진 인프라 속에서 모든 것을 전부 바꿀 수는 없기 때문이다. 우리의 실정에 적합한 변화를 수용·확산하여, 오늘과 다른 내일이라도 만들어야 하지 않을까?

변화에 적응하는 혹독한 방법

대구조조정이 예견되는 냉혹한 현실 속에서, 기업들은 어떻게 살아남기 위해 몸부림을 치고 있는가? 어떻게 해야 변화에 적응할 수 있는가?

1단계: 긴장과 절박감을 유지한다.

성과 창출을 위해서는 본능적으로 긴장감과 절박감을 가져야 한다. 지금 이 위기이고 고객은 언제든지 우리를 떠날 준비가 되어 있다는 것을 단호하게 예단해야 한다. 느낌이 있어야 행동이 살아난다. 환경에 대해 민감하게 느끼고 위기를 절감한다면 그 절박감은 곧 행동을 유발한다.[7]

2단계: 현실을 직시하여 냉혹하게 질타한다.

현실 직시와 관련된 1979년 GE의 잭 웰치와 원자로사업부의 일화이다. 당시 스리마일 섬의 원자력 발전소 누출사고 이후 회의적인 여론에도 GE의 원자력사업부는 매년 3기의 원자로를 판매할 수 있다고 호언장담했다. 잭 웰치는 현실을 명확하게 볼 것을 요구했고, 결국 원자로사업부는 20년간 4기밖에 판매하지 못했다.[8] 이들은 왜 현실을 직시하지 못했는가? 통찰이 부족해서다. 리더는 돈이 되는 사업을 날카롭게 직시하고 명쾌하게 의사결정 해주어야 한다. 골프에서 **"본 스윙 전에 연습 스윙으로 힘 빼지 말라"**는 격언이 있듯이, 안 될 사업에 소중한 자원을 투입할 이유는 없다.

3단계: 사업의 리스트럭처링 및 구조조정의 방법을 사용한다.

BBC의 CEO 그레그 다이크는 디지털시대의 생존 방법이 인력감소와 S/W 투자임을 알고 있었다. 그는 직원들에게 회사의 곤경을 직접 알린 후 사업구조조정을 실시했다.[9] 마찬가지로 1981년 45세의 잭 웰치가 GE의 최연소 회장으로 부임한 이래 이사회에 제시한 구조조정전략은 '1 or 2'였다. 세계적으로 1등 혹은 2등을 유지, 수준에 미달하면 ① 개편, ② 매각, ③ 폐쇄로 결정하는 전략이다. 이 단순한 전략을 42개 전략사업단위에 펼쳤다.[10] 혹독한 구조조정을 실시한 것이다. 덕분에 그에게는 '중성자탄 잭'(건물만 남기고 사람을 증발시킨다는 뜻)이라는 별명이 생겼다.

변화의 실패한 기업사례

변화에 실패한 기업들은 무엇에 집중했기에, 고객에게 외면당했는가? 그로 인해 어떤 결과에 도달했는가?

첫 번째, 브리태니커 사전이다.

어릴 적, 집에 있는 백과사전을 혹시 본 적이 있는가? 1768년에 영국에서 론칭된 브리태니커는 1938년에는 가장 국제적인 백과사전으로 역사와 공로를 인정받았다. 그렇지만 1999년 마이크로소프트의 저렴한 엔카르타 사전의 출시는 수천 달러 32세트에 달하는 브리태니커 백과사전의 판매를 중지시켰다. 브리태니커 230년의 위대한 역사는 엔카르타 시대의 시대로 넘어가는 듯했다. 그렇지만 엔카르타 사전도, 결국 아무런 대가 없이 정보를 공개하여 방문자 수 3억 명의 고객을 확보한 위키피디아에 의해 종적을 감추었다.[11] 모든 것을 어떠한 대가 없이 타인에게 지급하는 공유경제라는 개념 아래에 수백 년의 역사를 가진 철밥통 사전과 IT 첨단 사전이 흔적도 없이 종적을 감추게 된 것이다.

두 번째, 필름 제왕 코닥의 몰락이다.

코닥의 역사는 1880년 은행원 조지 이스트먼이 유리판 필름을 개발하면서 시작되었다. 코닥은 포켓 카메라, 각종 디자인이 가미된 카메라를 내세워 카메라의 대중화를 이뤄냈다. 이후 필름을 주력으로 1976년 기준 미국 필름 시장의 90%, 카메라 시장의 85%를 차지하는 등 막대한 매출과 수익을 얻었지만, 코닥 왕국은 2012년 1월 파산신청을 한다. 잘 알려진 얘기이지만, 코닥은 1975년에 세계 최초로 차세대 디지털 카메라를 개발했으나, 주력사업인 필름의 타격을 염려한 나머지 디지털기술을 방치하여, 가파른 몰락의 길을 걷게 되었다. 변화를 우려한 결정이라는 틈새를 놓치지 않는 경쟁 속에서 결국 제왕의 명성을 내려놓아야 했다.

세 번째, 고객보다 기술력에 집중했던 IBM이다.

쓰러져가던 IBM을 기사회생시킨 루이스 거스너 전 회장은 이렇게 말했다.

"1993년 취임초기에 전략 회의 시 심한 좌절감을 느꼈습니다. 온종일 '고객'이란 단어는 단 한마디도 들을 수 없었거든요."[12]

어떠한 사업도 기본은 고객에서 출발한다. 고객은 푸에떼(Fouete: 발레의 제자리 회전 동작)의 원리로도 설명된다. 그 세계최고기록은 무려 32회전으로서 비결은 한 곳에 시선의 초점을 고정하는 것이라고 한다. 혼란스러운 환경이나 판단이 어려운 복잡한 일을 마주했을 때 '고객'에게 시선을 집중해야만 해결책을 찾는다는 사실을 잘 알려주는 비유이다.[13]

변화에 성공한 기업사례

살아남은 기업들은 무엇을 변화시켰는가? 그들은 무엇에 집중하였으며, 고객은 원하는 무엇을 어떻게 찾았는가? 그에 따른 결과는 무엇인가?

첫째, 선택과 집중을 한 소니

소니는 1990년대 글로벌시장 가전 부분의 최강자였다. 그렇지만 2000년에 적자기업으로 곤두박질쳤다. 소니의 핵심역량이었던 기술과 성공 신화는 어느 순간부터 소니의 몰락을 가져오는 경직성으로 변해버렸다.[14] 2012년 히라이 사장이 부임하여 1만 명의 구조조정, 적자사업(카메라, PV 등)의 정리로 소니는 부활했다. 2017년 매출 80조에 7조의 영업이익으로 사상 최대실적을 기록했다. 소니는 프리미엄급 가전제품, 우주산업, 게임, 럭셔리 TV, 자율주행차 등 신기술력에 집중하고 있다. 특히 애플의 아이폰이 한 대 팔릴 때마다 수십 달러의 로열티를 받는 센서 원천기술을 캐시카우로 활용한다. 선택과 집중으로서 경직성의 도약을 꿈꾸는 것이다.

둘째, 서비스를 판매하는 제록스와 코웨이

1906년에 설립된 제록스는 114살의 고령이지만 신선한 전략으로 고객과 함께한다. 100년간 제조 기반으로 제품을 팔던 제록스는 서비스를 팔기로 정책을 변화했다. 즉 복사기를 팔지 않고 임대를 통해 수입을 올리는 방식으로 전환한 것이다. 복사기 사용자들은 복사기 고장을 염려하지 않으면서 복사된 용지의 수량에 따라 사용료를 지불하는 방식이다. 고객이 원하는 것은 복사이지 복사기를 보유하는 것은 아니라는 사실을 간파한 것이다.

제록스의 초점은 결국 고객의 니즈를 꿰뚫고 시장을 장악했다.[15] 1989년에 설립한 코웨이(前 웅진코웨이)도 마찬가지다. 1998년 업계 최초로 렌털마케팅과 코디 시스템을 도입하여, IMF 시기에 정수기를 사지 못하는 고객들의 마음을 한눈에 사로잡았다. 2004년 매출 1조 클럽에 가입했고, 2015년 기준 600만 명의 회원 수와 2조3천억 원의 매출을 달성했다. 코웨이는 정수기를 관리의 대상으로 보는 고객에게 제품 대신 서비스(렌털+코디)를 판매하여 지속적인 수익 모델의 신화를 만들었다.

당신이
성과를 못 내는
3가지 이유

1월 7일 화요일 12시 / 용인공장회의실로 이동

13시에 용인공장에서 채용 면접이 있다. 강단 대리와 장태준은 회사 차로 이동했다.

👩	강 단 대리	(차 키를 넣으며) "태준 씨, 기술직 채용 면접은 처음이지?"
🧑	장태준 사원	"네, 제가 입사할 때처럼 이상하게 긴장이 되네요."
👩	강 단 대리	"후후, 처음에는 다 그렇지. 그건 그렇고 아까 보니까 팀장님이 태준 씨하고 상실 씨에게 뭐라 하시던데 무슨 일이 있나?"

장태준 사원 (머리를 긁으며) "저희가 뒤에 팀장님이 계신지도 모르고, 심 차장님이 꼰대 같다고 뒷담화해서 팀장님께 꾸중을 들었습니다."

 강 단 대리 "그렇군. 그런데 심 차장님이 예전에는 안 그랬는데, 많이 바뀌셨어. 업무도 집중이 안 되고 성과도 못 내고 계시지."

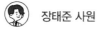 **장태준 사원** "심 차장님이 특별히 성과를 못 내시는 이유가 있습니까?"

 강 단 대리 (안전벨트를 매며) "내 생각인데, 너무 **카톡, 페이스북에 몰입**해."

 장태준 사원 "그렇습니다. 매일 사진과 대화를 항상 페이스북에 올리고 보세요. 일전에도 페이스북을 보며 걷다가 횡단보도에서 작은 사고가 난 적도 있어요. 그리고 주제 넘는 말씀입니다만, 좀 **계획이 없는 것** 같아요."

 강 단 대리 (운전대를 돌리며) "그렇지, 교육프로그램도 내일 회의면 2~3일 전에 미리 준비를 해야 하는데, 그런 것이 없으셔. 참 안타깝지. 또한 관리범위가 넓어. 교육, 승진, 퇴직관리 등 해야 할 일이 많다 보니 <u>산만하지.</u> 한 번에 관리할 수 있는 전산시스템을 좀 만들어야겠어. 태준 씨가 잘 좀 도와드려."

 장태준 사원   "네. 알겠습니다. ERP에서 한눈에 볼 수 있도록 전산실과 협의해 보겠습니다."

왜 성과를 내지 못할까?

세상에는 성과 Tool에 관련된 책이 많다. 그러나 막상 조직에 그 틀을 적용하려고 하면, 마치 여우비와 우산처럼 조화롭지 못하다. 아리 드 호이스는 그의 저서 『살아있는 기업』에서 기업은 생명체와 같이 존재하고 행동한다고 말했다.[1] 기업이 살아 있으므로 끊임없이 진화하고 있는데, 그 시점에 적합한 성과관리를 찾는다는 것은 힘겨운 일이다. 성과를 내기 위해 인센티브나 분에 넘치는 독려와 포상금 등을 제도화하면 되지 않는가? 간단한 해결책이 있는데 왜 고민할까? 하고 생각하겠지만 그런데도 성과를 낼 수 없는 이유가 있다. 세 가지 효과를 통해 이해를 돕고자 한다.

첫째, 주의 분산효과이다.

듀크대학의 행동경제학 교수 댄 애리얼리는 MIT 학생들에게 인센티브와 성과가 미치는 영향을 확인하는 두 가지 실험을 했다. 첫 번째는 A, B 두 그룹의 학생들에게 글자를 최대한 입력하면 A그룹은 300달러, B그룹에는 30달러까지 지급하게 하였는데, 결과는 A그룹이 글자를 더 많이 입력했다. 이 실험만으로는 인센티브가 성과에 영향을 미친다고 할 수 있다. 그러나 두 번째 실험은 A, B 두 그룹에 간단한 수학 문제를 풀되, A그룹은 300달러를 받고, B그룹은 30달러를 받는 조건이었다. 그런데 첫 번째 '단어 입력 실험'대비 두 번째 '수학 문제 풀이 실험'의 성과는 32% 낮아졌다. 즉, 업무가 두 번째 실험과 같이 문제해결을 해야 하는 경우에는 인센티브가 오히려 성과에 악영향을 미친다는 것이다. 높은 인센티브는 오히려 주의력과 집중력을 떨어뜨린다는 결과다. 갑자기 머릿속이 하얘지는 상황은 최고의 성과를 내야 하는 순간에 생기곤 한다.[2]

이러한 주의 분산효과는 성과와 인센티브의 관계를 잘 표현해준다. 우리가 생각하는 인센티브가 성과에 긍정적인 영향을 미친다는 논리는 주의 분산효과로 여지없이 깨져버리고 만다. 결론적으로, 인센티브로 성과가 올라가지는 않는다는 것을 댄 애리얼리 교수가 밝혀냈다.

둘째, 코브라 효과이다.

1800년대 인도가 영국의 식민 지배를 받을 당시, 영국 정부는 델리의 코브라 개체 수를 줄이기 위해 코브라 사체(死體)에 포상금을 걸었다. 코브라가 사라지기를 바랐지만, 결과는 정반대로 나타났다. 사업수완이 좋은 시민들은 죽은 코브라가 돈이 된다는 사실을 깨달았고, 코브라농장을 만들었다. 영국 정부는 뒤늦게 사태를 파악하고 포상 제도를 없앴다. 그에 따라 코브라의 가치가 급락하자, 코브라농장은 뱀을 방생했고, 결국 델리의 코브라 개체는 더욱 증가했다.[3] 단기적인 포상제도가 성과에 미치는 영향도 미미하다는 것을 코브라 효과는 잘 보여준다.

마이크로소프트의 잃어버린 10년을 조사한 취재기자 커트 아이켄월드는 'MS의 성과관리제도인 스택랭킹 제도(Stack Ranking)'를 범인으로 지목했다. **"내가 인터뷰를 했던 현직, 전직 직원들 전부가 마이크로소프트의 가장 파괴적인 프로세스로 '스택랭킹 제도'를 꼽았다."** 모든 부서의 매니저는 직원들의 성과를 바탕으로 고성과자와 저성과자의 순위를 매겼다. 고성과자로 분류된 직원들에게 보너스와 승진이라는 포상이 주어졌지만, 저성과자들은 회사에 오래 머물지 못했다. 처음에는 타당해 보였다.[4] 하지만 스택랭킹 제도는 결국 조직문화에 악영향을 미쳤다. 직원들이 상품 중심이 아닌 인사고과 중심으로 1년을 계획하게 된 것이다. 코브라 효과의 일환으로서 고성과자의 순위가 떨어질 것을 우려하여 저성과자를 일부러 인사고과기간이 끝날 때까지 팀에 머무르도록 했다.[5] HR 책임자 중 90%는 현재의 성과관리 시스템으로 나타난 결과가 부정확하다고 생각하는 이유는 여기에 있다.[6]

셋째, 의도 상실 효과이다.

의도 상실 효과는 내가 의도한 것이 상실됨을 의미한다. 장기적 성과를 내는 게 아니라 To Do List에서 오늘 해야 할 일만 지워나가며 과제를 수행하는 것이다. 고위리더들도 마찬가지다. 압박감을 줄이기 위해 오직 단기 전략적 성과에만 집중한다.[7] 당월에는 유리할 것 같은 이러한 행동은 악순환의 반복 구조 속에서 장기적으로는 매우 불리하게 돌아갈 수밖에 없다.

성과를 방해하는 핵심요소: (1) 산만함, (2) SNS, (3) 무계획

현재 우리는 4차 산업혁명이 주도하는 스마트한 세상에 살고 있다. 이 세상은 예전과는 달리 멀티태스킹 기능을 인간에게 요구한다. 회사 업무는 스마트폰을 이용해 이메일 회신하고, 인터넷으로 정보를 서치하고, 각종 SNS로 업무를 주고받고, 저녁에 만날 약속장소를 예약하는 등 정신없는 하루를 보낸다. 바쁜 세상에는 의당 바쁘게 사는 것이 당연하다. 그렇다면 우리의 성과를 저해하는 요소는 과연 무엇일까? 산만함과 SNS 그리고 무계획적인 삶이 그 주범이다.

(1) 우리는 너무 산만한 삶을 살아간다

미네소타 대학의 경영학 교수인 소피리로이는 「왜 내 일을 하기가 너무나 어려울까 라는 논문에서 주의 잔류물(Attention Residue)라는 개념을 제시했다. "조직 내에서 연이어 회의를 하고, 한 프로젝트 후에 곧바로 다음 프로젝트로 넘어가는 것은 일상이다."

이런 방식의 문제점은 A 작업에서 B 작업으로 넘어갈 때 주의력이 바로 따라오지 못한다는 것이다. 주의 잔류물이 A 작업에 계속 남는다.[8] 매우 일반적인 상황이다. 전 회의에서 미처 하지 못했던 일들이 머릿속에 남아 지금 하는 회의 중에 생각이 나는 것이다.

우리가 매일같이 겪는 웃지 못할 상황

이메일 답변 쓰는 중 → 일정 확인을 위해 휴대폰 스케줄 확인 → 메일에 일정을 넣고 회신하려는 순간 → 급한 결재가 생각나 결재함에 들어가서 승인 클릭 직전 → 상사의 호출로 다른 프로젝트 보고 → 자리로 돌아와서 "왜 이메일과 결재함이 열려 있지?"

디지털시대 행동 양상의 대가로 널리 알려진 스탠퍼드 대학의 커뮤니케이션학 클리퍼드 나스 교수는 멀티태스킹은 정신적으로 망가진 것이라고 얘기한다. "항상 멀티태스킹을 하는 사람은 무의미한 것을 걸러내지 못합니다. 또한 작업 기억을 관리하지 못하고, 고질적이고, 산만하며, 당면한 과제와 무관한 훨씬 큰 두뇌부분을 작동시킵니다."[9] 멀티태스킹이 집중해야 할 곳에 정작 집중하지 못한다는 의미이다. 날카로운 집중 대신, 무의미한 대상에 빠지는 정신적 습관을 기르는 것이 멀티태스킹이다.

사람의 이마에는 전두엽의 앞부분, 즉 전전두엽이 있다. 뇌의 관문에 해당하는 전전두엽 피질은 우리 앞에 날마다 쏟아지는 일들을 다 처리하지 못한다. 정보의 쓰나미가 아닌 티스푼 분량의 정보만을 처리하도록 설계된 탓이다. "대충 훑어보기와 멀티태스킹을 하는 신경회로는 확장 및 강력해지는 반면, 지속적인 집중력을 발휘해야 하는 신경회로는 퇴화한다." 그 결과는? "멀티태스킹이 습관이 된 사람은 중요하지 않은 일에 몰두한다." 결국 멀티태스킹은 훑어보는 능력이 강력해지고 창조하는 능력은 감소한다고 미국 국립 신경질환 뇌졸중 연구소의 조던 그래프먼이 말했다.[10]

⑵ 시간만 나면 SNS에 정신줄 놓는다

SNS(Social Network Service)는 다나 보이드 교수가 맨 처음 이론적인 관점을 정의한 것으로서, 특정한 관심이나 활동을 공유하는 사람들 사이의 관계망을 구축해 주는 온라인 서비스를 의미한다. 최근 페이스북, 트위터 등이 대표적이다. 시스템 속 자신의 신상정보를 공개하고 그들이 연계를 맺고 있는 다른 이용자들과 연계된 사람들을 또다시 연계하여 함께 리스트를 공유할 수 있도록 해주는 웹 기반의 서비스이다. SNS의 역사는 1990년대 월드와이드

웹 서비스를 시작으로 2002년 링크드인(Linkedin), 2004년 페이스북으로 성장하였다. SNS는 ① 마케팅, ② 커뮤니케이션, ③ 사회관계망, ④ 권력 관계, ⑤ 컴퓨터 활용 연구대상의 5가지 관점으로 요약할 수 있다.[11]

현재의 지식노동자들은 몰입의 가치를 빠르게 잊고 있다. 네트워크 도구의 부상과 스마트폰 및 사무실 컴퓨터를 통한 보편적 접속은 지식노동자들의 집중력을 무너뜨렸다.[12] 세상에서 가장 많이 연결된 사람이라고 평가받는 디지털미디어 컨설턴트인 배러툰데이 서스턴(Baratunde Thurston)은 온라인 활동을 단절하기로 마음먹었다. 그는 2013년에 25일간 페이스북, 트위터, 호스퀘어, 심지어 이메일까지 온라인 활동을 단절했다. 그는 휴식이 필요했다. 그는 1년 동안 5만 9,000건이 넘는 지메일 대화를 나눴고, 페이스북 담벼락에 1,500건의 글을 올렸다. 그는 **"너무 지쳐서 기운이 하나도 남지 않은 상태였다"**라고 밝혔다.[13] 시간에 대한 네트워크 도구들의 요구에 압도당한 서스턴은 인터넷을 끊는 것이 유일한 방법이라고 생각했다. 극단적인 인터넷 안식기가 결국 몰입의 가치를 증진한다고 판단했다.[14]

그럼에도 불구하고 왜 우리는 SNS에 집착하는가? SNS가 가진 중독성 때문이다. 팔로워들이 다양하게 올리는 각종 이벤트를 보다 보면 시간이 순삭된다. 타인의 삶을 사진과 영상을 통해 아무런 문제없이 당당하게 엿볼 수 있는 세상이다. 그래서 본연의 과제를 망각하고 시간과 주의를 단번에 빼앗아 길게는 한 시간 이상 그 자리에 머물게 한다. 시간의 분배는 제로섬 게임인데, 영향력이 적은 활동에 시간을 많이 투자할수록 나에게 돌아오는 전반적인 혜택이 줄어든다. 영향력이 큰 활동보다 SNS에 시간을 내주게 돼, 그동안 가치를 생산하지 못하게 된다.

말콤 글래드웰, 마이클 루이스, 조지 패커 등 유명저술가들은 트위터를 하지 않는다.[15] 작가가 트위터에 의존하는 것보다 최선의 책을 쓰기 위한 집중이 훨씬 생산적이기 때문이다. 만일 마케팅용으로 하루에 10건을 주 5일간 50%의 성공률로 잠재고객을 확보하려고 트위터를 활용한다고 치자. 2년간 트위터 활동이 도움을 준 책의 판매 부수는 2,000부에 불과하다. 베스트셀러가 되려면 매주 그것의 두세 배를 더 팔아야 한다.[16]

SNS의 또 다른 문제점은 마케팅에 희생양이 된다는 것이다. 사람들의 주의를 빼앗아서 돈을 버는 회사들에게 SNS는 성공적인 마케팅이다. 마케터들은 SNS를 쓰지 않으면 놓칠 수 있다고 사람들을 설득한다.[17] 몰입이 필요한 성과관리에 SNS는 적합하지 않은 Tool이다.

⑶ 무계획이 상팔자다

성과를 내지 못하는 마지막 이유인 무계획은 왜 발생하고 그 원인은 무엇인가?

1. 엉덩이로 일해서

성과를 염두하고 엉덩이로 일해야 하는데, 대다수의 직원은 시간만 때우고 간다. OECD 국가들의 근로시간이 짧다고 하지만, 그들의 업무강도는 상당히 높다. OECD 중 가장 적게 일하는 독일인들에게 자판기나 정수기 앞에서 사적인 대화를 하는 '정수기 대화(Water Cooler Talk)'가 없다.[18] 우리는 인터넷 기사, SNS, 온라인쇼핑, 개인 전화 통화, 커피 타임, 개인적 수다로 평균 1~2시간은 허비하곤 한다.

2. 지네의 함정에 빠져서

지네의 함정이란 여러 가지 일을 너무 깊이 생각한 나머지 마치 지네처럼 어느 발을 다음에 내디뎌야 할지 몰라서 뒤엉켜 움직이지 못하는 것을 의미한다. 정신분석학자 에릭슨은 세부 프로세스와 업무에 너무 매몰되면 자칫 '지네의 딜레마'에 빠질 수 있다는 점을 강조했다.[19] 일을 풀어나가기 위해서는 어느 발을 내디뎌야 할지 영리하게 셈해야 한다. 복잡한 것을 심플하게 만드는 일이 '창의'임을 염두에 두자.

나를 위한 궁극적 성과, 생존과 미래 가치 창출

1월 7일 화요일 17시 / 강 대리, 장태준

17시에 용인공장에서 채용면접을 끝낸 강 대리와 장태준은 회사로 복귀하기 위해 차량으로 이동했다.

 장태준 사원　(차 문을 열며) "공장의 장비기술팀은 왜 이렇게 수시채용이 많습니까? 직원들의 이직이 많은가요?"

 강　단 대리　"교대근무로 지쳐서 그렇지. 다른 곳에 가면 주간근무만 하면 되는데, 우리 회사는 1년에 1/3은 야간 조도 감수해야 하니까 힘들어서 그런 것 같아."

장태준 사원　(시동을 걸며) "저는 간신히 입사했는데, 이분들은 갈 곳이 많은가 봐요."

 강　단 대리　"몇 년 돌다가 다시 우리 회사로 오는 경우도 많아. 녹록하지 않지. 바깥세상이. 생존을 위해 사는 것은 정글이나 직장이나 같은 거야."

(안전벨트를 매며 웃었다.)

　장태준은 기술이 있는 자는 평생 직장생활을 할 수 있다는 어르신 말씀이 떠올랐다. 장비기술팀원은 주로 기계공학, 제어·계측, 전자공학이 전공이며, 오토메이션 장비를 만들기 위해서는 필요한 인원들이라 기술수당을 받는 등 나름대로 대접을 받고 있었다. 그런데도 연 이직률이 20%가 넘었다. 다른 곳에서 조금만 연봉을 더 주면 이직을 하는 것이었다.

　연봉점프. 직장에서 연봉을 상승시킬 수 있는 절호의 기회다. 그러나 몇 번을 이렇게 반복하다 보면, 본인의 실력대비 과다한 급여를 받고 있음을 타인은 물론 본인도 깨닫게 된다. 결국은 도태되어 연봉동결이 되거나, 눈치를 보다가 다시 딥 오토메이션으로 복귀하기도 했다.

장태준 사원 "어떻게 하면 오랫동안 직장에서 <u>생존</u>하며 성과를 내는 만큼 보상받을 수 있을까요?"

 강 단 대리 "장태준 씨, 과제에 대한 **미래 가치 창출**을 염두에 두며 일하면 직장생활 롱런하지 않을까?"

궁극적 성과를 내는 방식

1990년 중반에 하버드 경영대학원 교수인 클레이튼 크리스텐슨은 인텔의 CEO 겸 회장인 앤디 그로브를 만났다. 당시 인텔은 저급시장에서 고급시장으로 진출하는 경쟁기업들로 인하여 골머리를 앓고 있었다. 앤디 그로브는 답변하는 크리스텐슨 교수에게 이렇게 말했다고 한다. "고지식한 학자답군. 무엇을 해야 하는지는 나도 알아요. 어떻게 해야 하는지 모를 뿐이지."[1] 교과서적인 내용을 반복하여 말하는 상사가 있다면, 부하직원들은 그의 유토피아적 사상과 현실의 차이점을 안주로 삼아 맥주를 넘긴다. 'How'를 원하는데 'What'을 답하는 세계적인 석학자에게, 앤디 그로브가 현실의 필드 일침을 가한 것이다. 성과를 내기 위해서 Z세대 직장인은 궁극적으로 무엇을 고려해야 하는가? 그 답으로서 '생존'과 '미래 가치 창출'을 제시한다.

생존의 법칙

직장에서 성과와 생존은 동의어라는데 이견이 없을 것이다. 직장생활에서 생존을 위한 방법을 살펴보자.

첫째, 다기능화이다.

다기능화는 한사람이 경험, 기술 등 다수의 역량을 갖춘 것을 의미한다. 개인도 한 가지 전문 업무보다는 다기능의 직무수행을 요구받고 있기 때문이다. 한사람이 한 대의 기계만을 담당하던 시대는 지났다. 각 개인이 점차 다기능의 복합적인 전문 능력을 필요로 하며, 조직구성도 이러한 다기능 전문 인력들이 모이는 조직으로 재편되고 있다.[2] 스마트한 시대에는 여러 개의 얕은 기능을 가진 것이 아니라, 전문적 기술을 다수 보유하여야 한다는 의미이다. 다기능화의 일화로는 2002년 월드컵 16강 이탈리아전이 가장 대표적이다. 히딩크는 1:0으로 뒤지던 후반전에 수비대신 공격수를 대거 투입하는 초강수를 둔다. 당시 11명의 축구선수 중 결국 골키퍼(이운재)와 수비수(최진철) 단 두 명만이 수비에 전념했다.

그 결과 후반 엔딩 타임에 설기현의 극적인 동점 골과 함께 전반전에 페널티킥을 실축한 안정환이 연장전에서 골든골을 터뜨려 국민의 눈시울을 적셨다. 어차피 1-0으로 져도 탈락, 더 많은 점수를 주어도 탈락이기에 수비보다는 공격에 치중했던 속 시원한 히딩크의 전략에 우리는 모두 박수를 보냈다.

스포츠매체에서 얘기한 가장 큰 승리의 요소는 11명의 선수 중 9명이 올라운드 플레이어(수비, 미드필드, 공격)였기 때문이라는 분석이다. 이탈리아의 역공에 의한 추가실점의 위기를 올라운드 플레이로 3점 이상 커버한 것이다. 축구에서의 올라운드 플레이어는 다기능화를 의미한다.

직장에서도 한 사람의 일과가 조직변경안 작성(9시) → A 프로젝트 법무검토(11시) → 생산량 조율 협의(14시) → C사 견적 제출(16시)로 성과를 내는 슈퍼맨의 역량을 원한다. 영업자 부재 시, 관리자가 필드 영업을 대신해내야 하는 멀티풀한 세상이 온 것이다.

둘째, 혁신이다.

혁신전도사라고 불리는 하이얼의 장루이민 회장은 세탁기의 고장에 대하여 문제를 다르게 보았다. 문제와 위기를 혁신의 기회로 본 것이다.[3] 이 문제의식이 영세한 국영기업공장을 2017년 매출 규모 41조 원으로 키웠다. 2011년 일본의 자긍심 파나소닉으로부터 산요가전과, 2016년 미국의 자존심인 GE의 가전 부문을 인수하며, 2017년 글로벌 가전 업계시장에서 10%의 시장점유율로 9년 연속 세계 1위를 유지했다.[4] 하이얼의 주가는 혁신을 쫓아 가파르게 상승했다.

조셉 슘페터(Joseph Schumpeter)는 "혁신이란 균형점을 이동시키는 것이며, 새로운 균형점은 기존의 균형점에서 연속적인 걸음으로 도달할 수 없는 것이다"라고 말했다. 혁신(革新)은 말 그대로 가죽을 벗기는 새로운 작업이다. 혁신이 끝났다는 말은 없다. 리더는 혁신의 바람을 조직에 지속해서 불어넣어야 한다.[5] 혁신을 추진하는 방법은 톱다운, 바텀업, 확산방식이 있다. 강력한 리딩이 필요한 경우에는 톱다운, 근본적인 변화를 끌어내기 위해서는 바텀업이 있으나 근래에는 중간으로부터 혁신을 시행하는 확산방식(GMOUD: Group Oriented from Middle to Up Down)이 설득력 있다.[6]

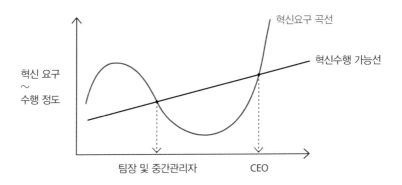

셋째, 자신의 한계를 뛰어넘는 것이다.

"자기 자신을 정복하는 것보다 더 위대한 정복은 없다"라고 레오나르도 다빈치는 말했다. 마찬가지로 찰스 슈왑은 "인간은 무한한 열정을 쏟는 일에서 거의 반드시 성공한다"라고 말했다. 모두 한계를 뛰어넘어야 한다는 뜻이다. 서커스장에서 사자의 재롱을 보았는가? 백수의 왕 사자가 서커스장에서 가장 두려운 것은 회초리가 아니라, 의자이다. 조련사는 네발 달린 의자로 사자의 시선을 분산시켜, 사자를 무기력하게 만든다. 결국, 집중력이 약해지고 유약(幼弱)하게 변하도록 사자에게 한계를 설정하는 것이다.[8] 뒷다리에 족쇄를 찬 코끼리도 마찬가지다. 이 족쇄는 고작 3m 길이의 사슬에 연결되어 말뚝에 묶여 있는데, 거대한 코끼리가 발로 툭 건들기만 해도 언제든지 뽑아낼 수 있다. 새끼 때부터 설정된 한계를 성체가 되어도 벗어나지 못하는 것이다.

운동도 마찬가지다. 운동을 배우기 시작할 때는 한계점인 플래토우(Plateau: 고원현상)가 나타난다. 플래토우를 이겨내기 위해서는 그 전의 행동을 뛰어넘는 노력이 필요하다. 운동선수들은 플래토우뿐만 아니라 시시때때로 슬럼프를 겪는다. 그 탈출 방법도 자신의 한계와 범위를 넘어서기 위해 노력하는 것뿐이다.[9] 직장인에게 플래토우는 1·3·5법칙(직장인 퇴사율이 가장 높은 1, 3, 5년을 일컫는 직장 속어, 통상 1년을 버티면 3년 가고 3년 버티면 5년 간다)이며, 자신의 역량을 향상하고 난관을 극복해야 한다.

미래 가치 창출을 위한 방법

성과는 과거보다는 미래를 지향해야 한다. 그래야 조직이 진일보할 수 있다. 바둑에서의 포석이란 향후 성과를 위해 미리 돌을 벌여놓는 것을 의미한다. 성과는 미래 가치를 창출하기 위해 놓는 바둑돌과 같다. 직장생활에서 미래 가치 창출을 위한 방법은 무엇인가?

첫째, 일의 주인이 되어야 한다.

내 것 하나가 남의 것 10개보다 소중하다. 내 것 하나를 불려서 10개를 만들어야지 남의 것 10개를 잘 관리해봐야 내 것 하나가 생기지 않는다. 마찬가지로 일도 내 것이라는 마음가짐이 성패를 좌우한다. 남의 것이라고 느끼게 되면 발을 담그지 않으려 하고 결국 일이 제대로 마무리되지 않는다. 내 목표일 때 창조력이 솟기 마련이다.[10] 어쩌면 우리는 시시포스와 같이 무미건조한 삶을 살고 있을지 모른다. 그리스신화에 나오는 시시포스는 바위를 산 위로 끊임없이 밀어 올리는 영원한 처벌을 받은 인간이다. 단 한 가지의 의미 있는 성과를 거두지 못한 채 바쁜 일상을 마무리하고 내일 똑같은 바위를 산꼭대기로 올려야 하는 우리의 모습과 다를 바 없다.[11] 시시포스처럼 무한루프를 반복하지 않으려면 올려진 바위를 성과라는 디딤돌로 견고하게 받쳐 놓아야 한다. 그래야 새로운 프로젝트 바위를 산꼭대기로 올릴 수 있기 때문이다. 하루를 열흘처럼 쓰려면 내가 시간의 주인이 되어야 한다. 방해요소는 전방위적으로 생겨난다.

쉴 새 없이 밀려오는 이메일, SNS, 전화는 내 소중한 시간을 순식간에 집어삼킨다.[12] 각각의 방해요소에 곧바로 대응하다 보면 타인의 일에 끌려 다니게 되므로 가치 없는 것은 곧바로 잘라내야 한다. 상대방이 급하면 나를 다시 찾을 것이다. 일의 주인이 되어야 내 미래 가치를 창출한다.

둘째, 전방위 영업을 해야 한다.

영업직은 두말할 필요가 없고, 생산직이나 관리직도 이 원칙을 각인해야 한다. 갑자기 영업하라는 것이 아니라 어떠한 직무에서도 영업에 대한 전략적인 생각을 해봐야 한다는 의미이다. 내가 관리직이라도 우리가 파는 제품을 즉시 설명할 수 있는가? 고객이 원하는 답변 예를 들어, 효율, 수율, 가격, 경쟁사 대비 장점, 우리 제품을 써야 하는 이유, 향후 고객수익, 고객이 지적하는 문제점에 대한 철저한 답변 등 이중 어느 하나를 알지 못하면 고객은 돌아선다. 결국 우리의 성과는 고객의 긍정으로부터 나온다. 고객을 잃는 성과는 존재할 수 없기 때문이다. 조직의 전방위적인 영업능력은 미래 가치 창출의 올바른 포석이 된다.

만일 여러분이 관리자인데도 영업직처럼 카카오톡, 카페, 밴드, 이메일, 페이스북 등의 본인 사진에 회사 제품을 홍보하거나 '우리 회사 파이팅!'이라고 한다면 승진을 보장받을 것이다. 경영진에게 보이는 것에 의함이 아니라, 회사를 향한 열정이 이미 성숙한 수준이기 때문이다. 매출이 어려워지면 흔히 비영업직은 영업 탓을 많이 한다. 그러나 영업은 폄하의 대상이 아니다. 기획 및 개발부서는 애써 만든 좋은 상품을 영업이 망친다고 끌탕하고, 마케터는 최고의 전략을 영업이 받쳐주지 못해 빛을 보지 못한다고 목소리를 높인다. 심지어 머리를 쓰지 않는다고 영업자를 타박하기도 한다. 영업직 평가 절하는 **"영업은 나와 어울리지 않는다는 생각"**이 녹아 있기 때문이다.[13]

직무는 귀천이 없다. 영업자가 아니더라도 고객에게 엘리베이터 내에서 1분 동안 자사 제품을 홍보할 수 있는 능력이 나에게 있는지 생각해 봐야 한다. 없다면 스피치를 연습하여 자사의 제품을 충분히 설명할 수 있는 실력을 갖추자. 결국 이런 연습은 손님이 왔을 때 언젠가는 직장생활에서 써먹을 것이다.

셋째, 선택과 집중을 해야 한다.

핵심과제를 해내는 것은 효과성(Effectiveness)이다. 반면, 과제를 적은 자원으로 어떻게 해내느냐는 효율성(Efficiency)이다. 즉, 실제 성과에 직접 영향을 미치는 것은 효율성이 아니라 효과성이다. '올바른 일을 하는 것(Do the right thing)'이 효과성이고, '일을 올바르게 하는 것(Do things right)'은 효율성이다.[14] 선택과 집중은 효과성을 의미한다. 효율성은 과정은 신속하고 훌륭하게 소화하지만, 투입대비 아웃풋이 없는 경우도 있다. 그러나 효과성은 해야 할 일을 완수하기에 성과물이 있다. 일은 효과적으로 마무리해야 한다.

1986년 핵주먹 마이크 타이슨이 당시 WBC 챔피언인 트레버 버빅에게 도전했다. 버빅은 많은 주먹을 효율적으로 타이슨의 안면에 적중시켰으나, 2라운드에 크린치 상태에서 타이슨은 레프트훅으로 버빅을 단숨에 KO시켰다.

이 효과적인 한 방의 주먹은 타이슨을 최연소 챔프로 등극시키게 된다. 선택하기 전에는 의사결정이 중요하다. 선택을 하고 난 이후에는 집중이 중요하다. 고도의 집중은 몰입을 의미하며 그 몰입은 고객을 향해야 한다. "한번 찾은 고객이 다시 찾을 수 있기를!"이라는 캐치프레이즈로 고객에게 집중하는 세계 최고급 체인 호텔에 대한 일화가 있다. 어떤 고객이 방을 청소하는 직원에게 곧 돌아올 테니 재떨이에 있는 피우다 만 시가를 그대로 두라고 했다. 그가 방에 돌아왔을 때 재떨이에는 똑같은 상표의 새 시가가 있었다. 그는 만족스러웠다. 하지만 몇 달 뒤 다른 곳에 있는 같은 체인의 호텔에 갔을 때 방에 똑같은 상표의 시가가 있을 줄은 상상도 못 했다. 그는 이렇게 말한다. "그 시가가 또 있을지 확인하기 위해서라도 그 호텔에 다시 가야 한다. 나는 그 호텔에 묶여버렸다!"[15]

그 고객에게 있어서, 호텔이 비치한 시가의 미래 가치는 얼마일까? 현가는 4만 원 정도이나, 고객의 영향력에 의한 바이럴마케팅의 효과는 수십, 수백 배의 가치를 호가할 것이다. 세계의 위대한 세일즈맨 조지라드는 1966년부터 자동차 세일즈를 시작해 하루 평균 5대씩 12년간 자동차를 판매했다. 고객에 대한 고도의 집중력으로 그가 은퇴할 때까지 판매한 자동차는 1만 3천 대이다. 지라드는 유명한 '250명 법칙'을 발견했다. 가톨릭, 개신교의 장례식장이나 결혼식장에 가보면 250명의 손님이 참석한다는 것을 발견했다.[16] 1명에게 집중하면 그로 인해 250명에게 영향을 끼친다는 이 마케팅법칙은 전 세계적으로 널리 통용되고 있다. 지라드의 선택과 집중이 미래 가치를 창출했음을 부언할 필요가 없다.

02
자투리 시간 활용법

직장인의 자투리 시간. 지금 알뜰한 시간 저축이 미래에 성과로 나온다.

자투리 시간

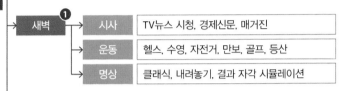

시사	TV뉴스 시청, 경제신문, 매거진
운동	헬스, 수영, 자전거, 만보, 골프, 등산
명상	클래식, 내려놓기, 결과 자각 시뮬레이션

▶ 새벽 시간은 내가 원하는 모든 것을 할 수 있는 소중한 시간이다. 새벽 인간이 아니어도 침대에서 돈을 벌어들일 것이 아니라면 과감히 일어나야 한다.

▶ 코칭이 있는 수영, 헬스 등 새벽 운동을 권한다. 적당한 운동은 심신단련뿐만 아니라 하루를 상쾌하게 만든다. 운동과 함께 시사를 병행해도 좋다. 가령 헬스를 하면서 뉴스 보기, 수영을 하면서 음악 듣기, 만보를 하면서 라디오를 듣는 것이다.

▶ 명상도 훌륭한 방법이다. 클래식과 함께 나 자신을 차분하게 내려놓거나, 샤워하면서 오늘 회사에서 일어날 MIT에 대하여 결과를 예측하며 시뮬레이션 해보면 답을 얻음과 동시에 일과가 명쾌해진다.

출근	출근 전 업무 마감, 청강(동강, 오디오북)
점심시간	휴식 취하기, 인맥 형성 중식
블루 타임	자기 경영 Time, 전략 짜기, 수요일 오후(ex)

▶ 신입으로서 쉽지 않겠지만 출근하기 전에 업무를 한 가지 완료해 보라. 예를 들어, 출근 시간까지 마감기한으로 설정하고 과제를 하나 끝내서 이메일을 송부하고 출근하는 것이다. 회사에서는 느낄 수 없는 집중력으로 스피드한 성과를 내게 된다. 또한 이메일을 수신한 선배, 동료들은 그 열정을 매우 높이 살 것이다.

▶ 점심시간에는 일반적인 휴식을 취하거나, 다양한 고객이나 협력자와 점심을 먹는 것도 인맥 형성에 좋다.

▶ 주 1회 자신만의 블루 타임을 가져야 한다. 수요일이나 금요일 오후에는 현업보다는 아이디어, 제안 및 혁신전략을 수립함으로써 반성과 개선의 자기경영 시간으로 활용한다.

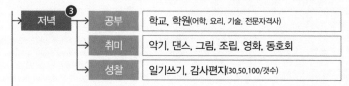

저녁 ❸	공부	학교, 학원(어학, 요리, 기술, 전문자격사)
	취미	악기, 댄스, 그림, 조립, 영화, 동호회
	성찰	일기쓰기, 감사편지(30,50,100/갯수)

▶ 음주·가무로 저녁 시간을 보내기 아깝다. 학교, 학원 등 공부에 몰입해 보자. 지금 내 행동이 미래의 거울이다.

▶ 취미생활을 하는 것도 좋다. 악기나 그림을 배우거나, 피규어를 모으고 로봇 조립을 하는 것도 스트레스 해소에 좋다. 영화는 혼자서 보는 것을 추천한다. 몰입을 통해 오롯하게 새로운 작품해석의 세계를 경험할 수 있다.

▶ 동호회 활동을 통해 가치관이 맞는 친구를 사귀는 것도 동질감 형성에 좋다. 저녁에 잠들기 전에 다이어리 앱을 통해 하루를 키워드로 정리해 보자.

▶ 어머니께 하루 하나씩 감사 편지를 한 달 써보자. 그 이후 가족 등으로 확대해서 적는다. 존재감이라는 뜨거운 성찰을 얻을 수 있다.

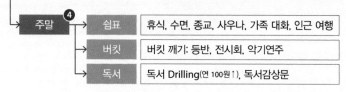

주말 ❹	쉼표	휴식, 수면, 종교, 사우나, 가족 대화, 인근 여행
	버킷	버킷 깨기: 등반, 전시회, 악기연주
	독서	독서 Drilling(연 100원↑), 독서감상문

▶ 주말에는 아무 생각 없이 쉬어도 좋다. 쉼표를 찍는 방법에는 수면, 사우나, 여행 등이 있다.

▶ 인생이 허무하다면 익사이팅한 버킷리스트를 만들어보자. 내 버킷에는 꿈꾸는 모든 것을 집어넣는다. 그중 10개는 1년 이내에 끝낼 수 있는 단기 버킷, 20개는 수년이 걸리는 장기 버킷을 수립한다. 주말은 단기 버킷을 지워버릴 수 있는 절호의 기회다. 등반, 마술배우기, 춤 공연, 악기 마스터 등이 있다.

▶ 유튜브는 정보를 신속히 전달하지만, 지식을 축적하지 못한다. 지식을 머릿속 뉴런에 잡아 두기 위해서는 독서를 해야 한다. 특별한 일이 없다면 1주말 1권 독서를 권한다. 연 50권의 집약된 지식을 통해 지혜를 얻을 수 있다.

직장에서
성과 내는 기술은
따로 있다

DAY 3

조직의 성과관리 알기: 미션부터 액션플랜까지

> 10단계

미션(Mission)	비전(Vision)	전략(Strategy)	실행(Action Plan)
기업의 존재 이유 향후 50~100년 이후까지 존속 가능	조직원의 미래상 3~5년 내에 기업이 이루고자 하는 모습	비전을 수립하기 위한 자원검토 및 전략도출	전략목표달성을 위한 구체적인 실행 계획 수립

눈이 소복이 내렸다. 딥 오토메이션 사옥의 앞마당의 나무에도 눈꽃이 화려하게 피었다. 저 멀리 보이는 고속도로에 차들이 눈발에 엉금거리며 달린다. 수요일 오전은 나대로 차장이 장태준과 오상실에게 '조직의 성과관리에 대한 OJT 교육'을 하는 날이다. 장태준은 세 사람의 커피를 타기 위해 커피머신의 버튼을 눌렀다. 커피콩이 드르륵~ 갈리면서 진한 아메리카노라는 성과가 나왔다. 장태준, 오

상실이 모였고, 나 차장이 빔프로젝트를 켜면서 말했다.

 나대로 차장　"자, 오늘은 우리 회사의 성과체계를 수립하는 방법에 대하여 두 시간 정도 OJT 교육을 하겠습니다. 이 교육의 목적은 인사 팀원으로서 조직에서 성과체계를 관리하기 위해서는 미션 수립부터 액션플랜까지 왜, 어떻게 수립하는지를 알게 하기 위함입니다."

 장태준 사원　"나 차장님. 성과관리가 중요한 것은 알겠는데, 미션이나 액션플랜은 교과서에나 나오는 내용 아닌가요? 실제로 기업에서도 전략적으로 사용하나요?"

 나대로 차장　"우리가 교과서에서 배운 모든 것은 기업에서 사용하고 그 예제가 되는 경우도 많아. 미션, 비전, 전략. 액션플랜은 오래된 고전이지만 기업에서도 수시로 사용하지. 그것을 오늘 배우는 거야."

 오상실 사원　(눈을 동그랗게 뜨고) "교과서에서 배운 전략은 결국 전쟁용어 아닌가요?"

나 차장이 때깍~ PPT 페이지를 넘기며 말했다. 나폴레옹 그림이 펼쳐졌다.

 나대로 차장 "오상실 씨 말이 맞아. 흔히 직장을 비즈니스 전쟁터라고 하는데, 유명한 나폴레옹은 크게 이긴 전투 중에는 계획대로 된 것은 한 번도 없다고 해. 하지만 나폴레옹은 전투를 과거의 어떤 위대한 장군보다 더 치밀하게 준비했지. 적장의 전략에 몰입하여 어느새 적장이 되어 본 거야. 나폴레옹은 2차원의 전쟁을 3차원으로, 흑백의 시각을 컬러로 봤어. 이렇게 리더가 얼마나 뚜렷하게 볼 수 있느냐에 따라서 전장(戰場)의 성패는 갈리게 되지."

장태준은 나폴레옹 그림을 바라보며, 마치 그가 전쟁터에 있는 느낌이었다.

 나대로 차장 "그리고 주목해야 할 사항. 나폴레옹은 비저닝이 있었어. 즉, 병사들이 목숨을 바치게 하는 가치가 있었지. 왜 우리가 싸우는가? 이 전쟁의 끝에 어떤 비전이 있는가? 비전을 위해 나는 어떤 전략을 수립해야 하고 어떤 행동을 해야 하는가? 등등 생각을 한 방향으로 정렬시켰어. 그렇다면 수많은 병사의 생각을 어떻게 통일할 수 있을까? 그건 바로 **가치체계를 정립하는 것이지. 미션과 비전, 전략과 행동을 일원화**하여 전쟁에서 나폴레옹이 가리키는 방향으로 병사들은 죽음을 무릅쓰고 전진하게 만든 거야. 지금 우리의 현실도 같아. 고객을 붙잡기 위한 전쟁터에서 리더는 조직의 과업수행을 위해 성과관리 시스템을 구축해야 하지. 오늘은 근래에 통용된 BSC(Balanced Score Card) 성과관리 시스템을 위주로 설명할 겁니다. 자~ 시작합니다."

오상실과 장태준은 나 차장의 교육에 몰두했다.

왜 세상에 우리가 존재해야 하는가? 미션(Mission)

미션이란 기업의 사명으로서 "Why we exist?", "우리는 왜 이 사업을 하는가?" 라는 물음에 대한 답이라고 말할 수 있다. 미션은 기업의 존재 이유로서 50~100년간 존속할 수 있어야 하며 북두칠성이나 등대와 같이 방향을 가리키는 역할을 한다. 미션의 방향으로 기업이 전진하지만, 영원히 도달할 수 없는 절대 가치 방향을 말한다.[1] 미션은 마음속으로 정의하기만 하면 되는 것이 아니라, 명문화 후 공표해야 하는데 이것을 미션 선언문이라고 한다.

"We are the Ladies and Gentlemen serving Ladies and Gentlemen."
"리츠칼튼의 모든 고객들은 신사, 숙녀이다. 또한 이 신사, 숙녀들을 섬기는 리츠칼튼의 직원 역시 신사, 숙녀다."[2]

세계 최고급 호텔 중 한 곳인 리츠칼튼 호텔의 사명선언문이다. 직원들을 넘어 고객들까지도 숙연해지는 사명이 아닐 수 없다.

우리가 이루고자 하는 결과는 무엇인가? 비전(Vision)

뭔가를 생각하면 가슴이 막 뛰는 것이 있는가? 필자의 경우 출간될 책을 생각하면 가슴이 두근거리고 매우 흥분된다. 10년 후 캐나다 천섬(Thousand islands)의 한가운데서 〈쇼생크탈출〉 같은 명작을 창조한다면 얼마나 좋을까? 비전은 가슴 벅찬 무언가로서, 미래의 일정 시점에 이루고자 하는 열망을 의미한다. 미션이 존재감이라면, 비전은 미래의 일정 시점에 도달했을 때 기대하는 자신의 모습, 가장 잘 할 수 있고 적성에 맞는 모습을 구체화한 '차별화된 미래모습'이라고 할 수 있다. 비전은 미션을 추구하기 위한 실행수단이다.[3] 미션은 존재가치이기에 50~100년의 목적을 가지고 달성하기 위한 존재가치라면, 비전은 기업이 추구하는 3~5년 동안의 중장기적인 목표와 바람직한 미래상이다.

빌 하이벨스는 『리더십의 용기』에서 "비전은 열정을 만들어 내는 미래의 그림"이라고 했다. 비전은 열정을 낳고 열정은 절차와 결합하여 지속적인 성과를 만들어 낸다. 비전은 심장을 울리고 고동치는 미래의 그림을 생생하게 그리고 간직하는 것이다.[4] 테레사 수녀(Mother Teresa) 역시 비전을 생생하게 전달한 인물이다. "허리를 굽혀 섬기는 자는 위를 보지 않는다"라는 그녀의 말처럼 평생 빈민굴에 살면서 가난한 자들의 친구이자 보호자가 되었다. 테레사 수녀의 비전을 알고 싶은 사람들은 하루만 그녀를 지켜보는 것으로 족했다. 마찬가지로 비전 있는 리더는 부하들에게 뚜렷한 비전의 전달력과 함께 강력한 확장성을 경험하게 한다.[5] 이베이의 창업자인 피에르 오미다이어는 대형소매의 혁신을 가져왔다. 그의 비전은 사용자가 책임을 지는 온라인 커뮤니티였다. 2001년 〈비즈니스 위크〉와의 인터뷰에서 그는 이렇게 말했다.

"내 아이디어는 모두가 정보에 동일하게 접근할 수 있는 효율적인 시장을 만드는 것이다. 시장의 힘을 대기업이 아니라 개인들에게 돌려주고 싶었다. 그것이 이베이를 처음 만들었던 동기였다."

이베이에 따르면 43만 명의 사람들이 이베이에서 제품을 판 돈으로 생업을 유지하고 있다. 이 개인들을 모두 이베이가 고용할 경우 미국에서 월마트 다음으로 많은 직원을 고용하고 있는 회사가 된다. 개인에게 시장의 힘을 보유하게 한 고귀한 비전이다.[6]

어떻게 비전을 이룰 것인가? 전략(Strategy)

전략의 핵심은 고객 지향성과 경쟁우위 창출이라고 요약할 수 있다. 기업은 한정된 경영자원을 통해 기업의 성과를 향상하기 위해 끊임없이 노력해야 한다. 그것은 핵심고객에 대한 자사의 가치를 증진함으로써, 지속해서 경쟁우위를 유지해야 하는 이유이다.[7]

1993년 5월 22일 밤 스웨덴에서 열렸던 제42회 세계탁구선수권대회 여자단식 결승에서 현정화는 대만의 천징과 마주했다. 땀방울이 뚝뚝 떨어지는 긴장된 순간으로 인해 현정화는 관중의 함성을 들을 수가 없었다. 그녀는 천징을 몰아붙여 3-0으로 승리를 거뒀다. 우리나라 탁구 사상 처음으로 세계

선수권 여자 단식 우승자가 됨과 동시에 세계선수권대회의 그랜드슬램('87년 여자복식, '89년 혼합복식, '91년 여자단체전, '93년 여자 단식)이라는 역사상 전무후무한 성과를 달성했다. 현정화는 쇼트 수비와 정점강타의 스매싱을 병용하는 전진 공격형 전략을 사용함으로써, 시종일관 경기를 지배할 수 있었다. 1992년 탁구마녀 중국의 덩야핑에게 0-3으로 패하며 그녀는 은퇴를 결심했다고 한다. 설욕을 다짐하며 다시 탁구채를 잡지 않았다면, 그녀의 성과목록에 그랜드슬램은 없었을 것이다.

전 세계 골프여제를 손꼽으라고 하면, 우리는 단연 안니카 소렌스탐을 주목한다. 2008년 은퇴한 소렌스탐은 美 LPGA투어 통산 72승(역대 3위), 메이저 대회 10승(역대 4위), 올해의 선수 8회, 신인왕, 상금왕 8회의 성과를 낸 대선수이다. 그녀는 스웨덴 출신으로, 12살에 골프를 처음 시작하여, 신인왕부터 다승왕, 상금왕 등을 휩쓴 레전드라 불린다. 특히 2001년 미국 스탠더드 레지스터 핑 대회에서 59타를 쳐서 여성 골퍼로서는 최초로 60타 벽을 깼다. 이 기록은 남녀 통틀어 9번밖에 없고, LPGA에서는 그녀 외에 기록이 없다. 특히 이 기록은 이글이 없이, 버디만 13개로 세움으로써 18홀을 얼마나 전략적으로 공략했는가를 보여준다. 골프여제가 조언하는 페어웨이를 지키는 전략은 ① 슬라이스를 막아주는 그립, ② 발끝보다 발뒤꿈치 정렬, ③ 스윙아크를 넓게, ④ 템포 업/다운 시 모두 1-2-3이다.[8]

스포츠에만 전략이 있는 것은 아니다. 직장인도 일할 때는 전략을 수립한다. 이기기 위해서 전쟁터, 적장, 적의 방향성, 주변의 변수 등 공부를 많이 하고 수립해야 한다. 직감을 통해 지속된 승리는 없다. 오로지 피나는 공부(연습)와 몰입이 전략을 뒷받침하는 것이다.

전략을 수립하는 일반적인 5가지 방법[9]

① 환경분석: 외부환경분석, 내부역량분석, SWOT 분석

② 대안도출: 전략적 대안의 도출, 대안의 장단점 비교분석, 시나리오 분석기법

③ 대안평가: 전략수행의 중요도와 긴급도 평가, *AHP 기법

④ 우선순위: 우선순위별 자원, 역량 배분(경영자 의지 포함)

⑤ 전략도출: 참여자 전원의 토의, 합의 과정을 거쳐서 전략 수립, **MECE 기법

* AHP 기법(Analytic Hierarchy Process)는 전 과정을 단계별로 분석 해결함으로써 합리적인 의사결정에 도움을 주는 기법

** MECE(Mutually Exclusive Collectively Exhaustive)는 구성하는 항목들이 완전한 전체를 이루도록 상호배제와 전체 포괄함을 의미

전략대로 행동하기(Action Plan)

전략을 수립했으면, 행동을 실행해야 한다. 행동에 대한 구체화된 세부실행계획은 한정된 예산, 인력과 시간의 낭비를 방지할 수 있다.[10] 행동은 민첩하고 신속해야 한다. 성과도 얼마나 직선으로 행동하냐에 따라 승패가 갈린다. 직선의 행동을 대표하는 스포츠는 축구다. 그만큼 감독의 전략에 따른 선수 하나하나의 행동이 중요한 구기 종목 중 하나이다. 월드컵 경기에서 가장 주목을 받는 팀은 브라질과 함께 독일을 꼽는다.

독일축구는 개인기보다는 스루패스와 반 박자 빠른 슈팅으로, 예측불허의 스피디한 상황을 연출한다. 독일은 전차군단이라는 닉네임에 걸맞게 그라운드를 폭주하여, FIFA 컵을 4회나 들어 올리는 영광을 차지했다. 독일은 리베로란 포지션을 창시한 프란츠 베켄바워, 득점 순도가 가장 높은 월드컵 통상 14골의 게르트 뮐러, 클래식과 폭발력을 겸비한 스트라이커 위르겐 클린스만 등 쟁쟁한 전설들을 보유했다. 행동이라는 관점에서 특히 게르트 뮐러가 특출하다. 뮐러는 수비가 못 닿는 공간을 빠르게 계산하여 슛 타이밍이라는 행동으로 성과를 냈다. 결국 골을 넣는 것이 승리의 요건이며, 이것은 감각적인 위치선정과 예측성이 어우러진 결과이다. 직장에서 주어지는 오더는 명사보다는 동사에 주목해야 하고, 동사는 결국 행동을 의미한다.

성과 도출을 위한 문제 인식과 몰입

11단계

1월 8일 수요일 11시 소회의실 / 나 차장 미팅

나대로 차장의 미션~액션플랜까지 BSC 성과관리시스템을 이용한 OJT가 끝나고, Free Talking이 시작되었다. 나 차장이 물을 한 모금 마시며 말했다.

 나대로 차장 미션, 비전, 전략, 액션플랜에 대하여 이제 이해가 되죠? 이제부터는 성과를 내기 위해서 해야 할 일이 무엇인지 각자 논의해 봅시다."

 장태준 사원 "질문 있습니다. 동일한 과업에 대하여 A는 성과를 내는데, B는 왜 그렇지 못한 것일까요?"

오상실 사원 (고개를 갸웃거리며) "저도 그것이 궁금합니다. 똑같은 시간에 왜 다른 결과가 나올까요?"

 나대로 차장 "좋아. 예를 들어봅시다. 지금 상해에 있는 우리 중국공장에 인건비 증대, 퇴사율 증대, 작업숙련도 감소, 교대근무에 따른 관리시스템 등 작업관리가 어려운 현실인데, 만일 내가 여러분에게 인력 운영의 혁신방안을 내일까지 가져오라고 시킨다면 어떻게 할 것인가?"

 장태준 사원 (먹던 커피를 내려놓고 정색하며) "내일까지요? 제가 무슨 수로 알지도 못하고 본 적도 없는 중국공장의 인력 운영방안을 작성합니까?"

 나대로 차장 "허허, 예를 들어서 말하는 거야. 지금부터 어떤 행동을 할 것인가?"

 장태준 사원 (머리를 긁적이며) "휴~ 우선, 유튜브와 구글로 서칭하여 중국공장의 유사 사례를 살펴보고요. 국내 근로기준법과 같은 중국 내 법체계를 확인하겠습니다."

 오상실 사원 "현상 파악을 해야 하므로, 중국공장 총무과장에게 전화해서 어떤 문제점이 있는지 확인하겠습니다."

나대로 차장 "그러고 나서는?"

오상실 사원 "파악한 문제점들. 즉, 인건비가 왜 상승하는지, 퇴사는 왜 증대하는지를 확인하고…."

장태준 사원 "작업숙련에 대한 교육시스템은 어떤 문제가 있는지, 교대근무를 변경할 수 없는지, 관리시스템에 보강할 것은 없는지를 찾아내겠습니다."

나대로 차장 (웃으며) "더 드릴링(Drilling)해보지. 그다음에는?"

오상실 사원 (종이에 글을 써가며) "문제 확인 후, 원인과 해결방안을 작성해야겠죠. 우선 주변 공장의 인건비 시세를 확인하고, 대체 방안으로서 더 값싼 타국 근로자의 채용을 검토하면 퇴사율도 안정화할 수 있을 것 같습니다."

장태준 사원 "퇴사는 비단 급여만의 문제는 아니므로, 작업관리 등 생산프로세스 정비하여 주기적으로 학습시키고, 직원복지 및 법적 차원에 걸맞은 다양한 교대근무체계를 정비하여 피로

도 감소 및 만족도를 증진하는 방안을 수립
하겠습니다."

 나대로 차장

"역시 Z세대답게 자신의 의견을 심플하고
담백하게 말하는군. 여러분이 말한 것이 성
과를 내는 방법이니까 부연이 필요 없겠어.
즉, 과업을 수행하기 전에 문제에 대해 철저
히 분석하는 '문제의식'과 그 문제를 해결하
려는 '몰입'이 중요해. 내가 내일까지 기한을
주었는데, 어느덧 여러분이 아젠다(Agenda)를
수립하고 해결점도 거의 나왔지 않은가? 중
국공장은 가 본 적도 없는데 말이야."

성과 도출의 키워드: 문제 인식과 몰입

조직에서 성과 도출을 위해서는 무엇이 필요한가? 문제를 명확히 인식함
과 동시에 몰입해야 한다. 우리가 직장에서 존재하는 이유는 영리를 내기 위
함이므로 여러 가지 해결해야 할 문제가 발생한다. 이런 문제를 명확하게 정
의하고, 그 내면의 원인을 밝혀내 동종의 문제가 향후 발생하지 않도록 하는
것이 중요하다. 또한 업무가 산만하고 무질서하다면 성과를 내기 어렵다. 따

라서 몰입을 통해 집중 · 정리함으로써 원하는 결과물을 도출해야 한다.

문제를 씹어 먹어야 한다

"왓슨. 자네의 눈은 보기만 할 뿐, 관찰하지 않아. 보는 것과 관찰하는 것은 크게 다르지."

코난 도일의 〈셜록 홈스의 모험〉에서 셜록 홈스가 왓슨에게 한 말이다.[1] 우리가 교통사고를 당한 환자를 본다면 보통은 외상만을 판단할 것이다. 환자에게 뇌출혈이 있을지, 팔다리나 갈비뼈에 골절이 있을지 모르기에 X-Ray, CT, MRI로 확인하여 문제점을 정확히 적출해 내고 나서야 수술을 할 수 있다. 문제를 발췌하고 씹어서 삼키는 행위는 '문제 섭취'라고 한다. 문제 섭취의 예제는 수없이 많지만, 2차 세계대전 당시 태평양전쟁을 대비한 미국의 사례를 우선 살펴보자.

당시 미국 정부는 일본을 대상으로 첩보 활동을 활발히 전개했는데, 이른바 '군복 조사'를 민감하게 진행했다. 왜 그런 조사를 했을까? 일본이 함대에 싣는 군복에 따라서 동복은 북쪽, 하복은 남쪽으로 향하는 것을 간파할 수 있었기 때문이다.[2] 일본은 전쟁에서 무모하고도 예측 불허한 작전으로 적을 교란했는데, 대표적인 예가 진주만 공습과 가미카제 특공대이다. 진주만 공습은 1941년 12월 7일 평화로운 일요일에 하와이를 전략적으로 폭격한 사건이고, 가미카제 특공대는 전쟁 말기 적함으로 돌진하는 자살특공대를 의미한다. 미국은 군복 조사를 통하여 일본함대의 진군 방향을 예측할 수 있었고, 대공 포탄을 앞세워 가미카제를 격추함으로써 승전으로 이끌 수 있었다.

문제를 제대로 보려면 우리는 어떠한 시각을 가져야 하는가?

첫째, 정설을 믿지 말자

정설은 사회적으로 합의된 명제를 말하며, 정설에 휩쓸리면 성과 품질이 저하되므로 주의해야 한다. 한 시대의 현실을 잘 설명한 사회과학의 정설이, 요인의 변화로 인하여 다음 시대에는 현실에 맞지 않는 일이 되는 건 흔하다. 그리고 경영학은 한 시대의 현실을 잘 설명할 수 있는 정설 중에서도 가장 오합지졸이다. 그러므로 정설이 옳다고 생각하는 것은 매우 위험한 일이다.[3] 요시노 겐자부로의 『그대들, 어떻게 살 것인가』에서도 정설의 함정을 언급한다.

"그러니까 말이야, 자네. 당연하다는 것에 함정이 있는 거야. 다 알고 있다고 생각하고 모두가 그렇다고 생각하는 것을 끝까지 추적해보면, 더는 다 알고 있다고 할 수 없는 어떤 일에 부딪히게 되는 법이지."[4]

둘째, 문제를 집요하게 관찰하자

어떤 문제에 대하여 의견이 모였다면 고정관념을 버리고 현장에서 관찰하는 것이 성과의 황금률이라고 할 수 있다. 연구원이 조사대상의 의식과 행동에 대해 직접 관여하거나 개입하지 않고 모습을 관찰하는 것만으로 정보를 수집하는 조사 방법을 전문용어로 '플라이 온 더 월(Fly on the wall) 관찰법'이라고 부른다. 이는 벽에 붙은 파리를 관찰하듯, 너무 가까이 가면 도망가므로 약간의 거리를 유지하면서 몰래 관찰하는 방법이다.[5] 플라이 온 더 월의 방식으로 문제점에 대하여 고민하다 보면 창의적인 아이디어가 도출된다. 와쓰지 데쓰로가 쓴 『풍토』에도 관찰과 창의에 대한 내용이 나온다.

"본다는 것은 이미 정해진 곳을 비추는 것이 아니다. 무한하게 새로운 것을 발견해 나가는 일이다. 그러므로 본다는 것은 곧 창조로 이어진다. 하지만 그렇게 하기 위해서는 먼저 순수하게 보려는 자세가 필요하다."[6]

몰입은 성과에 가치를 더한다

성과를 내기 위하여 문제를 제대로 섭취했다면, 이제 남은 것은 몰입이다. 몰입하게 되면 볼 수 없는 것을 보게 된다. 그것이 타인과 다른 성과를 도출하도록 유도한다. 누군가를 한없이 사랑해본 적 있는가? 사랑하다 보면 완전히 그 사람에게 매몰되어 있는 나 자신을 깨닫게 된다. 그 사람이 되어버리는 것이다. 평론의 신이라고 불리는 일본의 고바야시 히데오는 〈인간의 전설〉에서 비평에 대해 이렇게 말했다. "그 사람이 되어보는 것이 비평의 비법이죠. 몸이 되어보면 거의 말이 필요 없습니다. 그 후에 어떻게든 말을 찾아내는 것이 비평입니다."[7]

무엇인가를 알고자 한다면 수박 겉핥기로는 어림도 없는 세상이다. 고객이 되어보고, 상대방도 되어보고, 문제의 중심도 되어보고, 경영진도 되어봐야 한다. J. D. 샐린저의 『Nice Stories』에는 이런 말이 나온다. "내가 말하고 싶은 것은 이것인데, 네가 만약 사물을 있는 그대로 보고 싶다면 그것을 뱉어내야 해."[8]

그 일을 내가 하고 싶다면 말로서 뱉어낼 수 있어야 한다는 말이다. 어떤 문제가 발생하여 말로써 보고를 명쾌하게 하려면 순간적이라도 대단한 집중이 필요하다. 성과를 내려면 내용을 완벽하게 알아야 한다. 직장에서의 모든 보고도 내가 내용을 완전히 숙지해야 답변이 가능하다. 왜 몰입을 해야 하는지 예제를 통해 알아보자.

첫째, 생산성을 증대하기 위해서이다.

사이버 펑크 작가인 닐 스티븐슨의 웹사이트에는 이메일주소가 없고 소셜미디어를 일부러 멀리한다. "길고, 연속적이며, 방해받지 않는 시간을 많이 갖도록 일상을 조직하면 소설을 쓸 수 있다. 그렇지 않으면 이메일 뭉치만 굴러다닐 것이다."[9] 특히 이메일은 단답형 회신이 왕래하는 과정에서, 여러 사람을 피곤하게 만든다.

도대체 참조자인 내가 그것을 왜 봐야 한다는 말인가? 궁금증으로 인하여 몰입이 필요 없는 곳에 억지로 메일함을 열게 만드는 일은 타인을 배려하지 않는 행위이다. 이메일은 집중해서 단번에 적정한 사람에게만 써야 한다. 중구난방으로 대화하듯이 몇 자 적어서 전체회신으로 보내게 되면, 그 회신자들이 또 다른 'Re' 메일을 쓰고 싶어서 손이 근질거리게 되고, 그로 인해 조직에 쓸데없는 이메일 양이 증가하게 된다. 이로써 조직에 남는 것이 무엇이던가? 지식을 공유했는가? 문제해결을 위하여 촌철의 인터뷰와 정보 캐치로 리포트를 제작했는가? 쓸데없는 스팸메일과 상한 감정만이 수신함을 가득 채울 뿐이다. 그럴 시간일수록 생산성 있는 일에 몰입해야 한다.

둘째, 시간을 절감해야 하기 때문이다.

미국의 사상가 랄프 왈도 에머슨(Ralph Waldo Emerson)은 "**위대한 사람일수록 평범한 하루를 충실하게 보낸다**"라고 말했다. 또한 『익숙한 것과의 결별』의 저자 故 구본형 대표는 "**절박하지만 조급해하지 않고 길게 갈 수 있으려면 하루를 잘 보내야 한다. 하루가 무너지지 않도록 경계하고 정성을 다하라**"라고 말했다. 하루가 이렇게 중요하다. 온종일 뒹굴며 등으로 방바닥을 청소할 수 있지만, 노벨상을 받을 작품을 써내는 것도 하루가 모인 결과이며, 미드 '24시간'에서 뛰어다니는 잭 바우어처럼 일련의 거대한 사건이 모두 하루 내에 벌어진다. 절박한 심정으로 쿠데타의 성공을 기원하는 군인의 안위도 하룻밤 사이 결정된다.

이렇게 중요한 하루를 내가 무엇에 몰입하느냐에 따라 성과가 달라진다.

셋째, 집중의 결과로 통찰을 얻기 때문이다.

과학 부문의 저술가인 위니프리드 갤러거(Winifred Gallagher)는 악성종양에 걸리는 두려운 상황을 맞이했고, 주의와 행복의 상관성에 대하여 생각하게 되었다. 2009년『몰입, 생각의 재발견』을 집필하면서 회고한 바에 따르면, 그녀는 암 진단을 받고 병원을 나오면서 강렬한 통찰을 얻었다. **"병이 정신을 독점하려 들겠지만 가능한 한 많이 내 삶에 집중하겠다"**라는 통찰이었다.[10] 아울러 이런 말도 남겼다. **"이제는 목표를 신중하게 선택할 것이다. 그다음 거기에 골몰할 것이다. 요컨대 집중하는 삶을 살 것이다. 그것이 최선의 삶이기 때문이다."**[11]

여기서 집중은 여생의 가치와 바꾸는 소중한 변수이다. 집중은 시간을 초월할 수 있다는 의미이다. 에디트 슈타인(Edith Stein)의 명언은 이 부분을 더욱 뒷받침한다. **"우리는 하루하루를, 하나의 새로운 삶처럼 시작해야 한다."**

시간을 3배 압축하는 기술: 딥 콤팩트

12단계

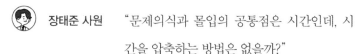

1월 8일 수요일 12시 사내식당 / 중식

장태준과 오상실은 나대로 차장에게 문제의식과 몰입에 대한 브레인스토밍을 마치고, 구내식당으로 향했다.

🧑	장태준 사원	"문제의식과 몰입의 공통점은 시간인데, 시간을 압축하는 방법은 없을까?"
👩	강　단 대리	(장태준의 어깨에 손을 올리며) "뭘 그렇게 몰입하나? 나 차장님께 몰입수업을 너무 열심히 배웠구먼."
🧑	장태준 사원	(배식 판에 밥과 반찬을 놓으며) "강 대리님, 혹시 시간을 압축하는 기술은 없나요?"

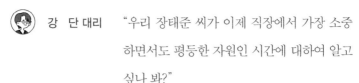

강 단 대리	"-우리 장태준 씨가 이제 직장에서 가장 소중하면서도 평등한 자원인 시간에 대하여 알고 싶나 봐?"
오상실 사원	(빈자리에 앉으며) "대리님. 몰입으로 시간을 절감해야 하는 것까지는 이해가 가는데, 어떻게 해야 하는지 잘 모르겠어요."
강 단 대리	(눈을 번뜩이며) "내가 대리 진급하고 배운 건데, 시간을 압축하는 기술은 **딥 콤팩트**라고 해. 알려줄 테니 나중에 술 한잔 사라."

순간 머릿속이 일시 정지된 장태준과 오상실에게 강 대리가 딥 콤팩트에 대하여 설명하기 시작했다.

압축의 대상: 시간

과제에 대한 문제 섭취와 함께 몰입했다면 이제 성과를 내기 위한 준비를 끝냈다고 볼 수 있다. 그렇지만 뭔가 부족하다. 우리는 가장 중요한 '시간'을 조절할 수 있어야 한다. 시간은 누구에게나 공평하게 주어지지만, 도출성과는 제각각이다. 딥 콤팩트는 중요한 자원인 시간을 압축하여 사용하는 것을 의미하는데, 성과를 내기 위해 반드시 숙지해야 한다. 시간 압축과 성과가 비례한다는 가정하에, 남들보다 세 배 앞선 속도의 성과를 내기 위해서는 시간을 인지, 관리, 극대화해야 한다. 즉, 고품질성과 공식에서 시간이라는 상수를 변수로 활용할 수 있다면, 타인 대비 두각을 나타낼 수 있는 것이다.

본서에서는 시간을 깊이 있게 압축하여 사용하는 방법을 '딥 콤팩트(Deep Compact)'라고 명명한다. 『느린 것이 아름답다』의 저자 칼 오너리(Carl Honore)는 "깊이가 **속도를 이긴다**"라고 말했다. 명제에 대하여 깊숙한 지식의 내공이 스피드를 누른다는 표현이다. 예를 들어 100년 된 우동집은 프랜차이즈 우동보다 그 맛의 깊이를 달리함으로써 외진 곳에서도 손님의 발길이 끊이지 않는다. 딥 콤팩트는 촉박한 시간에 대하여 좀 더 깊이 있게 압축하여 활용한다는 의미이다. 딥 콤팩트의 3단계 속도는 다음과 같다.

<u>1배속 〉 내 시간의 소중함 알기</u>

<u>2배속 〉 내 시간의 관리 방법</u>

<u>3배속 〉 시간 활용의 극대화</u>

1배속 > 내 시간의 소중함 알기

우리가 일하는 시간의 양은 얼마나 될까? 통상 남녀 평균 25세에 취직해서 정년 60세가 될 때까지 35년이 소요된다. 1년 평균 근무 일수 256일을 기준으로 35년을 시간으로 셈해보면, 8시간 × 256일 × 35년= 71,680시간이다. 미국 수면 재단(NSF)의 발표에 의하면 한국인의 평균수면 시간은 6시간 35분이다. 그렇다면, 현대 직장인들은 수면시간보다 일을 더 많이 한다는 결론이다. 수면 욕구를 넘어서는 근로 시대이다.

현재 40대 직장인들은 100세 시대를 넘어 120세대를 바라본다고 한다. 60세에 은퇴를 하면 나머지 먹고살아야 할 60년을 걱정해야 한다. 통계청의 2018년 출산율은 0.97명으로 부부 두 사람이 만나서 이제 한 명도 낳지 않는 시대가 되었다. 국민연금을 책임져줄 후손이 없어지고 있음을 의미한다. 그렇다면 이제는 타인의 힘이 아니라 내가 직접 내 생계를 책임져야 한다. 입사 후 정년까지 유효한 71,680시간이 왜 소중한 것인지를 직시해야 한다.

류랑도 박사는 그의 저서 『성과 중심으로 일하는 방식』에서 시간자원의 중요성에 대하여 이렇게 말했다. "오늘은 성과를 내기 위한 마지막 기회다. 오늘 반드시 달성할 목표를 이루지 못한다면 내일로 미뤄지고, 계속 쌓이다 보면 연간성과목표는 그저 꿈이 되어버리고 말 것이다. 조직에서 가장 확보하기 어려운 자원은 바로 시간이다. 사람이나 자금은 부족하면 빌려올 수 있지만, 시간은 모아둘 수 없고, 흘러가 버려 두 번 다시 확보할 수 없게 된다. 시간은 바로 나 자신이 효율적으로 사용할 때 가장 의미가 있다."[1]

이렇듯 시간은 필수 불가결한 조건이며, 모든 업무는 시간의 제약 내에서 수행된다. 그런데도 대부분의 사람은 이 대체할 수 없는 필수 불가결한 자원을 당연한 것처럼 취급한다.[2] 고성과자는 일에서 출발하지 않고, 시간으로부터 출발한다. 계획에서 출발하지도 않는다. 시간이 얼마나 걸리는지 명확히 파악하는 것에서 출발한다. 그다음으로 시간을 관리해 자신의 시간에서 비생산적인 요소를 없앤다. 그렇게 얻어진 시간을 가능한 한 큰 단위로 모아둔다. 시간 관리의 차원에서, 오늘은 언제나 어제의 결정과 행동의 결과이다.[3] 그래서 나폴레옹은 엘바섬에 유배 가서 "오늘의 불운은 언젠가 내가 헛되이 보낸 시간에 대한 보복이다"라는 유명한 말을 남겼다. 그러므로 우리는 오늘의 자원을 내일을 위해 사용하지 않으면 안 된다.[4]

2배속 > 내 시간의 관리 방법

우리가 주어진 시간 내에 성과를 내지 못하는 이유는 무엇일까? 경영의 그루 피터 드러커가 정의한 다음의 3가지 이유를 살펴보자.

① 시간을 예측하지 못한다: 저성과자는 업무에 필요한 시간을 과소평가한다. 모든 것이 잘 된다는 가정하에 계획을 잡지만 어림도 없다. 고성과자는 실제로 필요한 시간 이상의 여유시간(Buffer)을 준비한다.

② 다급하게 서두른다: 저성과자는 급하게 서두르기 때문에 오히려 늦는다. 반면 고성과자는 사업을 전체적으로 조망하며 시간과 경쟁하려 하지 않는다.

③ 산만하다: 저성과자는 몇 가지 일을 동시에 하려 한다. 그 결과 선택과 집중을 할 수 없다. 자신의 시간이나 정력, 조직 전체의 시간과 에너지를 한 번에 하나의 일에 집중해야 한다. 그것도 가장 중요한 일을 가장 먼저 할 수 있게 몰입해야 한다.[5]

그렇다면 시간을 어떻게 관리해야 할까?

첫째, 시간을 기록하기

시간을 기록해 보자. 손쉽게 엑셀로 업무일지를 만들어서 업무를 꼼꼼히 기재하고, 해야 할 과제를 정리하여 순위를 매긴 다음 완수한 것은 삭제표시를 한다. 직장에서의 과제 완수는 초등학교 때 선생님께 제출한 공책을 열어 보았을 때 '참 잘했어요'의 도장을 보는 것과 같다. 업무를 기록하면 내 업무량과 범위, 업무 소요 시간 등을 파악할 수 있다는 장점이 있다. 특히 업무별 소요 시간은 내가 할 수 있는 능력뿐만 아니라, 향후 동일 업무를 하는 데 걸리는 숙련도를 비교할 수 있다는 면에서 더욱 중요하다. 업무일지는 전근, 퇴직으로 인한 공백 혹은 인수인계 시 중요한 자료로도 활용된다.

둘째, 시간 낭비 업무 제거하기

기록한 시간을 곰곰이 살펴보면, 내가 시간을 어떻게 쓰고 있는지 패턴이 나온다. 그중 낭비되는 시간에 주시할 필요가 있다. 할 필요가 전혀 없는 일, 즉 아무런 성과도 만들지 못하는 시간 낭비인 업무를 찾아내 제거해야 한다. 예를 들면 회의, 발표, 회식이 그것이다. 제거의 기준은 자신의 조직에 아무런 기여도 하지 못하는 것에 대하여 단호히 No라고 말하는 것이다.[6] 시간 낭비의 원인 중 하나가 회의의 과잉이라고 보자. 회의는 조직의 결함을 보완하며 성과물을 양산하기 위하여 조직원들이 전략을 수립하는 것이다. 따라서 집중이 필요하다.

회사에서 조직원 대부분의 업무시간은 일 혹은 회의를 하는데, 둘 다 하는 것은 효율과 생산성이 떨어진다. 즉, 일할 시간에 회의한다면 그것은 조직에 결함이 있는 것이다. 게다가 본 회의를 하기 전에 종종 사전회의를 한다. 이런 사전회의는 결국 은폐를 낳는다. 대부분 경영자에게 보고될 즈음에는 날이 선 현장의 목소리는 사라지고 대책만이 포장되어 상신된다. 따라서 회의는 명확한 Agenda(목적, 방향, 성과물)를 설정하고 시작해야 한다. Agenda가 부재한 회의는 귀찮고 위험하다.[7]

셋째, 권한을 이양하기

시간 낭비의 원인을 제거했다면, 이제 시간을 효율적으로 써야 한다. 내가 시간을 쓰는 것만이 전부가 아니라면, 위임을 통하여 내 시간을 보호할 필요가 있다. 타인이 사안에 대하여 정리, 압축하면 나는 확인을 함으로써 시간을 절감하는 것이다. 즉, 업무일지에서 타인이 할 수 있는 일은 무엇인지 찾아내야 한다. 만일 경영자가 일주일에 두 번 정도를 조찬포럼이 낭비의 원인이라고 판단했다면 다른 간부에게 주어야 한다. 권한 이양을 꺼리는 이유는 중요한 권한을 하나 잃는다는 생각 때문이지만, 그렇게 대단한 권한은 세상에 없다.[8]

위임을 안 하는 이유는 '나밖에 할 사람이 없어서', '수임자가 아직 그릇이 적어서', '위임으로 인한 문제에 대한 책임을 내가 져야 하므로', '내가 직접 하는 것이 가장 정확해서' 등이다. 생각해보면 수임자로부터 보고를 받고 내가 판단하면 된다. 그에게 권한을 부여하기 직전에 이렇게 말하면 된다. **"당신이 일에 적합하지 않다면 권한 회수 혹은 적합자에게 주겠다. OK?"** 변화로운 세상에 필요한 것은 가변적 의사결정이다. 위임할 수 없다면 시간이 촉박하다는 말을 삼가야 한다. 어떻게 내가 전부 다 할 수 있단 말인가? 시간 압축을 고민하다 보면 위임과 관리를 통한 적절한 답을 발견할 수 있을 것이다.

3배속 > 시간 활용의 극대화

시간의 소중함과 관리하는 방법을 확인했다면, 시간 활용을 극대화하는 방법을 알아보고자 한다. 시간 활용을 극대화할 수 있는 세 가지 방식을 살펴보자.

첫째, 수도승(Monk) 방식

수도승 방식은 외부로부터 완전한 차단으로 피상적인 일들을 없애거나 크게 줄여서 시간을 극대화하는 방식이다. 이 방식을 사용하는 대부분의 사람은 목적이 분명하게 정해져 있으며, 높은 가치를 가진다.[9] 앞서 소개한 과학 소설가 닐 스티븐슨도 수도승 방식을 고수한다고 볼 수 있다. 오랜 시간에 걸쳐 방해받지 않고 연속적으로 일할 수 있도록 일과를 짜면 소설을 쓸 수 있다. 그렇지 않고 나누어 분산하면 소설가로서 생산성이 크게 감소한다.[10]

직장인으로서 수도승 방식을 적용할 수 있는 사람은 제한적이다. 회사에서는 연구소 등 개발업무를 하는 직무에 어울린다. 개발적이고 분명하며, 개인적인 형태로 근무한다면 이 방식을 권한다.[11] 수도승 방식은 외부와 담을 쌓고 과제에 집중하기 때문에 순도가 가장 높다. 팀장의 경우 일주일에 한 번은 인근 커피숍에서 혼자 일하기를 권한다. 그곳이 최고의 수도사가 되기 때문이다. 전체적인 그림에 대하여 진지하게 생각해 봐야 한다. 아울러, 회사에서 온갖 전화 대응과 문어발 같은 멀티업무를 취할 때와는 다르게 빅 픽처를 시뮬레이션해보는 최고 경지의 몰입을 경험하게 될 것이다.

둘째, 기자(Journalist) 방식

1980년대 월터 아이작슨은 30대 기자로 〈타임〉에서 승진 가도를 달리고 있었다. 아이작슨은 자유시간이 날 때마다 집중의 모드로 전환하여 글을 썼다. 결국 이런 방식이 최고 잡지사 기자로 일하는 와중에 900쪽에 육박하는 책을 쓸 수 있도록 만들었다. 결국 기자들이 마감 시간을 지켜야 하는 일의 속성상 언제든 집필 모드로 전환하도록 훈련받는다는 사실에 따른 것이다.[12] 마감이 주는 압박은 훌륭한 생산성을 양산한다.

셋째, 운율적(Rhythm) 방식

1998년 골든글로브 코미디시리즈 부문 최우수 배우상을 수상한 제리 사인필드는 〈사인필드〉 방송 초기에 여전히 코미디언으로서 바쁜 공연 일정을 소화했다. 사인필드는 "더 좋은 코미디언이 되려면 더 우스운 이야기를 만들어야 한다"라면서, 벽에 달력을 걸고 우스운 이야기를 쓴 날에는 크게 빨간 엑스 표시를 했다. 사인필드는 이렇게 말했다.

"그렇게 며칠을 하면 사슬이 생겨요. 계속 이어갈 때마다 사슬이 매일 길어지죠. 특히 2주 동안 하고 나면 사슬을 보기만 해도 기분이 좋아요. 그다음 할 일은 사슬이 끊어지지 않도록 하는 겁니다."

이 방법은 작가와 운동애호가에게 금세 인기를 끌었다.[13] 즉, 리듬을 만드는 것이다. 직장인에게 시간을 리드미컬하게 확보하려면 새벽(or 저녁)을 이용해야 한다. 『미라클 모닝』의 저자 할 엘로드는 스무 살에 오토바이를 타고 트럭과 정면충돌했지만 기적적으로 살아난 이후, 두 번째 인생을 맞이한다. 그는 새벽과 마주하는 간단한 습관으로 인생 전체가 바뀌는 기적의 아침을 만들어냈다. 새벽(or 저녁)에는 운동, 공부, 독서, 과제수행 등 정말이지 어떠한 방해전파 없이 100% 몰입할 수 있는 최고의 리듬을 확보할 수 있다.

뛰는 놈 위에 슈퍼맨, 고성과 조직문화 이해하기

13단계

1월 8일 수요일 15시 교육실 / 수요특강(류랑도 박사, 고성과 조직의 이해)

　장태준과 오상실은 15시에 전사적으로 진행되는 수요특강 준비에 분주했다. 교육실의 기자재를 정비하고, 파워포인트를 띄워서 문제가 없는지 확인하였다. 무선마이크도 정비했다. 이놈의 마이크는 꼭 강사가 진행하면 지직거리거나 배터리가 없는 등 문제를 일으킨다. 강 대리는 장태준에게 배터리를 아예 교체하라고 지시했다.

　현장 인원들을 위해 외부 강사의 강연은 동영상으로 촬영했던 터라, 강연장 중앙에 카메라가 설치되었다. 준비를 마치고 14시 40분에는 직원들이 모여들기 시작했다. 강사인 류 박사가 왔다. 지인인 최인걸 부사장이 악수를 하였다. 15시. 약 200명이 모인 가운데,

유별난 팀장이 특강에 대해 설명했다. 강사를 소개하기 전에, 최인걸 부사장이 일어나서 마이크를 잡았다.

최인걸 부사장 "여러분, 반갑습니다. 최인걸입니다. 다복한 한 해 되십시오. 오늘은 새해맞이 특강인데, 우리 회사도 어느덧 창립 30주년을 맞이하였습니다. 공자가 30세에 자립했다고 하여 30세는 이립(而立)이라고 합니다. 혼자 일어서서 거침이 없는 나이. 그렇지만 세상의 변화에 맞추어 우리 회사도 성과에 대한 혁신이 필요한 시점이라 사료됩니다. 그렇기 때문에 오늘은 특별한 분을 모셨습니다. 성과라는 단어로 경영자들의 센세이션을 일으킨 유명한 분입니다. 40년간 성과를 내는 방법에 대한 민·관·공에 지도와 컨설팅, 코칭을 하였고, 40권의 성과 관련 저서가 있는 류랑도 박사입니다. 환영의 박수로 맞이하겠습니다. 감사합니다."

박수와 함성이 있는 가운데 류 박사가 연단에 올랐다. 최인걸 부사장에게 간단히 묵례하고 마이크를 잡았다.

(아이콘) **류랑도 박사**　"반갑습니다. 류랑도입니다. 우리 최 부사장님이 사적으로 저의 절친한 동생입니다. 여러분의 회사에서는 최 부사장이 슈퍼 갑이지만, 저에게는 을입니다(웃음)."

교육장은 마치 속이 후련하다는 듯이 웃음이 넘쳤다. 류 박사는 화면에 목차를 띄우며 말을 이었다.

(아이콘) **류랑도 박사**　"오늘 강연주제는 고성과 조직문화입니다. 제가 3시간 동안의 강의로 딥 오토메이션의 조직문화를 고성과로 만들 수는 없습니다. 다만, 여러분이 오늘 교육 전에 기억해야 할 명제가 있습니다. 기업은 유기적으로 흥망성쇠 합니다. 망하고 쇠약함을 방지하기 위해 우리가 존재하는 것입니다. 우리는 성과를 통해 궁극적인 이윤과 조직문화를 창출하고,

149

기업의 생명을 유지해야 합니다. 오늘 강연은 다수의 사례 위주로 쉽게 설명하겠습니다. 먼저 **조직문화가 무엇인지 이해**하고, 우리는 어떤 조직문화인가를 확인하는 **조직의 정체성을 확인**하고, 고성과 조직 **구축사례 및 방향성**의 3개의 챕터로 설명하겠습니다."

류 박사는 물을 한 모금 마시고는 PPT를 넘겼다.

조직문화란?

조직문화는 사실 화두로 꺼내기 어렵다. 회사마다 각기 다른 역사, 전통, 풍토, 상징, 가치, 신념을 가지고 있고, 무엇이 옳다고 말할 수 없기 때문이다. 하지만 우수기업의 유사한 공통점은 조직 내에 심플하고 단일한 문화가 존재한다는 것이다. 그렇기에 가슴속에 꿈틀거리는 비전과 열정을 문서화하여 함께 공유하고, 고객을 향한 그들만의 독특한 문화가 경쟁사 대비 탁월한 해답으로 내재돼 있다.

우선 조직문화(Organizational Culture)란 무엇인가? 기업 내 조직원들이 발생하는 상황에 대하여 해석과 행위를 불러일으키는 조직 내에 공유된 정신적인 가치를 의미한다. 판단하기 어려운 중요한 의사결정의 순간에 조직문화로부터 출발한 사고가 답을 찾아준다. 좋은 조직문화 구축은 기업가치 상승으로 이어진다. 직원들의 조직문화 몰입에 대해서도 리더는 중요한 역할을 해야 한다. 조직문화의 몰입은 궁극적으로는 직원의 판단력을 키우고 기업에 대한 직원들의 자부심도 키워 주기 때문이다.[1] 조직문화와 기업의 관계를 논하면 다음과 같다.

첫째, 모든 기업은 조직문화를 가지고 있다.

세상에 영생하는 기업은 없다. 다만 우리가 그 기업을 오래 살 수 있도록 만드는 역할을 하는 것이다. 이것을 우리는 '지속 가능 경영'이라고 통용한다. 그렇기 때문에 사티아 나델라(Satya Narayana Nadella)는 마이크로소프트의 CEO로 취임한 직후 "기업의 수명은 인간보다 짧다는 사실을 모두 알고 있습니다"라고 말한 바 있다.[2] 기업이 생명을 연장하는 지속 가능 경영 방법의 하나가 조직문화의 개발이다.

스타트업 기업의 90%는 사라지는 현실 속에서, 1년 만에 직원을 600명으로 두 배 넘게 성장한 매달리아라는 소프트웨어 개발기업이 있다. 그들의 창업자 리즈와 에이미는 조직문화 관련 질문을 주고받는다. "**조직이 성장함에 따라 문화를 어떻게 향상시킬 것인가?**"[3] 잘 나가는 신생기업은 생존과 확장의 굴레 속에서 엄청난 성장통을 겪는다. 매출 증대에 따른 이합집산의 사람들이 긴급히 모임으로써, 각기 다른 기업에서 가져온 자신만의 문화를 유지하려는 특성이 있기 때문이다. 매달리아는 이런 상황 속에서 통일된 조직문화를 유지하며 기업의 생명을 유지할 뿐 아니라 건강하게 육성시킨다.

둘째, 조직성과를 높이기 위해서 조직문화가 필요하다.

로버트 허친스(Robert Maynard Hutchins)는 시카고대학에 부임하기 전부터 대학 내 조직문화를 개선하기 위한 계획을 수립했다. 1학년 때 고전 100권을 읽어야 졸업요건을 갖추게 하는 규칙('허친스 플랜'이라 한다)은 1930년에 제정하여 그가 퇴임한 1951년까지 21년간을 유지했다. 그 이후에도 지속된 시카고대학의 핵심커리큘럼은 미국의 최고, 최악의 학업량이라고 불림과 동시에 노벨상 수상자를 94명을 배출해내며 미국 내 명문 Top 4를 유지하는 원동력이 되었다. 허친스가 남긴 학풍은 결국 혁혁한 성과로 나타났다. 시카고대학은 원래 대학 운동경기 참여에 치중했던 파워풀한 문화를 보유한 명문대학이었다.

뜻밖에 고전이라니, 허친스 플랜에 대하여 얼마나 많은 반대가 있었겠는가? 그러나 30세의 허친스는 굴하지 않는 신념이 있었다. 그는 장기적인 관점에서 고전으로부터 나오는 생각하는 힘이 시카고를 결국 최고로 만들 것이라고 여기고, 조직문화를 강제로 심었다.

셋째, 조직문화의 방향성은 문제해결보다는 기회개발에 주력해야 한다.

생존을 두고 직원들끼리 싸우느냐, 승리를 위해 경쟁사와 싸우느냐는 조직문화에 달려있다.[4] 기업 내부에 혹시 줄(Politic Line)이나 비선 실세들이 존재하는가? 그들이 세력을 가지고 회사의 정책을 흔드는가? 누군가 직책이 없는데도 무소불위의 힘을 가지고 있는가? 오너의 측근들이 실무팀장에게 오더를 내리거나 관여하는가? 기획 등 중요 직책에 실무경험이 없는 먹물들만 존재하지는 않는가?

이처럼 회사가 정치적인 인물들로 좌지우지되고 있다면, 조직문화는 의당 그들에게 편향되고, 기업의 발전을 최소 몇 해 퇴보시킨다. 조직문화는 내적이지만, 그 결과는 외적으로 표현되기 때문이다. 내부에서 아무리 당파싸움을 한다고 해도 결국 자국의 땅따먹기에 불과하다. 도요토미 히데요시는 일본을 통일한 직후 조선 땅을 침략의 대상으로 삼았다. 내부에서 아귀다툼 하는 것보다 중국정벌의 명분으로 조선 땅이라는 성과를 얻는 것이 훨씬 이득이라고 판단한 것이다. 그렇기에 조직문화는 내부적인 문제해결, 정치 상황보다는 '기회개발'에 주력해야 한다.[5]

조직의 정체성 찾기

조직에 반드시 조직문화가 필요하다는 것을 알아보았다. 그렇다면 천차만

별의 조직에 어떤 문화를 어떻게 정착시켜야 하는가? 어떻게 자신들만의 합리적인 조직문화를 만들어 낼 수 있을까?

이에 대한 답으로서 『무엇이 성과를 이끄는가』의 저자 닐 도쉬는 말한다. 팀원들과 정기적으로 미팅을 하고 그들이 일터에서 즐거움, 의미, 성장 동기를 찾을 수 있도록 도와주어야 한다. 이러한 변화를 조직 전반에 전하기 위해서는 조직문화와 조직의 일상적인 업무수행 방식에 어울리는 트레이닝 코스와 피드백 시스템을 개발해야 한다. 고성과 조직에 가장 큰 영향을 미치는 것은 조직의 목표, 행동양식, 기업의 유산을 모두 아우르는 조직의 '정체성(Identity)'이다.[6] 정체성이란 변하지 않는 존재의 본질을 깨닫는 성질을 의미한다. 즉, 조직의 정체성이란 왜 조직이 세상에 생겨났는지를 정의하는 것이다. 우리 조직만이 갖는 고유의 조직문화는 우리에게 맞는 옷이어야 한다. 조직문화를 구축한 사례를 제시한다.

켈러 윌리엄스는 가장 빠르게 성장하는 미국의 부동산 중개회사로서 2009년 주택시장이 무너질 때 많은 부동산 회사들이 타격을 입는 와중에서도 성장해 나갈 수 있었다. 성공의 비결이자 1만7,000명의 에이전트가 올바른 동기를 가질 수 있는 이유는 바로 조직의 행동규범 덕분이었다. '볼드 법칙(BOLD Laws)'이라고 불리는 행동규범은 '계획된 삶(Business Objectives: Life by Design)'의 줄임말로, 직원들은 정식교육을 통해 이 법칙을 배운다.

① 술 취한 원숭이(어깨 위에 앉아 잡소리를 하는 생각의 방해꾼)의 말을 듣지 말라.

② 실행은 감정이다: 정서적 압박감으로 오전에 할 전화를 미루지 말라. 그냥 걸어라. 압박감은 사라지고 즐거움이 살아날 것이다.

③ 중요한 것은 실적이 아니라 계획을 따르는 것이다: 당신의 스케줄에 없는 일이라면 존재하지 않는 일이다.

④ 흘러가는 대로 살지 말고 계획하는 대로 살아라: 일이 아니라 자신의 이상적인 삶을 시작하라.[7]

　　스티브 잡스는 조직 내 행동규범의 중요성을 잘 알고 있었기에 성공사례를 규범화하여 직원들을 교육하는 애플대학을 설립했다. 각종 강연과 애플의 역사를 배울 기회를 제공한다. 역사 강연의 한 예제로서, 잡스는 아이팟과 아이튠즈 소프트웨어를 윈도우에 호환되는 것을 원치 않았으나, 팀원들이 반대해 결국 아이폰이 성공한 역사를 가르친다. 〈무엇이 애플을 애플답게 만드는가?(What Makes Apple Apple)〉라는 강의에서는 78개의 버튼이 있는 구글 TV 리모컨과 슬림한 디자인에 3개의 버튼만 장착된 애플 TV 리모컨을 비교, 분석하는 주제를 다룬다. 〈최고의 것(The Best Things)〉이란 강의를 통해 직원들은 자신이 훌륭한 인재와 자원에 둘러싸여 있다는 점을 깨닫게 된다.[8]

　　뉴질랜드의 럭비 국가 대표 팀인 올 블랙스(All blacks)는 세계적으로 최다우승기록을 보유하고 있다. 올 블랙스의 행동규범은 조직의 전통에서 나온다.

그들은 매 경기 시작 전에 마오리족 전사들이 전통적으로 전투를 앞두고 추는 하카(Haka) 춤을 춘다. 춤과 럭비 팀의 남성성이 어울리지 않게 보일 수 있지만, 하카 춤을 추는 올 블랙스를 볼 때면 상대 팀은 공포감을 느낀다. 상대에게 위협적으로 보이고자 하는 목적 이외에도 인류학자들은 이 퍼포먼스에 부족의 정체성을 보존하고자 하는 또 다른 의미가 있다고 전했다.[9]

해태 타이거즈(현재 기아 타이거즈)는 86시즌부터 9번을 우승한 최고의 명문 구단이다. 당시 막강했던 해태의 구단 문화는 무엇이었을까? 다른 구단에 비해 자금난으로 허덕였다는 점에서 '헝그리 정신'이었다고 본다. 당시 프로야구는 지역감정에도 영향을 미쳤고, 발달했던 영남 대비 호남지역이 느끼는 소외감과 박탈감의 공분이 야구에 집중되었다. 최고의 선수들에게 연봉협상에서는 "자네 연봉을 맞추려면, 기업은 브라보 콘을 몇 개나 팔아야 하나?"라며 눌러앉혔다는 일화가 있다. 당시 최고의 유행어를 만들어 낸 해태 김응룡 감독의 "동열이도 가고, 종범이도 가고"라는 말은 95시즌 후 무등산 폭격기 선동렬, 97시즌을 마지막으로 바람의 아들 이종범이 일본으로 이적한 후 전력급감을 우려한 한탄이었다. 그러나 강력한 조직문화를 보유한 그는 선동렬이 없는 상태에서도 10승급 투수 5명을 앞세우며 1997년 우승을 일궈낸다. 감독의 카리스마와 헝그리 정신으로 무장된 행동규범이 어우러진 결과였다.

성공적인 조직문화구축 사례

싸우지 않고 이기는 것이 가장 훌륭한 승리라고 한다. 마찬가지로 스스로 일하게 만드는 것이 가장 뛰어난 리더십이다. 명령, 지시, 닦달, 통제, 푸념, 읍소하는 것은 매우 피곤하고 소모적인 일이다. 스스로 일할 수 있게 한다면 그것보다 좋은 해법은 없다.[10] 그래서 마하트마 간디는 다음의 일곱 가지 악덕을 말했다.

① 철학 없는 정치

② 도덕 없는 경제

③ 노동 없는 부유

④ 인격 없는 교육

⑤ 인간성 없는 과학

⑥ 윤리 없는 쾌락

⑦ 헌신 없는 종교

태생적으로 생길 수 있는 부작용을 막지 못하면 사회의 각 기능은 제구실을 감당하지 못하며 사람이 추구하는 가치 역시 재앙이 된다는 준엄한 경고다. 이를 위해서는 기술과 묘수를 찾기에 앞서 원칙을 지키고 정석을 따라가는 것이 가장 좋은 전략이 된다.[11] 기업도 마찬가지다. 원칙에 따라 영리활동

을 해야 한다. 그래야 오래간다. 다음은 소통, 다양성, 비전 제시 등으로 조직
문화구축의 성공한 사례 및 방법을 소개한다.

소통에 대한 사례

두 조직이 에베레스트 정복에 올랐다. 1996년 5월, 유명한 작가 존 크
라카우어는 유료 등반객들과 함께 에베레스트를 올라갔다. 중간에 눈
보라와 시속 100킬로미터의 강풍 그리고 고산병 장애가 발생해 여덟
명의 사망자를 냈다. 반면 5년 뒤, 시각 장애인 에릭 웨이헨메이어를
도와 정상에 오르는 조직이 있었다. 앞선 크라카우어팀과 큰 차이점
은 하루가 끝날 때 '텐트 모임'을 열고 전원이 그날의 성취와 배운 것
을 이야기하고, 다음 날 일정 수립을 했다는 점이다. 2001년 5월 25
일, 에릭 웨이헨메이어는 에베레스트 정상에 오른 최초의 시각 장애
인이 되었다. 또한, 그의 팀은 하루 동안 가장 많은 18명의 팀원이 모
두 에베레스트에 정상에 오른 놀라운 최초기록도 수립했다.[12] 이렇듯
소통은 조직문화의 정착에 가장 중요한 접착제 역할을 한다.

다양성이 중요한 사례

비즈니스 측면에서 다양성은 고성과 조직문화에 매우 중요하다. 일

하는 사람이 모두 같은 인종이면 많은 고객들이 불편해하기 때문이다. 사람들은 자신과 같은 인종의 직원을 고용한 회사와 거래하거나 그 회사의 제품을 사는 경향이 있으므로 다양한 인종의 직원을 고용하는 것이 사업적으로도 이롭다.[13] 다양성은 뜻밖의 성과를 양산한다. 기업에는 이처럼 다양한 사람들의 다양한 창의와 도전이 필요하다.

비전 제시 사례

교세라 명예 회장인 이나모리 가즈오의 "하와이 갑시다!" 캠페인이다. 가즈오 회장은 전년도 매출의 두 배 가까운 목표를 잡고 직원들에게 동기를 부여하기 위한 목표달성률에 따른 여행 포상을 기획했다. 달성률이 90% 미만이면 교토의 사찰좌선(坐禪), 100% 미만이면 홍콩 여행을, 100% 이상이면 연말에 전 직원이 함께 하와이 여행을 가기로 했다. 그러고 나서 '하와이 갑시다!'라는 캐치프레이즈로 직원들을 독려했다. 결과는 목표달성률 98%. 아쉽게 100%를 이루지 못해 하와이는 가지 못했지만, 환경미화원들까지 포함해 1,300여 명의 직원들은 다 함께 전세기를 타고 홍콩으로 떠났다. 명확하고 간결한 비전을 제시하는 문화로서 구성원들의 몰입을 이끈 결과였다.[14]

자율책임경영이 필요한 사례

직원이 자율적으로 경영을 하는 회사가 있다면 얼마나 효율이 높겠는가? 그러나 작금의 현실은 그렇지 않다. 대체로 상사는 결과물이 마음에 들지 않고, 일이 어떻게 되어야 한다는 '잔소리'를 반복한다. 부하는 상사가 필요 이상으로 간섭한다며 마음속에 불만이 쌓여가고, 일은 진척되지 않는다. 만일 부하직원이 "당연히 내가 해야 하는 일이야"라고 생각하면 상사가 말하지 않아도 더 많은 것들을 하게 된다. 상사는 지시통제자 역할에서 성과코치 역할로, 부하직원은 수동적인 업무수행자에서 능동적인 성과책임자로 변화할 수 있을 것이다. 그래서 구성원들이 성과목표와 전략 중심으로 자율책임경영을 할 수 있게 일하는 조직문화혁신이 필요하다.[15]

03

쾌속정리 폴더체계

직장생활 꿀팁

어수선한 관리는 이제 그만! 심플, 요약, 압축된 폴더정리로 정돈된 삶을 살자.

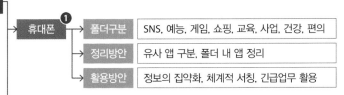

휴대폰은 일상생활 그 자체이다. 직장인의 사용 시간은 하루에 2~3시간 정도이다. 정보를 효율적으로 관리하고 선배의 질문에 적시 적소 답할 수 있는 팁은 폴더체계로 사전에 정리해 놓는 것이다. 필자가 주로 사용하는 폴더체계를 예시로 제시하면 다음과 같다.

▶ SNS: 소셜네트워크
▶ 예능: 영화, 티켓, 항공
▶ 게임: NEXON, Polysphere, BnB, Archero
▶ 쇼핑: Zigzag, 아이디어스, 올리브영, 중고나라, 인터파크 등
▶ 교육: ○○러닝, Q-Net, 학교 관련, 학원 관련
▶ 사업: 해당 사업 관련 정보 채널
▶ 건강: 각종 맛집 정보, 한 · 중 · 일 · 양식 정보, 긴급사항
▶ 편의: 계산기, 시계, 명함관리, 손전등 등

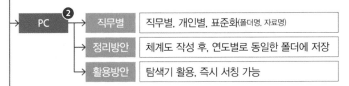

▶ 지식노동자의 주요 업무는 PC로 진행된다. 공용이든 개인이든 PC의 폴더체계를 잘 정리해 놓으면 표준화로 인한 시간 절감이 가능하다. 필자의 경우에는 직무별로 폴더를 정리하는데, 폴더체계를 로직 트리로 만들어서 일정하게 관리한다.
▶ 2020년 – 영업폴더 – 프로젝트 – A 프로젝트 이런 식으로 년도에서 직무, 프로젝트로 일정하게 관리하면 향후 서칭 및 추적이 용이하다.
▶ 자신이 만든 소중한 리포트는 시간을 내어 전체적으로 정리할 필요가 있다.

필자도 300개 정도의 핵심리포트를 별도로 정리해 놓았다. 갑자기 주어진 업무에 대하여 핵심리포트를 복사하여 활용하면 스피드한 자료 준비가 가능하다.

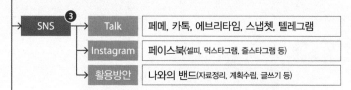

▶ 신입사원들은 SNS가 일상이다. 특히 페메, 카톡, 에브리타임, 스냅챗, 텔레그램과 인스타그램도 많이 사용한다. 세상의 순간들을 포착하여 공유해야 하기 때문이다.

▶ 주의사항은 회사정보는 회사의 자산이므로 외부노출을 하지 않도록 해야 한다. 다만 본인의 SNS 배경화면은 회사의 홍보로 노출할 것을 추천한다. 경영자들도 종종 SNS를 활용하고 나와 연결될 수 있기 때문이다.

▶ 자료의 정리 및 집약은 네이버 밴드(나와의 밴드)를 추천한다. 이곳에 다양한 폴더를 만들어 보자. 필자는 집필, 반성일기, 감사일기, 자산관리 등을 나와의 밴드로 진행하고 자투리 시간을 이용하여 순간의 정보를 남긴다.

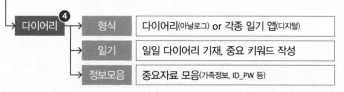

▶ 내 시간에 대한 성찰을 완성하는 공간, 다이어리, 적합한 폴더체계가 필요하다. 플래너 같은 수기로 작성하는 아날로그 다이어리나, 디지털 다이어리로 구분된다. 구글, 네이버에도 달력에 일정을 기재할 수 있다.

▶ 필자의 경우 두 가지를 다 사용하는데, 주요 내용은 시간대별 중요 일정과 하루 3가지 성과물, 때때로 키워드로 토막일기를 작성하기도 한다. 수기형 다이어리에는 비저닝(비전, 미션, 미래계획), 정보 아이디어를 모아둘 수 있고 꾹꾹 눌러쓰는 글을 통해 자기성찰을 할 수 있는 장점이 있다.

▶ 보안 우수, 가상보관의 편리성을 고려하면 디지털 다이어리의 사용도 권장한다.

성과를 200%
끌어올리는 방법

DAY 4

성과리더십을 키우려면

14단계

1월 9일 목요일 9시 면담실 / 신입사원 면담

유별난 팀장이 장태준을 불렀다. 유 팀장은 안경을 올리며 물었다.

 유별난 팀장 "장태준 씨 입사한 지 6개월 되었지요? 오늘은 면담과 함께 채용면담지를 제출해야 합니다. 아시겠지만, 입사 후 6개월까지는 특별한 직무가 없는 인턴 기간이고, 정규채용을 하기 전에 면담하게 되어 있습니다."

채용 면접과도 같은 시간이다. 장태준은 '사회생활은 참으로 긴장과 이완의 연속이구나'라고 생각하며 와이셔츠 깃을 잘 가다듬었다.

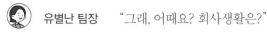
유별난 팀장   "그래, 어때요? 회사생활은?"

　약 한 시간 정도 유 팀장은 평가서를 체크하면서 장태준과 대화했다. 장태준의 특징인 소신 있는 답변이 이어졌다.

유별난 팀장   (차를 권하며)"이 정도면 질문이 거의 다 되었네요. 기타 모 특별히 어렵거나 건의 사항이 있는가요?"

장태준 사원   "특별히 없습니다. 그런데, 회사 분위기가 너무 하드합니다."

유별난 팀장   (티스푼을 내려놓고)"구체적으로 말하면?"

장태준 사원   (컵을 만지작거리며)"심각한 차장님이 어제 저에게 화를 좀 많이 내셨어요. 교육 관련 자료가 엉망이라고 하면서 예전에는 안 그랬는데 요즘 애들은 제멋대로라고 하셨습니다. 제가 물론 교육로드맵을 정리하지 못한 것은 사실입니다만, 어디서부터 어떻게 정리해야 할지 난감했습니다. 일순간 저희 팀 분위기가 상당히 좋지 않았습니다."

어제 유 팀장이 노무사와 미팅을 하는 사이에 벌어진 일이었다. 월요일에 유 팀장이 심 차장에게 교육 관련 로드맵의 작성을 지시했고, 심 차장은 장태준에게 토스했는데 장태준이 작성하지 못하여 공개적으로 화를 낸 것이다.

 유별난 팀장 "심 차장님도 참. 그런 일이 있었다니, 내가 조율할게요. 그건 리더십에 문제가 있군요. 로드맵은 심 차장이 직접 해야 하는 수준인데, 그걸 장태준 씨에게 지시했다고 하니 이해가 안 가네요."

 장태준 사원 (볼멘소리로) "저~ 팀장님. 제가 고자질했다고 하면 왕따 됩니다. 제가 잘 헤쳐 나가겠습니다."

 유별난 팀장 (펜을 내려놓으며 단호하게) "성과리더십에서 중요한 것은 리더가 앞장서겠다는 **패스파인더 정신**이 있어야 하는데, 심 차장에겐 그 정신이 부족합니다. 장태준 씨가 걱정하지 않도록 내가 잘 얘기할게요. 면담을 마칩시다."

리더십과 성과패스파인더

미국의 변호사이자 소비자 보호의 지도자로 유명한 랠프 네이더(Ralph Nader)가 리더십에 대하여 다음과 같이 말했다. "나는 리더십이란 더 많은 추종자들을 길러내는 것이 아니라, 더 많은 리더를 길러내는 것이라는 전제에서 출발한다."[1] 진정한 리더십은 단순한 부하가 아닌, 리더를 육성해야 함을 의미한다. 통상 리더란 조직에서 구성원을 이끌어가는 위치에 있는 사람 즉 지도자를 의미하며, 리더십이란 조직을 다스리는 지도자의 능력 즉, 지도력을 말한다. 이렇게 간단한 2개의 단어가 조직 속에서는 승패를 좌우한다. 패스파인더(Pathfinder)는 길잡이, 개척자로서 처음으로 일, 업무, 과제 등을 뚫어내는 선구자이다. 따라서 성과패스파인더라는 말은 성과 길잡이, 성과 개척자라는 의미로 생각하면 될 것이다. 본서에서의 성과패스파인더는 직장에서 성과를 낼 수 있는 유능한 상사를 뜻한다. 한 사람의 경력을 만드는 것도, 망치는 것도 모두 그의 상사라는 말이 있다.[2] 직장생활에서는 "첫 상사를 잘 만나면 인생이 달라진다"라는 직장 격언이 있을 정도이다.

사람들은 다혈질이고 불같은 성격을 가진 사람을 '전통적인 리더'로 생각하는 경향이 있다. 그 사람들의 돌발적인 행동이 카리스마와 권력을 보여준다고 생각하기 때문이다.[3] 그렇지만 카리스마가 리더십의 전부는 아니다. 리더는 내성적이고 온화하거나, 분석적이고 치밀하거나, 부드럽고 유연함을 갖추는 등 각양각색이다. 뛰어난 리더는 보통 사람들이 '리더'가 되기 위해 필요하다고 생각하는 카리스마가 없는 경우도 많다. 예를 들어 美 33대 해리 트루먼 대통령은 카리스마와는 거리가 먼 인물이었지만, 미국 역사상 가장 능력 있는 CEO 중 하나로 꼽힌다.[4]

리더는 동기부여를 잘해야 한다. 능력이 뛰어난 리더들이 가지고 있는 단 하나의 자질이 있다면 그것은 바로 동기부여이다. 리더들은 항상 기대치 이상의 성과를 내고자 한다. 자신과 타인의 기대치를 모두 넘어서려는 것이다.[5] 리더는 부하직원을 따끔하게 혼을 낼 때 거침이 없어야 하지만, 반대로 칭찬할 때는 그 사람의 잘한 점을 명확하게 언급해주어야 한다. 그래야 머리가 아닌 가슴속에 남고, 동기부여가 된다. 나폴레옹이 만들었다는 훈장도 동기부여의 일환이다. 전쟁에서 공을 치하하기 위해서는 금, 은, 토지를 나누어 주어야 하는데, 재화의 한계를 느낀 나폴레옹은 문득 훈장을 생각하게 된다. 훈장은 동으로 만들어 가치가 미흡하지만, 여러 사람 앞에서 박수와 함께 수여해주면 그 이상의 동기부여가 없다고 생각했기 때문이다. 이렇듯 동기부여는 재화가 아니라 마음이다.

어떤 리더가 되어야 하는가?

여러분이 최고마케팅경영자(CMO)이다. 아래 세 가지 목표 중 어떤 목표를 심어주겠는가?

① 노력형 목표: "최선을 다하세요." → '무관심한 리더'가 세울 만한 목표다.

② 전술적 목표: "시장점유율 30%까지 끌어올리세요." → '거래형 리더'가 세우는 목표다.

③ 적응적 목표: "시장점유율을 높일 수 있는 새로운 여섯 가지 전략은?" → '열정적인 리더'는 이렇게 말한다. 중요한 점은 리더는 실제로 성공할 만한 여섯 가지 전략을 요구한 것이 아니라, 다양한 전략을 고민하고 실험해보라고 권장하는 것이다.[6]

만약 임원들이 모인 방에서 그들을 조용하게 만들고 싶다면, 질문해 보라. **"왜 사람들이 당신을 리더로 삼아야 하나?"**[7] 그들은 생각에 잠기고 이내 침묵을 지킬 것이다. 아무도 내가 왜 리더가 되어야 하는지 즉답하는 이는 없다. 그들의 우물쭈물함에는 **"당연히, 의당, 주위를 보건대, 순번"**상 내가 리더가 되었음을 내포한다. 리더는 능력을 갖추어야 하고, 능력 없는 리더는 불필요하다. 열심히 일만 하는 자는 리더를 시키면 안 된다. 준비에 실패하면 안 되지만, 실패를 준비하는 것은 더욱더 해악이기 때문이다.

광고전략의 일인자이자 '크리에이티브의 제왕'이라고 불리는 데이비드 오길비는 창의적인 괴짜 행동으로 유명하다. 고위급 간부가 모인 미팅에서 참석자들은 자신의 자리에 놓인 러시아 전통인형인 마트료시카를 발견한다.

큰 인형 안에 작은 인형, 작은 인형 안에 더 작은 인형을 꺼내고 나면 맨 마지막에 오길비의 편지가 남는다. "만약 당신보다 작은 사람들을 고용하면 회사는 난쟁이 소굴이 될 것입니다. 만약 당신보다 큰 사람을 고용한다면 거인의 기업이 될 것입니다."

오길비가 어떻게 인재를 고용했는지 알게 해주는 대목이다. 이후 수십 년간 업계 최고의 성공을 거두며 17년간 단 한 차례도 고객을 다른 회사에 뺏긴 적이 없었다.[8] 오길비는 매직 랜턴이라고 하는 프레젠테이션기법을 통해 간부들과 미팅을 했다. 리더의 생각을 창의적인 행동으로 업그레이드했던 것이다.

성과패스파인더가 되는 세 가지 방법

조직에서 살아남기도 힘든데, 성과 개척자가 되라니? 이게 얼마나 힘든 일인가? 장기적인 시각에서 성과패스파인더가 되기 위해 세 가지의 역량을 갖추어야 한다.

첫째, 사고처리반 반장이 되자.

물론 미래지향적이지 못한 얘기다. 그렇지만, 성과패스파인더의 덕목 중 하나는 문제를 솔선하여 해결하는 것이다. 직장생활을 하다 보면 이런 일들을 자주 경험하게 된다. 일단 사고가 나면 그 처리는 매우 힘들다. 생산적인 일을 하는 것도 아니고 비전도 없다. 사고가 발생했다는 어두운 분위기에 휩싸여 일을 추진하는 데도 힘이 많이 든다. 누가 알아주기는커녕 사태를 쉬쉬 하면서 일하는 것이 일반적이다. 그러나 대부분 사건에서 그 일을 성실하게 뒤처리했던 사람은 그 후 조직에서 인정받고 크게 성장하곤 한다. 사건의 뒤처리가 아무리 잘되어도 사고가 발생하지 않은 것보다 못할 것이다. 그런데도 빛바랜 그 일을 수행했던 사람들은 왜 성장했을까? 그것은 그런 어려움을 통과하면서 그들에게 내공이 생기기 때문이다.[9]

보통 직장에서 사고가 나면 그 경중에 따라서 징계가 주어지고 사고를 낸 당사자가 급기야 퇴사하는 경우도 있다. 그렇게 되면 후임자가 사고를 처리해야 하는데 상당한 고통을 수반함과 동시에 많은 욕을 먹게 된다. 사실 내가 벌인 일도 아닌데, 회사 손실에 대한 책임이 후임자로 향하는 것이다. 후임자는 그런 과정에서 내공을 쌓게 되고, 향후 유사한 문제를 차분히 해결할 원동력을 보유하여 순간적인 해결 로직을 풀가동할 수 있다.

둘째, 순환보직을 하자.

한 곳에서 스페셜리스트(Specialist)로 성장하면 깊게 볼 수 있지만, 타인과 조직을 넓게 이해하지 못한다. 직장생활을 정년까지 한다면 약 30~40년의 세월인데, 한곳에 집중하기보다는 직무를 넓힐 것을 권장한다. 직장을 여러

군데 많이 옮기라는 의미가 아니다. 한 군데를 다녀도 여러 직무를 섭렵하라는 의미이다. 1~2년은 의미가 없다. 최소 5년 이상은 되어야 그 직무가 내 것이 된다. 커리어에서 중요한 것은 폭넓은 경험이다. 중요한 자리에서 리더십을 발휘하는 사람은 항상 그 자리에 오기 전에 좁은 분야를 벗어나 크게 성장할 기회를 잡는다. 자신이 일하던 분야가 아닌 다른 직무로 수평 이동하거나 광범위한 업무를 하는 직책으로 승진하거나 태스크포스(Task Force)에 임하는 경우가 대부분이다.[10] 순환보직의 경험은 통찰(Insight)을 높이고, 그 통찰은 결과적으로 조직성과의 그래프를 끌어 올린다.

셋째, 성과를 낼 후임자를 육성하자.

과거의 성적을 평가하는 것보다는 앞으로 뛰어난 성과를 보일 매니저를 가려낸다.[11] 과거를 토대로 미래를 예견할 수 있지만, 과거의 실적보다는 미래의 성과를 위해 지금 준비하지 않으면 안 된다. 지금 수립하는 전략의 70%는 미래를 위한 행보이어야 한다.

〈레벨 5의 리더십〉에서 짐 콜린스는 최고의 리더십을 보유한 5레벨의 리더는 "후계자가 미래에 자신보다 더 성공하는 것을 원한다"라고 단언했다.[12] 아주 유능한 후계자를 선택하여 육성하는 것이다. 유능한 패스파인더는 새로운 직책을 맡으면, 후임부터 검토한다. '누가 적합하고 어떻게 성장시키면 성과를 낼 수 있을까?' 고민한다. 그에게 나의 관련 직무 지식과 인맥을 신속히 분양한다. 그래야 리더가 수평, 수직적으로 재차 이동할 수 있다. 역마살이 있어서가 아니라, 세상을 영리하게 살아남기 위해서는 유목민 같은 삶이 패스파인더에게 필요하기 때문이다.

여러분의 조직에는 혹시 직책을 겸하는 인원이 많지 않은가? 수긍한다면 조직에 문제점이 많은 것이다. 조직 내 적임자를 찾지 못하는 경우도 있지만, 겸직자는 정치적으로 권력을 손에 쥐려고 함을 암시한다. 차석의 중요성은 조직도에 마킹을 해보면 금방 알 수 있다. 차석을 키우지 않는 리더는 롱런과 유아독존의 목적이 대부분이다. 그러나 조직의 성과를 내는 패스파인더는 적임자를 배치하고, 후임자를 육성시키는 것을 목표로 삼는다.

조직에 답을 제시하는 힘

1월 9일 목요일 11시 인사팀 / 성과코칭 미팅

🧑 **유별난 팀장** "강 대리. 오늘 13시에 PMS 관련 팀장 성향 분석, 고성과자 능력분석, 고성과자 방법분석 자료를 리뷰하는 날입니다. 준비됐나요?"

🧑 **강 단 대리** (기안철을 들어 보이며) "네, 팀장님. 모두 준비 완료했습니다. 하드카피 혹은 프로젝터 어느 것으로 보고드릴까요?"

🧑 **유별난 팀장** "회의실에서 프로젝터로 합시다. 심 차장님과 나 차장은 함께 참석하세요. 아, 그리고 11시 10분에 심각한 차장, 나대로 차장은 저 좀 보시죠."

174

이제 막 출근했는데, 뭘 하라고요?

11시 10분이 되자 미팅이 시작되었다.

유별난 팀장 "심 차장님. 부하직원들에 대해 티칭과 코칭 중 어느 것이 효과적일까요?"

심각한 차장 (갑작스러운 질문에 당황하며) "어~ 글쎄요. 티칭이 아닐까 싶습니다. 아직 어리고 잘 모르니까 잘 가르쳐야 하니까요."

유별난 팀장 "나 차장님은 어떻게 생각하시나요?"

나대로 차장 "네, 제 생각에는 코칭을 해야 한다고 봅니다. 결국, 고기를 잡는 법을 가르쳐야 하니까요."

유별난 팀장 "그렇죠, 티칭보다는 코칭을 해야죠. 여기 두 분은 코칭 중에서도 성과코칭을 해야 합니다. 그래야 확실한 효과가 있지요."

심각한 차장 (뚱한 표정으로) "직장에서 해야 할 코칭이 뭡니까? 모르면 가르치면 되는데 또 코칭은 뭣하게요. 시합하는 것도 아닌데."

유별난 팀장 (툴툴거리는 심 차장을 쏘아붙이며) "심 차장님, 올림픽 금메달리스트에게 코치가 없던가요? 그들이 실력으로는 세계 제일인데 왜 코칭을 받을까요?"

심각한 차장 (여전히 심드렁하게) "그거야, 자신이 루즈하지 않기 위해서 아닙니까?"

유별난 팀장 "심 차장님, 제가 교육로드맵을 작성해 오라고 했는데 어떻게 되었죠?"

심각한 차장 (어깨를 으쓱하며) "지금 그게 코칭과 무슨 연관이 있습니까? 물론 아직 못했습니다. 장태준이가 제대로 하지 못해서 그렇습니다."

유별난 팀장 (참았던 화를 내며) "이런 것이 티칭과 코칭의 차이입니다. 교육로드맵의 수준은 차장님이 해야 하는데, 신입사원에게 티칭하다 보니 아웃풋이 없는 거예요. 코칭했다면 결과가 벌써 나왔을 겁니다. 기본, 직무, 리더십을 직급별로 매트릭스를 만들어서 교육내용을 정리하도록 구구절절 코칭을 했습니까?"

심 차장은 더는 답을 할 수 없었다. 유 팀장의 얘기는 맞는 얘기였다. 그는 장태준에게 인터넷을 찾아서 대충 만들어서 가져오면, 한 번 더 튜닝하자고 말했었다.

 **유별난 팀장** "우리는 조직에서 발생하는 과업에 대하여 답을 해야 합니다. 지금의 Z세대들은 그 답을 IT를 통하여 찾아내지요. 그들에게 티칭만 한다면 결코 답을 가져오기 어렵습니다. 올바른 질문과 코칭을 명약관화하게 해주어야 해요. 그래야 그들이 보유한 각종 디지털 Tool과 협업을 통하여 답을 도출하지요. 그래서 우리 회사는 과장급 이상에 대하여 매년 **성과코칭**에 대한 교육을 하는 겁니다. 심 차장님, 나 차장님. 힘들어도 부하직원들을 성과코칭해 주세요. 그래야 우리가 미래의 해답을 찾을 수 있습니다."

조직에서의 답은 무엇인가?

답의 동의어는 대답(對答) 해답(解答), 회답(回答)이다. 그 의미는 부르는 말에 응하거나, 질문이나 의문을 풀거나, 물음이나 편지 따위에 반응하는 것으로서 모두 대응을 나타내는 동사이다. 답이 없어서 답답하다는 것은 명쾌한 대응(Feedback)이 없음을 의미한다. 사실 답을 낸다는 것이 직장에서는 매우 어렵게만 들린다. 어려운 문제는 답도 역시 어렵기 때문이다. 또한 조직에서 거론되는 문제는 답이 없는 경우가 대부분이다. 그래서 "이건 답이 없어. 시간이 답이야"라는 노답 비명이 여기저기에서 들린다. 그렇게 꼬일 동안 무엇을 하였다는 말인가?

답과 코칭은 언뜻 어울리지 않는 각각의 단어이다. 코칭 속에 답이 있지도, 답을 위해 코칭이 필요하지는 않다. 다만 우리는 성과를 위해서 답을 내야 하고, 답을 내는 과정에서 코칭을 해주어야 한다면 이해가 갈 것이다. 풀리지 않는 문제에 대하여 끝장 정신을 갖고 성과를 도출하는 것은 역시 답이다. 『답을 내는 조직』의 저자 김성호 대표는 끝까지 답을 내기 위한 5단계를 역설했다.

① 일을 제대로 이해하기
② 문제가 보이도록 자신을 두기
③ 답을 생각하는 시간 갖기
④ 답을 찾아 시행착오 건너기
⑤ 논쟁으로 답을 완성하기

코칭의 의미

코칭의 비교 예시

여러분이 골프 연습장에 나갔다.

· A 코치: "절대 헤드업하지 마세요! 급하게 치지 마세요! 클럽헤드 스피드로만
  치세요!"

· B 코치: "골프공 뒤를 보고 치세요."

여러분이 야구 연습장에 나갔다.

· A 코치: "어깨 힘을 빼고 서두르지 말고 배트를 수평으로 밀어치세요."

· B 코치: "공의 실밥이 보이는가?"

제대로 된 코치라면 B처럼 말한다.[1]

"코칭을 하지 못한다면 관리도 할 수 없다"라고 코톨즈 코팅(Coutaulds Coating)사의 피터 레니 부장이 〈매니지먼트 투데이, 1991.12.〉에서 한 말에 대다수의 기업은 동의한다.[2] 코칭은 기업에 적합한 인간성장 기술이다.[3] 기업은 코칭을 필요로 한다. 기계만으로 일할 수 없기 때문이다. 결국 기계를 돌리는 것도

사람이 행한다는 점에서 사람을 체계적으로 육성 · 관리하기 위한 방법에 몰두해야 한다. 그 방법을 코칭이라 통칭한다.

코칭이란 잠재된 역량을 극대화해 이를 통해 성과를 최대화하는 인재육성 기법이다.[4] 즉, 코칭은 단순한 지식의 전달이 아니라, 한 사람의 능력을 개발하기 위한 관계인 것이다. 코칭의 목표는 대상자에게 자신감을 심어주어 스킬을 개발함으로써 스스로 포부를 갖고, 자신만의 방법으로 일을 하도록 하게 만드는 것이다.[5]

코칭과 비슷한 단어들의 차이

· **코칭과 티칭:** 티칭 리더의 경험과 지식을 대상자에게 '가르치는 것'이고, 코칭은 대상자가 책임져야 할 성과를 잘 창출할 수 있도록 리더로부터 '자극받는 것'이다.[6]

· **코치와 리더:** 뛰어난 리더가 뛰어난 코치가 될 수 있지만 실제로는 아주 드물다. 전형적인 예가 스티브 잡스다. 그는 자신의 비전으로 동료들에게 열정을 불러일으킬 수 있는 리더이지만 인재를 길러내는 코치는 아니었다.[7]

· **코칭과 멘토:** 멘토는 멘티의 개인적, 전문적 성장을 지원해 주는 것

보다 더 개인적인 관계를 의미할 때가 많다. 로빈은 배트맨, 헬렌 켈러는 설리번, 스크루지는 유령이었다. 멘토의 역할은 멘티를 양육하고 교육하는 것이다. 즉 멘토링은 대개 자발적이며 서로가 상대방을 선택한 상호적 관계이지만, 코칭은 특정 역할에서 기대되는 업무이거나, 관리자나 리더들에게 기대되는 역량이라는 점에서 차이가 있다.[8]

· 코치와 코칭: 코치도 코칭을 받아야 한다.[9] 골프 황제 타이거 우즈도 스윙을 코칭 받는다. 그 스윙 코치도 누군가에게 코칭을 받을 것이다. 코칭에 있어서 피라미드의 정점(頂點)은 없다.

· 코칭의 필요성
- 집중력을 높인다.
- 목표를 제시하고 유용한 피드백을 준다.
- 새로운 방법을 테스트해보고 의논할 수 있다.
- 방해요소가 될 만한 약점을 파악해 준다.
- 성과를 향상하는 핵심가치관 · 원칙 · 행동을 강화해 준다.
- 긍정적인 행동과 능력을 인정해 준다.
- 좌절과 실패 뒤 격려해 준다.
- '공격적인 목표'를 정해준다.[10]

운동경기를 보면 코치의 역할과 필요성에 곧 수긍하게 된다. 코치는 선수의 정신력을 유지시키기 위해 안간힘을 쓴다. 그렇기 때문에 성공적인 코칭을 위해서는 사람들의 잠재능력에 대해 보통 사람들보다 훨씬 더 낙관적인 견해를 가져야 한다. 낙관적인 시늉만 해서는 코칭에 성공할 수 없다. 우리의 믿음은 모르는 사이에 행동에 스며들기 때문이다.[11] 코칭은 독하게 해야 한다. 독한 코치 손에 챔피언이 길러지는 법이다. 독장은 패잔율을 감소시킨다. 지독한 장군은 오히려 병사들을 죽지 않게 하려고 평상시 트레이닝을 혹독하게 시킴으로써 전쟁에 승리한다. 『테니스 이너게임』의 작가이자 세계적인 성과코칭의 대가 티머시 골웨이는 "테니스에서 상대가 당신을 바쁘게 공을 쫓아다니게 만든다면 그는 좋은 친구이다"라고 말했다.[12] 코칭에서는 대상자를 약하게 만드는 배려 따위는 필요 없다. 그 배려가 승부처에서 패배를 양산하기 때문이다. 코칭은 성과를 극대화하기 위해 묶여 있는 개인의 잠재능력을 풀어주는 것이다.

인간은 거대한 떡갈나무로 성장할 가능성을 지닌 도토리와 같다. 우리의 내면이 잠재된 떡갈나무로 성장하려면 영양분, 격려, 빛이 필요하다. 어린 떡갈나무는 30cm밖에 안 되지만, 뿌리는 3배가 넘는 1m가량 뻗어 물을 찾는다. 도토리 키재기라는 속담이 있듯이, 분명 도토리는 무시당할 크기이다. 그러나 떡갈나무 코칭은 도토리가 거대한 떡갈나무처럼 자라도록 잠재능력의 자물쇠를 풀어준다.[13]

답을 내는 성과코칭

성과코칭을 하기 위해서는 코치의 언어가 중요하다. 코치가 항상 행동으로 보여줄 수는 없기에 주로 말로서 대상자를 압도해야 한다. 조직에서 잘나가는 리더들은 핵심 단어들로 부하직원이 행동하도록 만든다. 이러한 행동은 부정적인 단어보다 긍정적인 표현에 더 적극적으로 반응한다. 성과코칭을 위해 ① Do, ② And, ③ Let's의 긍정 표현을 기억하자.

① Don't이 아니라 Do이다.

"헤드업하지 마세요"를 "골프공 뒤를 보고 치세요"라고 긍정적으로 말해야 한다. 마세요는 Don't이고 치세요는 Do인데, 어떤 것을 더 하고 싶을까? 당연히 후자일 것이다. 하라는 표현이 우리를 더 움직이게 만든다.[14]

② But이 아니라, And를 쓴다.

예컨대 부하직원에게 "A는 잘했어, But(그런데), B는 왜 이 모양이야?"보다는 "A는 잘했어, And(그리고) B까지 잘합시다"가 더 낫지 않은가?[15]

③ Let's로 얘기하자.

"A를 합시다. 그러면 잘 될 겁니다"라는 긍정의 표현은 '문제 제기형'이

아닌 '문제 해결형'으로서 훌륭한 경영자들이 실시간 구사하는 어법이다.[16]

성과코칭의 결과로서, 담당자가 답을 내야 한다. 향후 같은 과제에 대하여 더 심도 있는 생각을 하지 않기 때문에 코치는 담당자에게 답을 제시해 주면 안 된다. 그가 자신이 생각하고 해결하도록 해야 진정한 성과코칭이 이루어질 수 있다. 그렇다면, 대상자가 답을 내기 위해서 어떻게 해야 하는가? 질문 후 침묵하라. 그러면 그가 알아서 할 것이다.[17]

여러분이 팀장인데, 팀원 A에게 경쟁사 동향을 파악하기 위해서 경쟁사들의 재무제표를 내일까지 정리하라고 지시했다고 치자. 그런데 A는 자료를 어디서 구하고, 이것을 군이 해서 뭐하며, 분석의 범위가 너무 넓고, 경쟁사를 어떻게 정하냐, 시간을 좀 더 달라는 등 짜증을 낸다면 어떻게 할 것인가? "그래서, 어떻게 하면 좋을까?"라고 한마디만 말하고 입을 닫아라. 30초 이내에 A가 한숨을 쉬며 이렇게 말할 것이다.

"자료는 신용평가사에서 찾고요, 경쟁사는 B, C, D, E 4개사 정도면 되지요? 찾아보고 좀 더 있으면 추가하겠습니다. 경쟁사의 손익(PL)만 할게요. 대차대조표(BS)는 분석의미가 없으니까요. 제목은 경쟁사 재무구조 조사이고, 조사목적은 당사와의 손익계산서 비교분석이라 하겠습니다. 그리고 시간을 좀 더 주십시오. 내일모레 오전까지 초안을 보고 드리겠습니다."

코칭에서는 이런 방식을 '전술적 침묵'이라고 한다. 팀장은 욱하는 성질을 한 템포 가라앉힐 수 있고, 부하직원은 침묵을 버티는 동안 과제도출의 아젠다 혹은 대안을 생각해 낸다.[18] 전술적 침묵은 사실상 가장 반박하기 어려운, 소리 없는 말이다.[19]

성과 내는 팀장에겐 공통점이 있다

16단계

PMS(Performance Management System) TF 참석자: 유 팀장, 심 차장, 나 차장, 강 대리

 강　단 대리 　"아시다시피 PMS TF는 작년 말부터 부사장님의 오더로 진행되는 금년도 인사팀의 혁신과제입니다. 오늘은 그 일환으로서 당사의 팀장 성향 분석, 능력 및 방법분석을 시행한 자료를 리뷰하도록 하겠습니다. 먼저 팀장 성향 분석을 한 시간 동안 리뷰하겠습니다."

팀장의 이름은 가려진 채 성향 분석의 프로젝터 화면이 띄워졌다.

팀장 성향 분석

순번	팀장	성과 핵심요소			성과 창출 능력			성과 창출 방법		
		통찰력	결단력	책임감	기획력	전수력	실행력	주관성	유연성	스토리
1	A	1	3	1	1	3	4	3	5	2
2	B	1	4	2	2	3	2	3	3	3
3	C	4	3	2	2	3	1	4	2	2
4	D	1	3	4	3	2	3	1	3	2
5	E	2	3	2	1	3	1	3	2	5
6	F	2	3	1	1	5	2	4	3	3
7	G	3	2	3	4	3	2	5	2	3

범례: 5(매우 우수), 4(우수), 3(보통), 2(미흡), 1(아주 미흡)

심각한 차장 "강 대리, 팀장님이 지시하셔서 진행하는 것은 알겠는데, 팀장 성향 분석은 구체적으로 왜 하는 거지?"

강 단 대리 "첫째는 성과를 내기 위한 팀장을 육성하기 위함입니다. 두 번째는 석세션 플랜(Succession Plan)의 일환으로서 본부장 부재 시 차기 리더를 선출하기 위함입니다. 즉, 인성, 리더십, 자질을 미리 확인해 보는 것입니다. 세 번째는 팀장의 업무역량과 잠재력, 성장 가능성, 로열티를 확인하는 것으로서 향후 경영자를 양성하기 위한 순환배치를 하기 위함입니다."

심각한 차장 (갑자기 레이저포인터로 화면에 쏘며) "강 대리, 이것이 왜 필요한지를 묻는 거야. 팀장들은 자기 할 일을 하면 그만이지 굳이 이런 성향 분석을 하는 이유가 무엇인지 모르겠다는 거야. 지금이 조선 시대도 아니고, 안 그래?"

강단 대리가 한마디 하려는데, 나대로 차장이 나서서 얘기했다.

나대로 차장 "심 차장님, 우리 회사의 팀장에게 가장 필요한 역량이 무엇인지 아십니까?"

심각한 차장 (레이저를 끄고) "글쎄, 뭐. 성실, 근면, 창조 아닌가?"

나대로 차장 (한숨을 쉬며) "그런 역량이 무엇인지를 확인해 보려는 겁니다. 우리 회사의 팀장에게 지난주에 설문조사와 성향 분석 시트를 주었고 강 대리가 밤새워서 그것의 분석자료를 발표하려는 것 아니에요? 그럼 좀 들어보시지요."

심각한 차장 "그래, 그럼. 강 대리, 그 역량이 무엇이지? 참 궁금하네." (아직도 의문이 있는 듯 물어보았다.)

잠자코 커피를 마시던 유별난 팀장이 말을 받아서 답변했다.

유별난 팀장 "강 대리가 분석한 바로는 성과를 내는 팀장이 가져야 할 핵심역량은 **통찰력, 결단력** 그리고 **책임 의식**입니다. 팀장들의 87%가 그렇게 대답을 했습니다. 심 차장님도 동의하시나요?"

심 차장은 팀장들이 그렇게 생각했다는 유 팀장의 말에 고개를 끄덕였다. 강 대리는 발표를 이어갔다.

성과를 내는 팀장은 누구인가?

근래에는 대부분의 기업이 팀제를 선호한다. 관공에서도 많이 활용한다.

편의상 본서에서는 일반기업들이 사용하는 팀제를 기준으로 얘기하고자 한다. 팀은 약 10명 이하로 직무 전문성을 바탕으로 가장 심플한 직제이다. 팀장은 소대장 역할을 수행하며 상위직책(본부장, 부문장, 실장 등)을 보좌한다.

팀장이 중요한 이유는 직장 내 기초단위(국가로 얘기하면 지방자치단체)를 관리하는 수장이기 때문이다. 팀장은 팀원들과 함께 최소단위 업무의 전략 전술을 책임진다. 성과체계의 측면에서 팀원이 성과가 모여서 팀장의 성과가 되고, 팀장들의 성과가 상위직책의 성과로 이어지는 캐스케이딩(Cascading: 순차적 세분화) 구조로 체계화된다. 팀장 중에서도 탁월하게 성과를 내는 자가 상위직책으로 올라간다. 이것은 조직의 일상이다. 그렇다면 성과를 내는 팀장은 어떤 역량이 필요한가? 가혹한 필드에서 팀원을 이끌고 성과를 내고자 하는 팀장은 통찰력, 결단력, 책임감을 보유해야 한다.

미래를 꿰뚫는 힘: 통찰력

업무를 수행하다 보면 기로점이 있다. 가야 하는지 그만둬야 할지, 투자해야 할지 말지, 정리해야 하는지 좀 더 지켜봐야 하는지 등 의사결정을 해야 하는 순간이다. 이럴 때 내가 사안을 꿰뚫어 인지한다면, 결정이 용이하다. 예를 들어, 판교 인근에 토지구매를 검토한다면, 우리의 두뇌는 강남토지의 추이를 볼 것이다. 1963~1977년 사이 강남의 지가는 176배 증가했다.[1] 미래를 위해 과거를 갔다 오면, 현재에는 통찰이 남는다. 통찰은 무엇인가? 통찰은 예리한 관찰력으로 사물을 꿰뚫어 보는 것을 의미한다. 한자로 통(洞)은 밝을 통. 꿰뚫을 통이고, 찰(察)은 살필 찰이다. 즉 통찰은 예리하게 관찰함으로써 나오는 결론이다.

비즈니스에서 '성과의 달인'은 뒤집어보면 '관찰의 달인'임을 알 수 있다. 그들은 남다른 관찰을 통해 보통 사람은 깨닫지 못하는 사실에 착안하여 발상을 키워나간다. '발상이 신선하다'라거나 '관점이 남다르다'는 식의 평을 듣는 사람들은 모두 관찰력이 뛰어난 사람들이다.[2] 이런 관찰을 위해서는 단순히 아는 것이 아니라 정확히 알아야 한다.[3] 판단을 내리기 위해서는 하나의 안(案)으로는 어림없다. '예, 아니오'를 말할 뿐인 판단은 판단이라 볼 수 없다. 몇 개의 선택안이 있어야 비로소 정확한 통찰력을 가질 수 있다.[4]

신발 '슌소쿠'는 관찰의 결과로 탄생했다. 슌소쿠의 발명자 구스미 노보루는 운동회에 갔다가, 첫 번째로 넘어진 아이를 관찰한다. 보통 사람이었으면 그냥 지나쳤을 이 관찰을 그의 머릿속 뉴런에 붙잡아 두었다. 두 번째로는 시계 반대 방향으로 도는 달리기의 상식을 관찰한다. 그는 두 개의 관찰점을 조합하여 넘어지지 않는 신발을 기획하게 된다. 바로 여기에서 시계 반대 방향 전용 신발 '슌소쿠'가 탄생하게 된 것이다.[5] 연간 600만 명의 구매 가치를 지닌 이 통찰은 관찰로부터 비롯됐다.

AI가 인간계를 위협하면서 장기, 체스, 바둑까지 차례로 접수하고 제멋대로 은퇴하는 세상이다. 이미 AI는 신문 기사와 소설을 쓰고, 세계 최고의 의료수준, 통역, 회계, 법 서비스를 제공하고 있기에, 인간 VS 인간이 아닌 인간 VS AI의 적자생존 시대가 왔다. 2016년 열린 세계 다보스포럼에서는 2020년까지 인간이 보유한 직업이 710만 개가 사라진다는 보고서를 제출했다. 그렇다면 향후 AI보다 인간이 우월한 것이 있을까? 있다. 통찰력만큼은 인간이 앞설 것으로 예상한다. 컴퓨터는 논리적이고 지각적인 데 반해 인간은 느리고 나약하지만, 통찰력을 보유한다. 인간의 통찰력에는 적응력이 함유돼, 불충분한 정보로부터 또는 정보가 없어도 전체의 상이 어떻게 되어야 하는지를 추정할 수 있다.[6] 마치 AI가 만병통치약이 될 것 같지만 계산기가 고등학생을 수학자로 만들 수 없듯이, AI가 사무담당자를 의사결정자로 바꿀 수는 없는 것과 같은 이치다.[7]

그렇다면 통찰은 무엇으로 이루어지는가? 분석과 통합이다. 특히 분석보다는 통합이 중요하고, 통합은 단순합산이 아닌 의미추출이 중요하다. 즉 A, B, C, D의 분석된 데이터 중, 단순히 A+B+C+D는 통합이고, ① A는 버리고 ② B는 B'로 변형하고, ③ C를 D에 병합하면 =B'+D가 남는데, 이것이 의미추출이다. 통찰은 분석 결과 중에서 중요하다고 생각되는 것만 남기고 나머지는 제거하는 작업이 요구된다.[8] 아울러 통찰은 직관이 중요하다. 세계 최고의 체스 챔피언들은 직관을 가지고 있었다. 체스 실력의 차이는 치밀하게 수를 읽어가는 끈기 있는 사고에 있는 것이 아니라, 좋은 수를 떠올려 직관적으로 결정하는 데 있다.[9] 결국, 최고의 지적생산은 직관에서 나온다.[10] 그 직관이 통찰력을 뒷받침한다.

또한, 통찰은 지식의 두께와 밀접한 관련이 있다. 지식을 두텁게 하면 통찰의 속도와 정확도가 올라간다. 통찰력은 결국 "**① 눈에 보이지 않는 현상의 배후에 무엇이 있는가? ② 다음에는 어떤 일이 일어날 수 있는가?**" 하는 두 질문에 대한 해답을 제시하는 힘이다. 이때 과거의 유사한 사례에서 어떤 일이 배후에 있었는지, 그 수에 어떤 일이 일어났는지 알면 통찰력이 향상된다는 것은 쉽게 상상할 수 있다.[11] 통찰은 상식을 깨야 한다. 지식을 두텁게 축적하면 눈앞의 상식을 다르게 볼 수 있다. 이 '절대적이고 바꾸기 어려운 상식'을 지식을 두껍게 축적함으로써 다른 각도로 볼 수 있는 것이다.[12] 얕은 사고는 결코 깊은 통찰을 이길 수 없다.[13]

최고의 팀장들의 공통점: 통찰

그들은 상사에게 의사결정 안건을 가지고 올 때 본인의 답이 이미 그려져 있다. 주장하는 바가 확실하다. 예를 들어 설비구매 품의를 가져오면,

· 상사의 질문: "왜 이 제품을 써야 하나? 비용은 이게 최선인가? 생산성 향상은 몇 %야? ROI는? 셋업 일정은? 레이아웃 가져와 봐. 구체적인 절감이 얼마야?"

· 사전 준비된 답변: "이 결정에 중요한 것은 甲, 乙, 丙 이고, 저는 A, B, C의 대안을 냈으며, 이중 현업은 A안을 선호합니다."

통찰은 기안자의 몫이라는 말이 있다. 이런 통찰은 상사의 신뢰도를 높이고 위임량이 자연스럽게 증대되도록 유도한다.

의사결정의 핵심: 결단력

결단은 결정적인 판단을 하거나 단정을 내리는 것으로서, 행동이나 태도를 분명하게 정하는 결정보다도 더 단호한 의지가 내포되어 있다. 팀장은 왜 결단을 해야 하는가? 『성과를 내는 팀장은 다르다』의 저자 프랭크 스위어택은 "팀장의 핵심자질은 결단력이며, 성과를 내는 팀장 중에 결단력이 없는 경우는 지금까지 본 적이 없다"라고 꼬집어 말했다. 결정을 내려야 할 때 효과적인 팀장은 사실을 기초로 상황을 분석하고 대안을 고려한 다음 최선의 행동 방향을 결정한다.[14] 고위급 팀장들에게 캐나다 토론토에서 리더십 회의가 개최되었는데, 의사결정에 대하여 질문했다. "지난해 여러분들이 내린 결정을 다시 하게 된다면, 이번에도 같은 결정을 내릴 경우는 몇 퍼센트입니까?" 50%라는 대답이 지배적이었다.[15] 즉, 팀장들은 고민을 거듭하고 내린 자신의 결단에 대하여 아직도 명분과 자존감을 가지고 있다.

결단과 행동을 취하는데 위험이 도사리고 있음은 팀장들도 잘 안다. 팀장은 결국 실수할 수 있다. 실수하고 나서 즉각 바로잡지 않는 것이 문제다. 잘못된 결정이 문제가 아니라 수정하지 않은 점이 문제라는 뜻이다. 팀장들은 자신의 판단력을 이용해 방향을 선택한 다음 그대로 추진해야 한다. 그 결정이 옳지 않다고 판단한다면, 최대한 빨리 수정해야 한다.[16] 성과를 내는 팀장은 위험을 두려워하지 않고, 실수를 인정하고 신속하게 바로 잡는다.[17]

결단을 하는 데 있어서 기득권자, 안전주의자, 맹목적 반대자 등과 마찰이 발생한다. 여러분은 이런 마찰에 맞서 싸우는가? 아니면 양보하는가? 세계 최대의 광고기업 덴쓰의 행동규범 '덴쓰의 성공 10법칙' 중 "**마찰을 두려워하지 마라. 마찰은 진보의 어머니이며, 적극적인 비료다. 이것이 없으면 당신은 비굴하고 미숙해진다**"는 문장이 있다. 마찰은 두려움의 대상이 아니라, 당연히 발생해야 하고 그것이 결단을 더욱 견고하게 완벽하게 만든다는 의미이다.[18]

올리버 예게스(Oliver Jeges)의 『결정장애 세대(Generation Maybe)』에는 결단력이 부족한 사례가 잘 기술되어 있다. 1990년대 이후에 출생한 젊은이들을 '메이비(Maybe) 세대'라고 지칭한다. 이전 어떤 시대보다도 폭넓은 선택을 할 수 있고 무한한 기회를 가진 것처럼 보이지만, 정작 이 세대는 무엇을 어떻게 해야 할지 알지 못하고 결정하지 못한다. 상대도 잘 모르는데 자신이 헷갈린다고 자꾸 결정권을 양보하는 것이다.[19] 결정에 있어서 양보가 미덕이 아니다. 부부가 백화점에 남편의 와이셔츠를 사러 가면, 백화점 점원이 아내의 눈치를 보면서 의견을 물어본다. 그 점원은 누가 돈을 내든지 간에 남편은 아내의 의사결정에 따른다고 교육받았기 때문이다.

과제 수행의 시작점: 책임감

업무를 수행하면서 상사에게 의사결정을 요청하면서 내가 원하는 방향을 설명하면, 어김없이 상사는 이렇게 쏘아붙인다. "잘못되면 당신이 책임질 거야?" 그러면 일단 제안자는 침묵을 지킨다. 직장생활에서 책임을 진다는 건 잘못될 경우 시말서를 쓰거나 징계를 받는 것을 의미한다. 과제의 위험요소에 리스크테이킹(Risk Taking) 할 것인가? 리스크헷징(Risk Hedging)을 할 것인가? 원하는 결과물이 성과라는 점에서, 팀장은 제대로 책임을 져야 한다.[20] 내가 한 일에 책임을 지는 순간부터 우리는 성장한다. 일반적으로 '책임감'이라고 하면 중간에 포기하지 않고 일을 끝까지 해내는 자세와 행동이다. 자신이 맡은 일을 통해 책임져야 할 최종적인 것, 바로 일을 통해 결과물을 이뤄내야 한다.[21] 책임은 한자로 부채 책(責)에 맡김 임(任)으로 임무 수행을 통해 빚을 갚는 것을 의미한다. 즉 일해서 창출해야 할 성과를 의미한다. 진정한 책임감이란 성과를 수행하겠다는 강한 의지에 의해 이루어진다.[22]

책임져야 할 것은 일의 성과다. 책임감 있는 사람은 성과 창출에 결정적인 영향을 미치는 목표, 환경, 역량의 관계를 잘 알고 실천하는 사람이다. 피동적인 업무환경과 막연한 목표, 개념적인 업무절차, 추상적인 실행계획, 철저하지 못한 평가와 피드백은 책임감을 불러일으키지 못한다. 간절함이나 절실함은 마음을 먹는다거나 다짐을 한다고 해서 생기는 것이 아니다. 일의 결과물에 대한 기준을 자신의 고민을 담아 규명하고, 결과물을 이뤄내기 위한 실행계획과 실행과정이 구체적이고 자기 주도적으로 진행될 때 간절함과 절실함이 생긴다.[23] 결국 팀장은 책임감으로 인해 간절함과 절실함이 있어야 성과를 낼 수 있다.

미국의 33, 34대 대통령이었던 해리 트루먼의 집무실의 책상 위에는 다음의 문장이 새겨진 금속판이 있다.

"The Buck Stops Here!(모든 책임은 여기서 멈춘다)"
의역: 내가 결정하고 내가 모든 책임을 진다![24]

해리 트루먼은 그의 좌우명만큼 굵직한 의사결정을 한 대통령이었다. 루스벨트의 러닝메이트로 부통령이 된 그는 1945년 루스벨트의 사망으로 대통령직을 승계 받았다. 일본에 원자폭탄의 투하를 결정하고, 반소반공의 기치로 삼아 트루먼독트린을 선포하고, 유럽재건을 위해 마셜 플랜을 실시했다. 또 북대서양조약기구 NATO를 탄생시켰으며, 1950년 한국전쟁에 신속한 미국 참전과 맥아더 장군의 인천상륙작전도 그의 서명으로 결정되었다. 진정 책임지는 자는 말이 없다. 제대로 성과를 내고 묵묵히 떠날 뿐이다. 후대에 그를 알아주는 사람들이 역사서에 훌륭한 그의 이름을 넣을 뿐이다.

직장생활도 마찬가지다. 기안을 올릴 때 "10년 후 내가 이 글을 봤을 때도 합리성과 합목적성이 있겠는가?"라고 자문자답해야 한다. 결국 책임을 지는 마음가짐이 중요하다. 선배가 지적했다고 그대로 타이핑 치지 말고, 내 의사와 아이디어가 들어간 내용을 넣어야 한다. 그렇게 쓰려면 '내 책임이다'라는 마음가짐에서 시작된다. 결재라는 배 위에 의사결정자 서명 이전에 내 책임을 먼저 싣고 출발하는 것이다.

"踏雪野中去 不須胡亂行(답설야중거 불수호란행),
今日我行跡 遂作後人程(금일아행적 수작후인정)"

서산대사의 말처럼 눈 위의 흔들린 나를 따라서 후배들이 쓸데없는 이정표로 삼지 않도록, 발걸음까지도 책임지고 똑바로 걸어야 한다는 말이다.

성과 창출의 능력 3가지

17단계

한 시간 동안 팀장 성향 분석이 끝나고, 잠시 휴식. 심 차장은 담배를 피우러 옥상으로 올라갔다. 전자담배에 점화 버튼을 누르며 중얼거렸다.

 심각한 차장　　"팀장의 성향을 분석해서 뭐하겠다는 것인지 원."

그러더니 휴대폰에 페이스북을 보면서 킥킥거리다가 지겨운 듯 인터넷 게임을 실행했다. 심 차장은 근래 게임에 심취하여 많은 시간을 소비했다. 게다가 각종 게임머니로 아이템을 사들이는 바람에 사우회에서 대출을 하기도 했다. 옆에 유 팀장이 온 지도 모르고 게임에 열중했다. 유 팀장도 담배를 꺼내어 불을 붙이고 심 차장에게 말했다.

유별난 팀장 "선배, 요즘 왜 그렇게 시니컬해요? 근무태도와 자료 준비도 전혀 안 되고, 걱정돼서 그래요."

심각한 차장 (휴대폰을 슬머시 내리며) "어, 유 부장님이 걱정 안 해주셔도 돼. 나는 내가 알아서 할 테니까."

　유 팀장은 하늘을 바라보고 담배 연기를 길게 내뿜었다. 그녀는 '담배라도 피우니까 내가 하늘을 한번 볼 수 있구나'라고 생각했다. 온종일 답답한 회의실과 칸막이가 쳐진 책상에 앉아 있으면 도대체 내가 사람인지 다람쥐인지 모를 정도였다. 14시. 다시 회의가 진행됐다.

 강　단 대리 (화면을 띄우고) "지금부터 팀장들의 성과 창출 능력에 대하여 보고를 드리겠습니다. 성과 창출 능력은 **기획력, 전략 수립능력, 실행력** 으로 구성됩니다. 보시다시피 기획력은 G 팀장이 가장 높게 나왔습니다."

 나대로 차장　"평가지표인 기획력, 전수력, 실행력은 무슨 근거입니까?"

강　단 대리　"일전에 팀장들 간 논의하여 핵심역량으로 선정된 것으로서 성과를 창출하기 위해서는 기획, 전략 수립, 실행 능력이 필요하기 때문입니다."

 심각한 차장　(기회가 왔다는 듯 다리를 꼬며) "실행력은 이해가 갑니다. 기획력과 전수력은 현장에 있는 팀장들에게는 생소합니다. 시공 현장에서 막말로 노가다를 하는 인원들에게 기획과 전략이 무슨 소용이 있겠습니까? 하루 벌어 하루 살면 그만인데."

 유별난 팀장　(책상에 볼펜을 톡톡 두드리며) "심 차장님, 아무리 현장이라도 일정 관리, 안전관리, 시공 품질을 위해 마스터플랜, PERT-CPM, TBM(Tool Box Meeting), Touch&Call, 납기단축전략 등 시공팀장도 기획과 전략이 필요합니다. 시공팀장이라고 노가다만 하지는 않죠."

심각한 차장 "네~ 그렇죠. 팀장님, 시공팀장은 이해가 갑니다. 그렇지만, 회계팀장도 그럴까요? 매일 전표 정산하고, 예산을 감시하고, 어디에 비용이 나가는지 확인하는데, 무슨 기획과 전략 수립이 필요합니까? 막말로 회계감사만 잘해서 회사에 문제가 없도록 하면 되는데."

 나대로 차장 "심 차장님, 그 질문에는 제가 답변을 할 수 있겠습니다. 회계팀장은 재무제표의 안정화를 위해서, 전사의 예산을 기획 및 관리하고, 수익관리를 위한 전략 수립 및 비용 관련 내부회계감사의 액션플랜 진행까지 하기 위해서 기획, 전략, 행동의 세 가지의 측정이 모두 필요합니다."

심 차장은 나 차장의 답변에 말문이 막혔고, 답답한 듯 생수를 한 모금 마셨다.

미래를 현재로 만드는 능력: 기획력

누구든지 미래에 대한 관심이 많다. 그래서 기획은 결과 자각으로부터 시작된다. 결과 자각이란 목표를 향해 자원을 활용하는 결과에 대하여, 자신이 예측하는 것을 의미한다. 인간은 자신의 지식이 미흡하거나 정보가 부족할 때 긴장된 심리상태가 되는데 이를 인지 부조화(Cognitive Dissonance)라고 한다. 결과 자각은 인지 부조화를 완화할 수 있다.[1]

직장에서 본부장이 김 과장을 찾는다. "어, 김 과장. 자네 영어 좀 하지? 사장님이 지시하신 건데, 베트남에 공장 론칭을 기획해 봐"라고 지시한다. 김 과장은 우선 옥상에 간다. 달달한 커피로 허기진 당도를 가라앉히며 구시렁거린다. "베트남? 여름휴가 한번 갔던 곳인데. 내가 무슨 수로 베트남에 공장을 기획한단 말인가? 본부장 지시라 안 할 수도 없고. 지금 못하겠다고 하면 능력 부족으로 찍힐 것이고. 이를 어쩐다?!"

참으로 난감한 상황이다. 직장생활에서 종종 벌어지는 일이다. 김 과장은 인지 부조화상태 즉, 갑자기 알 수 없는 미래의 암흑에 가위눌리는 것이다. 이런 경우에는 결과 자각이 필요하다. 미리 베트남에 가보는 것이다. 김 과장은 기초자료 수집을 위해 본부장을 한 번 더 찾아간다. 5W1H의 기법으로 베트남의 어느 곳에, 어떤 아이템을, 어떤 규모로, 언제쯤, 무슨 이유로 공장을 론칭하려고 하는지 기획 의도를 물어본다. 본부장은 베트남에 물류가 좋은 호찌민시 인근에, A라는 아이템을, 공장 규모 약 5천 평 정도로, 올해 12

월쯤에, 베트남의 노무비 대비 기술력이 좋은 사유로 공장을 론칭한다고 답한다. 김 과장은 그것으로 우선 콘텐츠를 잡는다.

베트남 A 공장 론칭 기획안

I. Basic Concept	II. Manufacture	III. Cost & Banefit
1 1. 베트남 론칭 당위성 　1.1 거시적 측면 　1.2 미시적 측면	**4** 1. 초기투자 규모 　1.1 Glocalization 　1.2 합작 투자의 장점 　1.3 공장 선택 방식별 Cost	**7** **8** 1. Cash Flow 2. 예상 재무제표 　2.1 연도별 제조원가 분석 　2.2 연도별 노무비 분석 　2.3 연도별 경비 예상 분석
2 1. 베트남 시장 현황 　1.1 반도체 시장 규모 및 　　　성장 잠재력 　1.2 반도체 시장 동향 　1.3 지역별 투자 환경 　1.4 전세계 LCD 시장 전망	**5** 1. 공장 레이아웃 및 공정도 　1.1 조직 및 인원계획 　1.2 소요면적, Capa 외 　1.3 설비, 금형 투자 계획 　1.4 예상 Lay-Out 2. Milestone 　2.1 공장 설립 전 　2.2 공장 설립 후	**9** **10** 1. 세부영업안 　1.1 판매 단가 분석 　1.2 제품별 판가, 원-판가 2. Risk Management
3 1. Marketing Strategy 　1.1 Part별 판매 전략 　1.2 Costomer Segment 2. 연도별 영업계획 3. 추정손익계산서	**6** 1. Master Plan 　1.1 부지 선정, 계약 인허가 　1.2 시공, 설비 구축, 준공	★

기획안이 한 장 나왔다. 뿌듯하다. 이 뿌듯함은 결과 자각이 되었기 때문이다. 김 과장은 이것을 도표로 만들고 담당자 칸을 만들어서, 담당 부서를 기재한 후 본부장을 찾아간다. 본부장에게 기획안을 우선 보여드린다. "본부장님. 정식결재는 아니고, 목차 정도를 잡아 왔습니다. 한번 검토해 주십시오." 본부장이 화답한다. "오 역시 신속해. 어디 보자. 음. 좋아. 그런데 사장님께서 영업 전략을 특히 강조하셨어. ⑦ 상세 영업 전략에 현지 영업 구축(Pipe Line)을 추가로 넣읍시다. 그리고 김 과장이 전부 작성하면 시간이 많이 소요되니까, 부서를 나누어서 진행하면 훨씬 빠르겠군. 전문적이기도 하고 말이야. 아주 좋아. 수고했어."

김 과장은 단지 기획서 목차만 한 장 만들었을 뿐이다. 왜 본부장이 좋아하는가? 본부장도 인지 부조화 상태에서 결과 자각을 했기 때문이다. 본부장 자신도 사장에게 갑자기 오더를 받아서 인지 부조화였는데, 하루 만에 김 과장이 미래청사진을 한 장 정리해서 보고하는 바람에 여유를 찾은 것이다.

기획의 가장 큰 장점은 역시 시뮬레이션이다. 사전에 이미지화를 하면 훨씬 더 목표에 접근하게 된다. 『성공하는 사람들의 7가지 습관』의 저자 스티븐 코비(Stephen Covey)는 "비전은 상상력의 결과다. 모든 것은 두 번 창조된다. 먼저 마음속으로, 다음에 실제로 창조된다"라고 말했다. 여기에서 비전이 마음속으로 창조되는 내용을 세부적으로 정리 및 기록하는 것이 기획이다. 기획을 치밀하게 하면 할수록 비전은 뚜렷해진다. 비전을 목표나 과제라는 단어로 바꾸어도 마찬가지이다. 어떤 목표나 과제에 도달하기 위해, 가장 적합한 행동을 설계하는 것이 기획이다. 계획은 기획을 통해 산출된 결과다. 통상 기획을 하여 콘셉트를 잡고, 계획하여 세부내용 및 일정을 수립한다.

어느 회사에도 기획은 존재한다. 기획부서가 없어도 그 역할은 존재한다. 기획은 회사의 브레인이라는 것은 새삼 강조할 필요는 없다. 컨트롤 타워가 없는 대기업이 어디에 있던가? 컨트롤 타워의 가장 큰 역할은 지속 가능 경영(CSM: Corporate Sustainability Management)을 책임지는 것이다. 회사가 지속하는 길은 끊임없이 성과 창출을 해야 한다. 즉, 기획부서의 능력이 곧 기획력이고 결국 기획력은 전사적인 성과 창출을 목적으로 한다. 기획력은 성과 창출의 거대한 숲을 사전에 조망하는 힘이다.

기획을 구체화하는 능력: 전수력(전략 수립능력)

전략 논의 시 회자되는 일화: 아문센(Amundsen)과 스콧(Scott)

1909년에 미국의 로버트 피어리(Robert Peary)가 북극을 정복하자, 누가 남극을 정복할 것인가에 세계의 이목이 쏠렸다. 1911년 아문센과 스콧은 남극점을 향해 길을 떠났다. 결과는 스콧은 72명 전원이 사망했고, 아문센은 최초의 남극을 정복한 후에 탐험대원 전원이 무사히 귀환했다. 아문센과 스콧은 각각 어떤 전략을 수립했는가? 우선, 아문센은 에스키모들의 여행법, 경험담을 철저히 분석하여 사전답사를 했고, 탐험 장비, 루트, 개 썰매를 준비하고 유능한 스키어를 모집했다. 반면 스콧은 사전답사가 없었고 모터 엔진 썰매와 망아지들이 짐을 운반하게 했다. 결론적으로 스콧은 얼어붙은 모터 엔진과 동상에 걸려서 죽은 망아지들과 함께 탐험대원을 모두 잃게 된다.[2] 스콧은 아문센에 이어 남극점에 두 번째로 도달했으나, 귀가 중 조난당해 사망한다.

우스갯소리로 1등만 기억하는 더러운 세상이다. 그러나 그 더러운 세상에서 승리한 1등은 2등보다 전략이 우수했음을 우리는 기억해야 한다. 선수 시절 박지성이 얘기했다. **"오심도 경기의 일부다**(Bad calls are also a part of the game)**."** 오심도 운도 모두 경기의 일부에 불과한 것이고, 내가 가진 전략과 실력이 그것을 압도하면 그만이라는 의미이다.

일반적으로 회사의 상사는 두 종류의 스타일로 분류된다. 관계맨과 콘텐츠맨이다. 관계맨은 정치적이며 관계를 중시하기에 일의 결과를 잘 마무리 짓는다. 콘텐츠맨은 전략 수립은 능한데 결정권자와의 교감이 부족하여 마무리가 어려운 경우가 종종 있다. 여러분은 어느 쪽을 지향하는가?

『성과 내는 팀장의 40가지 조건』의 이재정 저자는 이렇게 말한다. **"콘텐츠**

맨은 그 자리를 떠나면 결과물이 남지만, 관계맨은 이미지만 남는다."[3] 흔히 관계가 좋은 부류를 정치색이 좋다고 한다. 그러나 회사는 정치로만 돌아가지 않는다. 전략을 수립할 때 말은 허공에 사라지지만 글은 가시적이며 구체적이다. 그래서 같은 전략이 말로 하면 불평이지만, 글로 쓰면 제안이 된다.[4] 전략 수립은 글보다 확실한 것은 없다. 말할 시간에 글로 전략을 수립하고 협업을 통해 사안을 해결해야 한다.

"시간이 지나면 경쟁자들은 같은 무기를 들고 싸운다. 동일한 전략으로는 승리할 수 없다."

IBM 前 회장 루이스 거스너(Louis Gerstner)의 말이다.[5] 벤치마킹을 통한 밋밋한 전략으로는 패배하므로 탁월한 전략을 수립해야 한다는 의미이다. 지금도 그렇지만, 코카와 펩시는 무려 100년간 콜라 전쟁을 했다. 거대한 콜라 시장의 두 고래 사이에 유유히 살아남는 콜라 회사가 있다. Y 콜라인데, 미국 시장의 단지 1%를 점유한 중소 규모 콜라 업체이다. Y 콜라가 수립한 전략의 타깃은 훌륭하게도 니치마켓이다. 비록 1%에 불과 하지만 세계 인구 3위인 3억 2천만 명 고객이 모수라는 점에서 적지 않은 시장을 점유한 것이다. 코카와 펩시가 100년간 패권 다툼을 하는 사이, Y 콜라는 집중 관리하는 1% 마니아의 풍요로운 선택으로 이익을 수취했다.

열정만 있고 전략이 없으면 타 죽고 만다.[6] 과제를 수행하면서 어떻게 최적화하여 완수하겠다는 전략 수립 없이 열정만 가지고는 결국 실패한다는 얘기이다. 직장에는 열정만으로 선뜻 계약을 추진하여 해사 행위를 초래한 경우가 종종 있다. 내가 전략이 없으면, 나는 누군가의 전략에 일부인 것이다. 결국 성과 창출은 성실한 전략 수립이 근간을 이룬다.

행동하는 힘: 실행력

본 챕터에서 가장 중요한 것은 실행이다. 직장에는 펜대만 믿고 사는 사람들이 많다. 앉아서 천리안으로 세상을 볼 수 있는 스마트시대이지만, 현장에 흙과 기름기를 곁들인 땀이 성과와 밀접한 관계가 있음을 우리는 잊지 말아야 한다. 정말이지 현장은 아무리 강조해도 지나침이 없다. 일본 전체의 CEO를 교육하는 한 유명한 세미나의 강사로서 늦게 도착한 故 혼다 소이치로 회장은 남루한 작업복 차림으로 CEO들에게 일갈했다고 한다. "여러분은 경영자인데 여기에서 무엇을 배우겠는가? 얼른 각자 공장으로 돌아가세요. 현장에 답이 있습니다."

"한번 해 보입시더!" 1984년 롯데 자이언츠는 삼성과 한국시리즈에서 만나고, 롯데 감독이 1, 3, 5, 7차전에 나갈 수 있냐는 제안에 故 최동원 선수가 한 답변이다. 이 말도 안 되는 전략은 최동원의 실행력으로 인해 롯데를 우승으로 이끌었다. 한국시리즈에 5경기 등판, 40이닝 투구, 4승이라는 전무후

무한 대기록으로 성과를 달성했다. 수립한 전략을 완전연소로 실행한 것이었다.[7] 조직은 실패하는 사람은 품어도, 도전하지 않는 사람은 살려 두지 않는다.[8] 도전에 의한 실패는 쓰라린 교훈과 함께 재발방지전략, 도전자의 역량 강화 등 조직에 진취적 도움을 주지만, 실행 자체를 하지 않으면 아무것도 얻을 수 없다. 그래서 스탠퍼드 경영대학원 로버트 서튼 교수는 **"성공과 실패는 포상하라. 그러나 아무것도 하지 않은 경우에는 처벌하라"**라고 말했다. 오뚝이처럼 다시 일어나는 사람은 '성공은 수많은 실패 중 하나'이며, '실패는 성공하기 위한 수백 가지의 방법'이라는 사실을 잘 알고 있다.[9] 실패를 하라는 것이 아니라 실행(도전)을 하라는 것이다.

실행력(實行力: Execution Competency)이란, 원하는 결과물을 얻기 위해 실제 필요한 일을 행동으로 옮길 수 있는 실천 행동 역량이다. 실행력은 기획한 것을 행동으로 전환하는 역량이며 일을 완성하는 데 절대적인 요소이다.[10] 우리가 흔히 오해하는 것 중 하나는 '아는 것'과 '할 줄 아는 것'이다. 아는 것도 실행할 줄 알아야 한다는 것이다. 아는 것에서 그치는 것이 아니라, 할 수 있는 단계까지 자신을 끌어올려야 한다. 지금 우리에게 필요한 것은 원하는 결과물을 얻기 위한 빠르고 강한 실행력이다.[11]

현장은 정보의 보고(寶庫)이다. 현장에서 멀어지면 현실감이나 피부로 느끼는 감각이 약해져 결국은 탁상공론 수준의 공허한 제안을 하게 된다. 어떤 직종에 종사하건, 진부한 분석이나 현실성이 없는 제안을 억지로 밀어붙인다면 전문성이 없다고 봐야 한다. 점에 불과한 정보들을 열심히 수집해 나가면 모여서 선이 되고, 이윽고 면이 된다.[12] 더 진전시키면 '면'은 결국 '삼차원'의 가설을 만든다. 그 삼차원이란 신선도, 현장감, 현실감이다.[13]

영화 〈테이큰〉에서 주인공 리암 니슨이 관리직 요원이 겨눈 총을 보며 말한다. **"자네, 현장감이 떨어졌군. 탄창 없는 총의 무게를 느끼지 못하다니."** 관리직 요원은 망연자실하고 결국 주인공이 승리한다. 우리의 삶도 마찬가지다. 현장감이 없으면 비즈니스 영혼이 없는 것과 같다.

성과 도출의 방법 3가지

18단계

한 시간 동안 성과 창출 능력분석이 끝났다.

유별난 팀장 "PMS 미팅이 길긴 기네요. 이제 뭐가 남았지?"

강 단 대리 (성과 도출 방법분석차트를 열었다.) "성과 도출의 방법에 대한 평가가 남았습니다. 거의 다 했습니다."

나대로 차장 "성과 도출의 방법의 평가지표는 **주관성, 유연함, 스토리텔링**이군요. 특히, 역시 리더는 주관이 있어야겠죠?"

심각한 차장 "그렇지, 주관이 뚜렷해야 부하들도 따르지.

유연함도 좋은 덕목인 것 같고, 특히 요즘에는 스토리텔링이 중요한 것 같아요. 나도 게임을 하다 보면, 스토리가 무진장 중요하거든."

 나대로 차장 "허허, 모처럼 심 차장님이 업무에 집중하시는 것 같습니다."

 심각한 차장 "이 사람이, 내가 얼마나 업무에 집중하는데 그래. 그리고 사실 스토리텔링이 기업을 먹여 살리는 것은 맞잖아. 스토리가 콘텐츠이고 콘텐츠 없이 고객이 귀를 기울일 리가 없잖아?"

 유별난 팀장 "심 차장님 말이 맞습니다. 기성세대들도 특유함이 없다면 승부를 걸 수 없지요. 또한, 장태준이나 오상실 씨와 같은 Z세대들에게도 스토리텔링이 없다면 꿈이 없는 것과 같습니다."

 강 단 대리 "계속 진행하겠습니다." (웃으며 프레젠테이션을 시작했다.)

내 자신의 소신: 주관성

주관(主觀)은 자신의 견해나 관점을 의미하며, 객관(客觀)과 반대말이다. 주관성이란 자신의 견해를 뚜렷하게 내세우는 힘을 의미한다. 왜 주관성이 중요한가? 성과 창출을 하기 위해서는 객관보다 나만의 뚜렷한 주관이 있어야 한다. 제3자의 시각으로는 내 일을 마무리할 수 없기 때문이다. 계약이 만일 성과라고 한다면, 객관적인 자세로는 절대 계약을 할 수 없다. 계약은 엄밀히 얘기하자면 서로 좋은 관계를 유지하기 위해 하는 것이 아니다. 나중에 문제가 생겼을 때 상대보다 우위를 점하기 위함이다. 그런 점에서 객관적인 관점에서의 계약이란 없다. 따라서 성과 창출을 위해서는 객관성보다는 주관성을 가지고 임해야 한다.

〈예시〉 A 프로젝트의 진행 상황을 캐묻는 상사와 부하직원의 대화
- 상사: "김 차장, A 프로젝트가 지금 장비 입고단계에 와 있어야 하는데, 왜 아직 KS 인증도 진행 못 하고 있는가? KS가 안 되면 장비를 세팅해도 제품 판매를 할 수 없지 않은가?"
- 부하직원: "그러게나 말입니다."

부하직원의 대답을 들은 상사는 불같이 화가 날 것이다. 유체이탈식 화법을 구사했기 때문이다. 이런 식으로 과제를 풀어나가는 사람은 결코 일을 완

제대로 된 대답의 예시

"네. KS 인증은 변경된 B 정책에 따른 Spec 협의로 한 달 늦춰져서 8월 30일까지 완료 예정이고, 장비 입고는 9월 30일까지 가능한 사항입니다. 결론적으로 문제가 없습니다. 좀 전 개발팀을 확인한 결과입니다"

수하지 못한다.

주관은 내가 명확한 스탠스(Stance)를 취하는 것이다. 스탠스는 야구에서 타격하기 위해 타석에 서 있는 자세를 의미하며 서로 똑같은 자세를 취하는 선수는 없다. 본인 자세에 주관을 가지고 경기에 임한다.[1] 경영자들은 종종 결재를 받다가 담당자에게 칼날같이 묻는다. "자네라면 어떻게 할 것인가?"[2] 대부분의 담당자는 우물쭈물하다가 이렇게 생각한다. '결재자께서 왜 나에게 물어본담?!' 그러나 담당자의 결의가 없으면서 의사결정을 상사에게 상신하면 안 된다. 마음속에 이미 스탠스를 취해야 한다. 상사는 과제에 대하여 담당자가 어떤 자세인지 결재판을 훑어보는 순간 직감한다. 담당자의 주관이 뚜렷하면 상사는 오히려 안심한다.

탁월한 성과는 언제나 남과 다른 점에서 나온다. 성과는 자기만의 차별화된 절차 속에서 만들어진다. 타인의 안경은 나에게 맞지 않는다. 결국 내 안경은 내 눈에 맞추어 써야 한다. 자신만의 절차가 있어야 그 안에서 성과가 만들어진다.[3] 즉, 주관성은 차별화에서 시작된다. 여러분이 지식노동자라면 본인만의 자료 스타일을 갖추기를 권한다. 내 입맛에 맞는 색상, 양식, 폰트, 자간, 형식 하다못해 글씨체까지 만들어야 한다. 그렇게 만들어진 자료는 나에게는 물론, 상사에게도 안정감을 제공한다. 비슷한 능력과 경력을 갖춘 인재들이 넘쳐나는 오늘날, 눈에 띄는 차별성을 가지기 위해서는 나만의 독특한 역량, 누구도 카피할 수 없는 '나만의 것(Only One)'을 만들어야 한다.[4]

차별화의 예제 중 하나는 전차발명이다. 전차가 발명된 제1차 세계대전은 '참호전'이었다. 즉 참호 속에서 전투를 치르기에 돌격하지 못하고 교착상태에 빠진 경우가 많았다. 그런데 '농기구 트랙터의 전면을 철판으로 무장하고, 뒤따라간 병사들이 참호 안의 적군을 괴멸시키면 어떨까?' 하고 생각한 사람이 있었다. 바로 해군 장교였던 윈스턴 처칠이다. 그의 생각은 당시 황당한 것이었다. 그러나 그 황당한 아이디어가 전쟁을 승리로 이끈다. 지상전에서는 아마추어였던 그가 역사적으로 차별화된 기술혁신을 주도한 것이었다.[5]

질문을 뒤집어 보자. 1970년대 하인즈 케첩은 유리병 바닥에 남은 케첩을 꺼내기 어렵다는 고객 불만과 함께 하락하는 시장점유율을 바라만 보고 있었다. 경쟁사는 농도가 낮은 케첩을 튜브에 넣어 깨끗하게 마지막까지 사용하였기 때문이다. 즉, 경쟁사는 절약이 모티브였다. 하인즈 케첩은 유리병의 전통을 고수하면서 전세를 역전할 카피를 강구했다. 결국 질문을 뒤집어보았다. 내용물을 꺼내기 어려운 것은, "**타사 대비 토마토의 농도가 훨씬 높기 때문입니다**"라고 호소하면서 시장점유율을 기존보다 더 끌어올릴 수 있었다.[6]

세상에서 가장 강한 힘: 유연함

직장생활은 매뉴얼에 따라서 직진만 한다면 얼마나 좋겠는가? 그러나 과제는 좀 더 유연한 시각이 있어야 할 때가 많다. 일반적으로 벌이 파리보다 조직적이고 지능이 높다고 한다. 그렇지만, 병을 누워놓고 두 곤충을 넣어놓는 실험을 하면 벌은 나오지 못하나, 파리는 즉시 탈출한다. 벌은 병 바닥을 계속 고집하지만, 파리는 병 바닥을 몇 번 부딪히고 그 반대쪽인 병 주둥이 쪽을 공략하는 이른바 유연성이 있기 때문이다. 한쪽만 외곬으로 고집하지 않는다. 유연은 부드럽고 연한 것을 의미한다. 갈대가 부러지지 않듯이 유연한 사람은 직장생활을 오랫동안 유지한다. 줏대 없이 흔들리라는 것은 아니다. 좀 더 다각적이고 다양한 시각으로 조직과 함께하며 변혁의 아이콘이 되라는 의미이다.

세계적인 경영 컨설팅 기업인 맥킨지앤컴퍼니는 100곳 이상의 기업을 분석한 결과, 가장 훌륭한 장기적 성장전략은 새로운 상품·분야·고객층·국가 그 무엇이 되었든 빠르게 성장하는 새 시장에 진입하는 것이라고 전했다. 포스트잇으로 유명한 세계적인 기업 3M(시총 127조, 2018.6.)은 이를 따르고 있다. 3M은 새로운 시장에 진입하는 척도로서 '신제품 활력지수(NPVI: New Product Vitality Index)'를 사용한다. 전체 매출에서 신제품의 비중이 2008년 25%였던 데 비해 2014년에는 33%로 상승했고, 중장기 목표는 40% 이상이다.[7] 3M은 세계에서 가장 경직성을 멀리하는 기업 중 하나다.

유연한 발상의 전환: 세상을 바꾼 스포츠 선수들

1935년에 한 수영선수가 경직된 생각을 멀리하여 세계기록을 깬다. 당시 배영에 대한 저항감은 1분이라는 마의 벽이었다. 미국 고등학교 수영선수였던 아돌프 키에퍼(Adolph Kiefer)는 배영으로 1분이 깨지지 않는 이유가 영법이 아니라, 터닝 방법에 문제라고 유연하게 접근했다. 이 위대한 발상의 전환은 몸을 한 바퀴 터닝하는 플립턴(flip turn)을 개발하는 계기가 되었다. 다른 선수들은 터치패드를 찍고 몸을 회전하는 U턴 방식이었는데, 터치패드 1m 전에 먼저 몸을 회전하여 반동의 스피드를 이용할 수 있었다. 직선의 스피드를 회전을 통한 반대 방향으로 가속하는 방법으로 무려 10초를 앞당길 수 있었다.

1968년 멕시코올림픽에서도 새로운 발상을 한 높이뛰기 선수가 금메달을 목에 건다. 모두 다리로 껑충 뛰어 '가위뛰기'로 넘는 폴대를, 딕 포스베리(Dick Fosbury)가 등으로 누워서 넘어버린 것이다. 어색했던 그의 시도가 오늘날에는 모두가 실시하는 '배면뛰기'의 시조가 되었다. 이 두 명의 선수는 유연한 발상의 전환을 통하여 스포츠 역사에 영원한 국면 전환을 이뤄냈다.[8]

테란, 저그, 프로토스의 세 종족의 전투로 X, Y세대를 PC방으로 집결시킨 스타크래프트는 한국게임의 역사를 새로 썼다. 그 이전의 게임은 흑백논리였다. 착한 놈과 나쁜 놈의 전투다. 그러나 스타크래프트는 착한 놈, 나쁜 놈에 이상한 놈까지 가세시켰다. 이 삼강 체제의 핵심은 종족의 파워의 균형을 잡는 밸런싱인데, 당시의 게임계에서는 **"스타크래프트는 곧 망할 것이다"**라는 시각이 대다수였다고 한다. 왜냐하면 종족 하나당 새로운 게임을 론칭하는 것과 맞먹는 개발리스크와 시간이 투입되기 때문이다.

사실 게임 시장은 유저들이 모순된 버그, 전투의 단순성 및 유닛이 부실한 경우 몇 년을 공들인 프로그램이 단번에 날아간 도박과 같은 마켓이다. 그러나 스타크래프트는 달랐다. 각 종족의 유닛들을 다양한 능력, 종족마다 다른 플레이 방식, 허를 찌르는 전략전술, 또한 다양한 맵의 개발이 광활한 우주를 배경으로 구성되었다. 고객은 이 듣지도 보지도 못한 게임 유저 방식에 열광했다. 특히 세계적으로 머리가 좋고 금방 새로운 것을 찾아내는 한국인들에게 적합한 게임이었다. 이 훌륭한 게임은 공학 전공의 프로그래머들만이 개발한 것이 아니다. 인문학, 심리학, 물리학, 수학 등 다채롭고 이질적인 학문이 통섭되어 나온 결과다. 이 유연한 집합은 게임의 품질과 스토리텔링을 높였다. 게임을 설계할 때 이러한 유연성을 넣으면, 나머지는 게임 유저들이 그 유연함에 자신의 스토리를 입혀 온라인을 휘젓고 다니므로, 알아서 광고해주는 효과를 낳는다. 이 스타크래프트가 가진 유연성이 거대한 게임 시장을

10년 이상 지배하는 출중한 성과를 낳게 된다.

취업난이 가속화되는 근래에는 이직율도 상당하다. 어렵게 취업을 해도 직장을 그만두는 경우가 무려 50%가 넘는다. 직장에 다니지만 만족하지 못해 이직을 고려하는 직장인이 70~80%라고 한다.[9] 갑자기 취업률과 이직률을 얘기하는 것은, 직장에서도 유연성이 없으면 쉽게 직장을 그만두는 경우가 종종 있기 때문이다. 유연하게 생각해야 한다. 동네 건달의 바짓가랑이를 기어서 통과한 중국 한나라 한신대장군의 절치부심을 곱씹어 봐야 한다. 사표를 상사 면전에 던지고 싶을 때, 참을 인(忍)을 세 번 가슴에 새기고 다시 한 번 생각해보라. 사실 아무것도 아닌 것에 집착하는 경우도 많다. 사람뿐 아니라 조직 또한 유연하게 설계되어야 한다. 이른바 손자병법에 나오는 **"병형상수 수무상형**(兵形象水 水無象形: 조직은 물과 같이 일정한 형상이 없다)**"**이라는 말은 유연한 조직이 아니면 살아남지 못한다는 것을 의미한다.[10]

생각을 리드하는 힘: 스토리텔링

남들 앞에 프레젠테이션을 해도 이야기하듯이 한다면 실패하는 법은 없다. 물론 말하기뿐만 아니라 설득할 때도 마찬가지다. 듣는 사람이 지루함이 없도록 내용을 공감하면서 생각을 쫓아오게 만들어야 한다는 것이다.[11] 그런 의미에서 스토리텔링의 키워드 중 하나는 설득이다. 설득의 일화는 우리의 역사 속에도 있다. 강동 6주를 담판으로 얻은 서희 장군이 설득의 신화이다. 993년 거란이 80만 대군을 이끌고 고려에 다다랐을 때, 서희 장군은 거란이 고려를 치려는 것이 아니라는 것을 간파한다. 당시 거란은 송나라와 전쟁을 하기 전에, 후방을 노릴 수 있는 고려를 눌러 놔야 했기 때문이다. 거란과 고려가 대치한 최전선에서 서희 장군은 단신으로 소손녕을 찾아간다. 거란의 장수 소손녕은 두 가지 명분을 제시했고, 이에 서희 장군은 특유의 스토리로 답변했다.

[명분 1] 고려는 신라의 계승국으로서 서경 이북 땅은 거란 땅이므로 내놔라.

[명분 2] 송나라와 화친을 끊어라.

[답변 1] 국호를 봐라, 고려는 고구려의 계승국이다.

[답변 2] 거란의 동경 이북 땅은 옛 고구려 땅이므로 우리 땅이므로 내놔라.

소손녕의 입장에서는 매우 당황스러웠을 것이다. 결국 명분과 답변을 상쇄시켜, 지금의 평안북도지역의 강동 6주를 고려에 내어주고, 거란과 화친하자는 결론으로 협상은 마무리된다. 서희는 국가정세, 상대 전략, 강약점을 스토리로 꿰뚫어서 협상이라는 화롯불에 구워 강동 6주를 먹어버렸다. 상대를 설득하는 데 스토리텔링이 가장 중요하다는 사실을 그는 이미 천 년 전에 간파했던 것이다.

스토리텔링은 왜 성과를 좌우하는 방법인가? 사람을 움직이기 때문이다. 잘 수립된 전략도 왜 해야 하고 어떻게 하면 될 수 있는지에 대한 스토리가 부실하면 실행하기 어렵다. 조직 내에서도 소통할 때 스토리가 중요하다. 팀장이 팀원에게 지시할 때도 지시에 대한 스토리(배경, 목적, 방향)를 한 줄이라도 적어주면 팀원의 최적화된 행동에 도움이 된다. 그러나 스토리가 없으면 일의 뉘앙스를 모른 채 응대하므로, 팀장과 반대 방향으로 가는 경우도 있다.

성과를 높이는 스토리를 구성하는 세 가지 방법[12]

① **기승전결로 구성하자:** 기, 승, 전, 결은 이야기 형태로 가장 설득력이 있는 중국 한시(漢詩)의 형식이다. 물론 서론-본론-결론도 좋은 흐름을 갖는다.

② **청중을 붙잡자:** 서두 부분에 청중을 붙잡아야 한다. 가령 발표를 한다면 서두에 쿼테이션(Quotation: 인용구)을 넣는다. 쿼테이션은 강연주제와 걸맞은 명사 명언, 드라마, 영화를 녹여 넣는다. 특히 청중에 맞추어 최신영화와 강연 주제를 매치시켜야 한다. 청중이 자

다가도 재미를 느껴야 한다.

③ **현실감을 담자**: 상대방이 자기도 모르게 빠져들 만큼의 현장을 담는 것이 중요하다. 구체적인 사례나 에피소드 등을 효과적으로 끼워 넣으면 '스토리'가 풍부해지고 질이 높아진다. 현실감과 현장감이 공감으로 이어지는 것이다.

명석한 스토리텔러는 커뮤니케이션의 강자이다. 커뮤니케이션은 캐치볼과 같다. 이쪽에서 공을 던져서 상대가 그 공을 다시 던지게 한다. 그 공을 놓치지 않고 던지고 받아야 한다. 얘기하는 도중에 상대방의 의중을 의식해야 한다.[13] '메시지'라는 공을 주고받는 것이 결국 '스토리'다. 메시지는 단편적이고, 스토리는 정리된 구조를 가진다. 이야기를 즐기는 사람들의 본질적인 특성은 '공감'이다. 그러므로 커뮤니케이션의 달인은 곧 스토리를 짜내는 스토리텔러이다.[14]

성과를 내도록 유도하는 힘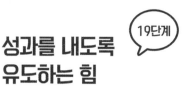

1월 9일 목요일 16시 인사팀 회의실 / PMS 결과 미팅(유 팀장, 강 대리)

성과 도출 방법에 관한 PMS 회의가 끝나고 유별난 팀장은 강단 대리만 잠시 남으라고 지시했다.

> **유별난 팀장** "오늘 PMS 회의는 잘 들었어. 준비를 많이 했고 고생했어요. 그런데 본 자료를 가지고 부사장님께 발표하기에는 아직 미흡한 것 같아."
>
> **강 단 대리** (유 팀장의 의견에 동의하듯 고개를 끄덕였다.)
>
> **유별난 팀장** "오늘 인사팀 내에서 한 사전미팅은 두 차장의 질문이 결국 청자가 궁금해하는 사항이기 때문이야. 우선 오늘 질문한 내용을 장표마

다 하단에 주석을 달아놓아. 그리고 맨 앞에 서머리 시트를 하나 두었으면 해. 마무리도 한 장 넣었으면 하고."

강 단 대리   "사실 저도 고민을 많이 했습니다. 팀장의 리더십 성향 분석, 성과 창출 능력, 성과 도출 방법에 대한 현재의 수준에 대한 분석은 있습니다만, 결론적으로는 이것을 어떻게 활용할 것인가, 어떤 성과로 이끌 것인가에 대한 질문에 명쾌한 답이 없습니다."

유별난 팀장   "그 질문에 답을 내야지. 내 생각에는 본 스토리의 배경은 결국 전쟁터에서 승리하기 위해서는 장수들인 팀장의 리더십이 중요하고, 그들이 성과를 낼 수 있는 핵심요소들에 대하여 얼마나 집중하는가에 대한 답을 내기 위해 만든 자료라고 생각해."

강 단 대리   "네~ 그렇다면 향후 팀장들의 강점을 더욱 업그레이드하고, 단점은 최소화할 수 있는 방법에 대한 자료가 한 장 더 보강되어야겠군요."

유별난 팀장   (무릎을 치며) "라저~ 군, 역시, 강 대리. 토픽을

정리하면 서머리, 엔딩, 방향성의 세 개의 장
표를 추가하면 부사장님이 OK하실 것 같아.
이래서 질문은 우리를 항상 정리해 준단 말
이야."

두 사람은 웃으며 회의실을 나갔다.

왜 질문해야 하는가?

직장생활을 하면서 질문을 받는 시작점은 대체로 대리 직급부터이다. 사
원 때는 사실 시키는 일만 하면 된다. 그러나 대리부터는 업무를 왜 하는지,
무엇을 향해야 하는지, 성과를 어떻게 달성할 것인지에 대해 문답하기 시작
한다. 우리는 사실 질문이 두렵다. 왜 질문이 두려운가? 어릴 적 잘못하면 부
모나 선생님으로부터 질문을 받았기 때문이다. 고등학교 때 성적표가 나오
면 아버지가 "왜 성적이 산으로 가냐?"라고 물으면, 산으로 도망이라도 치고 싶
었고, 지각하여 불려간 교무실에서 담임선생님이 "네가 대학생이냐?"라고 물
으면, 반려견이 잘못된 행동을 하고 짓는 특유의 표정으로 선처를 바랄 뿐이
었다. 즉, 질책성 질문이 사춘기를 지배하다 보니, 질문에 대하여 반사적으로
경직된 행동을 하는 것이다.[1]

알기 위해 묻는 것이 질문이다. 사람의 호기심에는 일종의 임계밀도(臨界密度)가 있다. 호기심이 적절한 밀도로 축적된 후에야 지적 팽창이 시작된다는 말이다. 임계밀도에 이르면 호기심은 질문으로 팽창한다. 질문은 모르는 것에서 생기는 것이 아니라, 아는 데서 나온다. 그러므로 배워서 아는 영역의 경계선이 확장되어감에 따라 질문의 수는 점점 늘어난다. 지식과 창조성이 풍부한 사람이 호기심과 질문이 왕성한 이유이다.[2]

직장생활에서 질문을 왜 하는가? 질문은 본인이 답한 행동을 유발하기 때문이다. 만일 질문을 멈추면 생각 또한 멈춘다. 사람들은 질문을 받아야 생각을 하고, 생각함으로써 스스로 행동하는 능력을 키울 수 있다.[3] 스마트한 시대에 필요로 하는 사람은 스스로 생각하고 움직이는 자율형 인재이다. 자율형 인재는 지시나 명령으로 육성되기 힘들다. 질문을 통해 스스로 생각하고 행동하여 인재로 거듭나는 것이다. 질문을 받으면 인간의 의식은 해답을 찾기 위해 생각을 하기 때문이다.[4] 리더는 지시보다 질문을 해야 한다. 그렇지만 질문을 많이 하면 담당자는 답변이 궁색해지고, 변명 내지는 불완전한 정보를 답하게 된다.

예를 들어, 상사가 답답한 마음에 다음과 같이 부하직원에게 지시를 내린다.

· 잘못된 상사의 지시: "정 과장, A Line의 라인밸런싱은 공정 B를 U자 형태로 설계하고, 공정 C는 병목이니까 인원 한 명을 더 붙이고, 공정 D는 협력사에서 미리 부품 Ass'y를 납품하게 하면 되잖아? 그렇게 해."

· 올바른 상사의 질문: "정 과장, 이 상황을 바꿀 아이디어가 뭔가?"

그러면 정 과장이 생각을 한다. <u>이 시간을 존중해 주어야 한다.</u> 이 침묵을 리더가 깨는 순간, 그의 아이디어 창고는 영원히 문을 닫아버리고 만다. 한 시간 있다가 정 과장이 와서 본인 의견을 말한다.

"제 생각에는 공정 B와 C를 개별 조립하는 셀(Cell) 공정으로 바꾸어 불량 시 라인에 문제가 없도록 하고, D 공정은 협력사에서 부품 Ass'y를 공급받으면 될 것 같습니다."

그렇게 그는 상사보다 B와 C를 효율적으로 개선하는 우수한 제안을 가져왔다. 이렇듯 리더가 지시와 답을 동시에 제시하면, 담당자는 발전할 수 없다. 리더는 질문하고 담당자가 생각하여 답을 내야 한다.[5]

질문은 질문답게 해야 한다. 부정어로 일관하면 질문이 '질책'이 되고, 남이 해 놓은 것에 대하여 집요하게 질문하다 보면 '지적'이 되기도 한다. 때로는 부정이 강한 어조의 질문은 '거절'을 의미하기도 하고, 대상자에게 강조를 많이 하는 질문은 '강요'로 사용되기도 한다.[6] 질문을 많이 하다 보면 조직에 문제점만 던지는 사람이 된다. 그렇기에 질문에 대한 답을 본인이 먼저 생각하고, 건설적인 질문을 던져야 한다. 아울러 질문을 할 때는 사람과 일을 분리하자. 사람을 겨냥하면 감정적인 질문이 될 수 있다. 사람과 일을 분리한

다음, 일에 대하여 논리 타당한 질문을 하는 것이 좋다.

꼭 알아야 할 질문의 순서

① '왜(Why)' → ② '무엇을(What)' → ③ '어떻게(How)'

① '왜'는 '당위성'에 대한 고민이다. 상사는 왜 이 일을 하려는 의도, 배경, 필요성, 목적은 무엇인가를 고민해봐야 한다.

② '무엇을'은 '전략'에 대한 고민이다. 도대체 목적을 달성하기 위해 무엇을 할 것인가, 주어진 시간으로 목표를 달성하기 위해 어떤 것을 구체적으로 실행할 것인가를 고민해야 한다.

③ '어떻게'는 '효율성'과 '창의성'에 대한 고민이다. 주어진 시간을 어떻게 효율적으로 사용할 것인가, 주어진 자원을 어떻게 창의적으로 사용할 것인가를 고민해야 일의 본질이 명확해진다.[7]

무엇을 질문해야 하는가?

무엇을 질문해야 하는가에 대한 정답은 없다. 상황에 맞추어 질문해야 하기 때문이다. 그렇지만 명확한 해답을 가진 이들이 있다. 바로 하위직급이다. 근래의 직장생활은 3대가 함께한다. 고위직급, 중위직급, 하위직급. 오너의 경우에는 4대까지도 한 직장에 있게 된다. 직장에서의 과제수행은 누가 하는가? 현실적으로 누가 해답을 풀어내는가? 그들은 하위직급이다.

에노모토 히데타케(Ennomoto Hidetake)의 『코칭의 기술』에서는 이러한 해답의 위치이동을 설득력 있게 제시한다. 해답이 리더나 관리자에게서 팀원, 부하직원들에게로 이동한 것인데, 이것은 과거 생산자가 가졌던 해답이 고객, 소비자에게로 그 위치가 옮겨 간 것과 같은 맥락이다. 이제 조직에서도 해답은 부하에게서, 팀원에게서, 사원에게서 나온다. 이러한 역전 현상은 본질적으로 정보혁명에 기인한다. 과거 소수의 사람이 가지던 정보가 대다수에게 공유됨으로 인하여 정보의 이동, 권력의 이동이 일어나게 된 것이다. 해답이 위에서 아래로 내려 온 것은 그만큼 해답을 가진 사람의 수가 증가하고 있다는 것이며, 이는 해답이 분산되고 있다는 것이며, 해답이 사람의 눈으로 확인하기 어렵다는 사실을 의미하는 것이기도 하다. 이제 조직성과의 핵심은 "아래로 분산된 해답"을 찾는 것이기도 하다.[8] 그렇기 때문에 Z세대가 중요하다. 그들이 답을 제시하는 시대가 점차 도래하고 있다.

질문은 여전히 기록이 중요하다. 회의 시간 또는 업무를 진행할 때 상사가 한 말이나 행동에서 드러나는 암시를 놓치지 말고 적어라. 만일 휴대폰으로 상사가 화이트보드에 적은 내용을 찍어 놨어도, 본인이 다시 기록을 해봐야 한다. 내가 적은 것과 타인이 적은 것은 엄연히 다르다. 타인이 적은 것에는 내 영혼이 없기 때문이다. 핵심을 찌르는 메모 한 장은 일이 마음처럼 쉽게 진행되지 않을 때 돌파할 수 있는 실마리를 제공한다. 적어도 상사가 지시한 내용을 수시로 확인해 보면서 최종목적지로 정확하게 안내하는 나침반의 역할을 해줄 것이다. 모르거나 이해 가지 않는 부분은 반드시 질문해야 한다.[9] 그 질문을 나무라는 리더는 없다. 아무리 바빠도 담당자가 일을 바다로 향하도록 놔두는 리더는 없기 때문이다. 앞으로 질문하면 꼭 기록하자. 문답 기록은 아무리 강조해도 지나침이 없다.

특히 영업자(관리자도 동일)라면 주요 프로젝트로 고객과 통화하면 PPT 슬라이드 한 장에 기록해 놓자. 이 기록물은 여러 프로젝트가 혼선되고, 시간이 지나고, 상사가 갑자기 찾는 경우 보석과 같다. 여러 슬라이드 중에 Ctrl+F로 해당 프로젝트의 키워드를 검색 후 즉시 찾아내, 출력물을 가져가서 보고한다. 질문에 대한 준비된 해설지를 미리 만들어 놓는 것이다.

구체적으로 무엇을 질문해야 할지 모르는 경우에는 질문지를 준비해야 한다. 내가 질문하는 사람을 생각해보라. 대부분 상사이거나 바쁜 사람일 것이다. 그가 지시자라면, 나보다 답변에 대한 정보를 더 많이 알고 있을 확률이 높다. 그가 아는 정보를 다시 캐내어야 한다. 질문하면 알 수 있는데도 팔짱 끼고 있다 보면 시간만 간다. 가서 물어라. 그러면 좀 더 새로운 정보가 나오거나, 해당 분야의 전문가를 소개받을 수 있다. 시간이 없는 그들에게 던지는 질문을 좀 더 압축해보자. 그래서 질문자가 먼저 구상한 구도를 보여주면서 질문해야 한다. 이렇게 하면 두 가지 장점이 있다.

① 화두(話頭)가 생겨 내가 알고 싶은 정보를 포괄적으로 수집할 수 있다.

② 방향성을 가늠함으로써, 내가 어디를 향해 제대로 가는지를 알 수 있다.[10]

야구코치가 포수에게 두 번 공을 던진다. ① 왼쪽으로 휘어 들어가는 슬라이더와 ② 정면이지만 뚝 떨어지는 너클볼이다. 코치가 포수에게 "**①과 ② 중 어느 볼을 받을 때 동작이 불편한가?**"라고 질문한다. 그러면 포수는 ①과 ② 중 몸이 부자연스러웠던 점을 생각한다. 특히, ②번 너클볼을 받을 때 눈앞에 사라지는 공을 잡기 위해 포수미트를 언더 형태로 전환하는 과정에서 손목이 시큰거리는 불편함을 코치에게 보고한다. 그러면 코치는 너클볼이 뒤로 빠지지 않도록 하는 방안을 강구한다. 이러한 질의방식을 피드포워드(Feedfowrd)라고 한다. 피드포워드는 사전에 결함을 예측함으로써 현재를 인식하게 하는 질문이다. 이 질문은 자각을 통해 생산성을 창출하게 한다.[11] 우리는 일을 하면서 피드백을 강조한다. 피드백은 일을 끝낸 후 보고하는 방법이고, 피드포워드는 사전에 결과를 예측하여 성과를 높이는 방법이다.

질문은 맹점을 공략해야 한다. 상대방의 얘기를 듣는 도중에 내가 질문을 하는 경우를 생각해 보자. 어떤 때 질문을 하는가? 바로 맹점이 나왔을 경우이다. 즉, A-B-C를 얘기하는데, A와 B는 이해가 가는데, C 부분이 무슨 말인지 모르는 경우일 때 질문을 하게 된다. '여기까지는 완벽하게 알겠는데, 그다음부터는 잘 모르겠다'라는 생각이 들 때야말로 질문을 예리하게 할 때이다. 인터뷰 세션, 공개포럼, 대통령 후보 토론 등을 하는 경우를 잘 눈여겨보면, 상대방으로부터 내가 이해 가지 않는 맹점을 잘 공략하는 것을 볼 수 있다. 그 맹점에 관한 질문이 역공의 힘이 되는 것이다.[12]

어떻게 질문해야 하는가?

A, B 방송국의 기자가 게임사 CEO를 인터뷰하러 게임 회사를 방문했다.

· A: "게임 시장의 경쟁상황은 어떻습니까?"
· B: "게임 시장은 어떤 세그먼트로 분류됩니까?", "각 세그먼트에서 승리하기 위한 열쇠는 어떤 요건인가요?", "각 세그먼트의 주요 주자는 어떤 회사들인가요?"

아마도 A사의 기자는 다시 질문하러 게임사 CEO를 찾아갈 것이다.[13]

보스가 팀장을 집결시켰다. A 팀장이 목표달성에 실패하였고 **"노력을 배가하겠습니다"**라고 답했다고 하면, 보스는 이 말을 받아들이지 않는다. 불편한 대화를 감수하고 질문을 해야 한다. **"정확히 어떤 노력을 배가할 것인가?"**라든지

"구체적으로 어떤 조치를 할 것인가?"[14]

대화의 가치를 찾아내고 새로운 가치를 만드는 질문을 '가치질문'이라고 한다. 회사에서 일하는 리더에게 후계자를 키우는 질문이 최고의 질문이다. 한 차원 높은 의문을 제기함으로써 직원이 '한 칸 위' 사고를 하게 만드는 것이다.[15] 리더의 가치질문이 시각을 넓히고 조직의 생산성과 성과를 높여주게 된다.

월드컵이 한 달 남았는데, 코치가 국가대표 골키퍼 A, B, C를 집합시켰다. 코치가 슈팅하면서 질문한다. "공을 보고 있는가?" 이 질문에 대하여 A, B, C 선수는 어떻게 대답할 것 같은가? 방어적이거나 컨디션에 따라서 거짓으로 "네"라고 할 것이다. 이것은 효과적인 질문이 될 수 없다. 다음과 같은 질문을 고려해 보자.[16]

"A군, 공이 들어올 때 어떤 식으로 회전하는가?"
"B군, 이번 공이 바운드되고 나서 스핀이 빨라졌는가, 느려졌는가?"
"C군, 공의 스핀 방향을 처음 알았을 때, 키커(Kicker)의 왼발 축은 어디를 향하고 있는가?"

이 질문들로 인해 선수가 공과 키커를 주시하게 한다. 만일 선수가 공을 주시하지 않는다면 이 질문에 대답하지 못할 것이다. 선수는 질문에 정확하

이제 막 출근했는데, 뭘 하라고요?

게 대답하기 위해 보통 때보다 더 집중할 것이다. 답은 판단하는 형식이 아니라 서술하는 형식이므로 자기비판에 빠지거나 자존의식을 손상할 위험성이 없다.[17] 즉, 선수가 자신의 답변에 몰입할 수밖에 없는 질문이다. 선수의 집중 의지를 코치는 판단하고 그에 걸맞은 피드백을 준비해야 한다. 조직의 리더라면 아침에 샤워하면서 질문을 날카롭게 다듬는 연습을 해야 한다.

상사가 부하직원에게 새로운 업무를 지시한다. 그러면 이런 답변으로 일관하는 경우가 있다.

"그것은 안 됩니다."

"그건 좀 어렵습니다."

"그들이 동의하지 않을 것입니다."

"비용이 많이 듭니다."

"시간을 내기 어렵습니다."

이렇게 부정·거부의 의미를 내포하는 경우 효과적인 질문이 있다. 바로 "~한다면 어떻게 하겠습니까?"라고 묻는 부정적 가정의 돌파 질문이다.

"충분한 예산이 있다면 어떻게 하겠습니까?"

"직원들이 더 많다면, 어떻게 하겠습니까?"

"그 답을 알고 있다면, 어떻게 하겠습니까? 그 답은 어떤 답이겠습니까?"

"그 장애물이 없다면 어떻게 하겠습니까? 당신은 무엇을 하겠습니까?"

아마 팀원들 가운데 장애물 극복 방법을 알고 있는 키맨이 반드시 있을 것이다. 그들은 과중한 현업을 맡고 있으므로 새로운 것을 하기 싫어한다. 그래서 궤변의 방어막을 굳건히 치고, 상사가 들어오지 못하게 걸어 잠근다. 그러나 상사가 던지는 **"만일 ~하다면"**의 가정질문에 대하여, 답변조차 하지 않을 수는 없기에 응답하게 된다. 이 답변을 하면서 곧 본인이 할 수 있는 것을 안 했다는 자각을 하게 된다. 결국 본인이 스스로 궤변의 방어막에서 벗어나게 되는 것이다.[18]

직장인의 딜레마: 연봉 VS 자기계발

20단계

일과가 끝나고 회사 앞 마포갈비집. 심 차장이 한 손에는 비닐장갑을 끼고 쪽갈비와 소주잔을 들고 얘기한다.

심각한 차장 "자~ 오늘 모두 수고하셨습니다. 우선 한잔 하시지요."

유별난 팀장 (소주잔을 들고) "그럽시다. 한잔합시다. 인사팀 파이팅!"

모두 잔을 비웠다.

(아이콘) **유별난 팀장**　　"오늘 사실 크리티컬한 미팅이 많아서 스트레스도 풀 겸 번개를 했어요. 오상실 씨와 장태준 씨는 개인 일이 있다면 식사만 하고 들어가도 좋습니다. 부담 없이 드세요."

(아이콘) **오상실 사원**　　(소주를 한잔 받으며) "제가 사실 오늘부터 스피닝이 시작되는데, 옛 성인의 말씀대로 오늘 할 일은 내일로 미루겠습니다."

모두 웃음이 터졌다. 장태준에게는 심 차장이 옆에서 권주를 했다.

(아이콘) **심각한 차장**　　"장태준, 한잔 받아. 받을까 말까 하다가 세월 간다. 자 한잔하셔."

장태준은 소주잔을 들었다. 유 팀장은 신세대에게는 너무 권하지 말라고 했다. 심 차장은 우리 때는 안 그랬다면서 소주를 쭉 들이켰다.

(아이콘) **유별난 팀장**　　"직장생활이 회사 일도 중요하지만, 본인 일도 중요해요. 여기 있는 나 차장이 **자기계발**

에는 정말이지 최고입니다."

나대로 차장 "제가요? 제가 한 것이라고는 박사 코스 밟기, 작년에 주택관리사 자격증 취득, 책 출판 계약한 것이 전부인데요?"

장태준 사원 "나 차장님이 박사과정 중이시라고요? 주택관리에도 관심이 많으시고요? 책은 또 무엇인가요?"

나대로 차장 "자기관리를 잘해야 직장생활도 윤택해지는 법이지. 직장이 영원할 수는 없지 않은가? 빨리 내 콘텐츠를 마련해야지."

오상실 사원 (강 대리를 바라보며) "강 대리님은 회사에서 너무 바쁘시고 야근도 많으신데, 자기계발을 할 시간도 없으시겠어요?"

강　단 대리 (갈비를 한입에 먹고) "무슨 소리. 나는 인생 버킷 리스트 50개 중에 직장에 와서 20개를 이루었어요. 작년에 벌써 2개를 했는데? '대리로 승진하기'와 '여름휴가에 하와이서핑'을 했으니까, 이제 겨울에 '제주도 올레길 3개 정복'만 하면 올해 버킷은 끝납니다. 하하."

장태준은 '모두 자기관리 및 개발을 철저히 하고 있구나'라고 생각했다. 나의 꿈은 무엇이고, 그 꿈을 이루기 위해 무엇을 준비하고 있는가?

자기계발의 필요성

왜 자기계발을 해야 하는가? 사실 직장인은 회사만 열심히 다니면 된다. 현실적으로 회사 일도 너무 많고 다른 무언가를 하기가 쉽지 않다. 회사도 직장인을 가만히 두지 않는다. 때에 따라 야근을 할 수도 있고, 월요일에 중요 행사나 회의가 있으면 주말에도 준비가 필요하다. 집안 사정은 어떠한가? 미혼은 연애해야 하고, 기혼의 경우 가족들은 주말에 쌩쌩한 나를 원한다. 그래서 "주말에는 집에서 **봉사활동 해야 해**"라며 힘들어한다. 직장인은 쉽지 않은 직장생활과 주말 여가로 일주일을 보낸다. 이러한 인생인데, 이 와중에 자기계발이라니? 무슨 수로 자기계발을 한단 말인가?

회사와 개인은 시간을 서로 빼앗는, 결과적으로는 부를 서로 빼앗는 경합 관계에 있다. 시간은 제로섬게임이어서 회사에 매달리는 시간이 많아지면 개인의 부도 옮겨가게 된다.[1] 잔인한 얘기지만 회사의 입장에서는 개인이 회사를 위해서 좀 더 많이 불철주야 일해주길 바란다. 반대로 직장인은 급여만 받으면 된다. 굳이 많은 일을 하고 싶어 하지 않는다. 속된 말로 "**급여만큼만**

일하지 뭐!" 직장인의 심산이다. 제로섬게임에서 항상 승리를 원하는 직장인은 창업하면 된다. 그러나 왜 직장을 다니는가? 직장이 주는 안정감 때문이다. 고정적으로 급여를 받아 생활할 수 있고, 사회적으로 안정화된 기업, 직책, 직급을 보유하기를 원하기 때문이다.

매슬로의 욕구 5단계인 ① 생리적 욕구, ② 안전 욕구, ③ 소속감 및 애정 욕구, ④ 존경 욕구, ⑤ 자아실현 욕구 중 ①~③단계까지 곧바로 충족되는 곳이 직장이다. 상위직급으로 올라갈수록 ④, ⑤단계도 가능해진다. 그래서 수십 대 일의 입사 경쟁률 속에 아등바등하는 것이다.

그렇다면, 제로섬을 탈피할 방법은 없을까? 제로섬게임에서 퇴직하지 않고도 이기는 방법이 있다. 그것이 자기계발이다. 자기계발은 안정된 직장생활을 유지하면서 자기 자신의 역량을 높일 수 있다. 즉 자기계발이 직장생활을 더 탄력적으로 만들고, 오랫동안 유지할 힘을 준다는 의미이다. 특히 대기업의 뒷줄(팀장 이상)을 보라. 곧 나갈 것 같지만 굳건히 버티는 사람들이다. 그들은 모두 자신만의 무기가 장착되어 있다. 명함을 받으면 '사'인 경우가 많다. 박사, 기술사, 회계사, 건축사, 변리사, 변호사 등 대다수가 전문자격을 가진 사람들이다. 팀장들이 이러하니 임원들은 더 하다. 이들은 왜 전문자격을 취득했을까? 직무 전문성 보유와 향후 대비를 위해서이다. 특히, 내가 직장을 그만두어도 짱짱하게 살아남을 대비를 하는 것이다. 아이러니하게도 그들은 퇴직 후 창업해도 되지만, 대부분 비슷한 조건의 또 다른 직장으로 이직한다. 창업보다는 직장생활이 편하면서도 자기 시간이 많고 직장동료로부터 배울 것이 많기 때문이다.

전직하는 회사의 입장에서도 그만큼의 능력, 경험, 비용 대비 가치 창출이 즉시 가능하기 때문에 그들을 선호한다. 그렇다면, 그들은 언제 자격을 취득했을까? 대부분은 회사에 다니면서 취득했다. 그 바쁜 여건을 뚫고 공부를 해서 자격을 얻은 것이다. 그들은 말한다. "회사가 **나를** 버려도 나는 살아남는다고." 삼국지에서 조조도 같은 말을 했다. "세상이 **나를** 버리기 전에 내가 세상을 버리겠다." 결국, 자기계발로 보유한 자격증이 회사를 더 오랫동안 머무를 수 있도록 해준다.

우리는 조직의 성과에 대한 조직 욕구와 개인의 자기실현 욕구 양쪽을 다 만족시켜야 한다. 성과를 향한 사람의 답은 자기계발이다. 이것은 조직목표와 개인 욕구를 합치시키는 유일한 방법이다. 자기계발은 조직 임무와 자기실현의 시너지를 촉발할 수 있는 원동력이 되어, 그 전문적인 지식이 조직의 기회를 만들고, 그것을 직장에서 공헌에 초점을 맞춤으로써 개인 가치를 조직의 성과로 변화시킨다.[2]

파블로 카잘스(Pablo Casals, 1876~1973)는 역사상 가장 위대한 최고의 첼리스트다. 음악 전문가들은 카잘스로 인하여 첼로가 매우 중요한 현악기 중 하나가 될 수 있었다고 평가한다. 카잘스는 삶의 끝자락을 카리브 해의 섬나라 푸에르토리코에서 지냈는데, 90세를 넘긴 이후에도 하루도 빠짐없이 7시간

이상 첼로를 연습했다. 누군가 걱정스럽게 물었다. "선생님은 모두가 인정하는 세계 최고의 첼리스트입니다. 이제 건강도 생각하셔야죠. 100세 가까운 고령이신데도 왜 이렇게 첼로 연습을 많이 하십니까?" 잠시 후 카잘스가 첼로의 C현 소리처럼 부드럽고 웅장한 목소리로 대답했다. "왜냐하면 연습하면 지금도 나의 연주 실력이 조금씩 향상되기 때문이죠."[3]

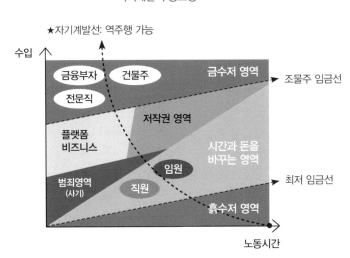

자기계발의 중요성[4]

자기계발의 방향성

무엇을 자기계발 해야 하는가? 공부해야 하는 것과 학습노하우를 얘기한다. 황금알이라는 고귀한 성과를 지속해서 창출할 수 있는 절대강자의 직장인이 있을까? 마치 만화영화에서 배트맨, 원더우먼, 아쿠아맨이 아무리 노력해도 이길 수 없는 적을 단신으로 물리치는 슈퍼맨처럼 말이다. 그런 직장인이 되기 위해서는 끊임없이 노력해야 한다. 타인의 고급능력을 내가 전방위적으로 보유해야 하기 때문이다. 그렇지만 이런 경지에 도달하기 위해서는 매우 지쳐버린다. 그 역량에 비례하는 난제들이 나에게 집중되기 때문이다. 그런데 조직은 시간이 없는 나에게 더더욱 과제수행과 함께 고도역량을 요구한다. 일하려면 역량이 부족하고, 역량을 강화하려면 시간이 없다. 일-역량-시간의 참으로 웃지 못할 삼각관계의 중심에 내가 놓인다. 이를 탈피하는 방법은 자기계발 밖에는 없다. 내 시간을 쪼개고, 수입의 5% 이상은 꾸준히 자기계발 비용으로 사용해야 한다. 자기계발을 무턱대고 진행하지 말고, 공부 또는 학습에 대한 방향성을 먼저 수립해야 한다.

무엇을 공부할 것인가?

① 기초를 익히는 공부: 원리원칙과 기본 콘셉트를 배우기[5]

가급적 정규과정인 대학교, 대학원을 다니기를 권한다. 직장에는 상위로 올라갈수록 Spec이 쟁쟁한 사람들로 가득하기 때문이다. 그때가 되어 그들을 미워하거나 나를 자책할 이유가 없다. 지금이라도 대학교, 대학원에 등록하면 된다. 요즘은 사이버대학도 최고의 수준으로 개설되어 있다. 내가 공부하고 싶은 분야를 좀 더 익히고, 스펙도 쌓을 수 있으니 일석이조의 방법이다.

② **조류를 따라가는 공부: 주요 신문과 비즈니스 잡지 탐독하기**
현재 세상의 이치에 대한 전체의 상을 보며 그에 대한 자신의 의견과 스탠스를 가질 수 있게 된다. 내 업계가 아니니 관심이 없다거나, 내 전문 분야가 아니니 도움이 되지 않는다고 성급하게 단정 짓지 말고 항상 넓은 세계에 호기심을 가지는 자세가 중요하다.[6]

③ **아웃풋을 만들어내는 공부: 구체적인 성과를 만들어 내기**
'기초를 익히는 공부'와 '조류를 따라가는 공부'는 굳이 따지자면 정보화 지식을 흡수하는 '수신형' 공부다. 한편, 이 '아웃풋을 만들어내는 공부'는 '발신형'이라는 커다란 차이가 있다. 발신형이란 공부한 성과를 책이나 논문으로 정리하거나 회사 내부, 혹은 외부에 발표하거나 다른 사람을 가르치는 등 '출구(아웃풋)'가 보이는 공부다. 아웃풋에 도전하는 것은 자신을 단련하고, 가치를 높이는데에 매우 효과적이다. 아웃풋이라는 목표가 명확히 제시되면 공

부의 효율성과 집중력은 몇 배로 향상된다.[7] 공부의 종류와 내가 해야 하는 방안을 구비했다면, 학습하는 방법을 정리해야 한다.

학습에는 ① 일을 통해 배우는 방법, ② 돈을 내고 배우는 방법, ③ 독학의 세 가지 접근법이 있다. 일을 통해서 배우는 방법은 직장인이 모두 진행하고 있고, 비용이 드는 방법도 각자 의도대로 진행하면 되므로 첨언을 생략한다. 사람의 일상에 큰 영향을 미치는 학습은 독학이다. 세상은 종종 T자형 인재를 필요로 한다. 공학 심리학자, 의학 전공 법학자, 사시 패스 경찰관 등 대부분의 혁신은 교차하는 영역에서 발생하기 때문이다. 이 T자의 교차영역에서 혁신을 일으키는 인재의 가장 큰 특징은 '독학자'라는 점이다.

에디슨은 다독자로서 흥미 있는 책은 모조리 섭렵했다고 한다. 특히, 20세 이후 과학과 전기의 주요 논문과 문헌은 거의 독파했다고 한다. 그 지독한 독학 속에 얻은 지식을 토대로 실험을 거듭해 수많은 발명품을 탄생시켰다. 동원그룹의 김재철 회장은 원양어선 선장 시절 배가 항구에 잠시 정박하면 헌책방에 가서 무게를 달아 책을 샀고, 배 안에서 끊임없이 독서를 했다고 한다.

스티브 잡스는 애플 제품 출시에 대해 "인간의 지성에서 자전거와 같은 것을 만들고 싶다"라는 유명한 말을 남겼는데, 이 말은 〈사이언티픽 아메리칸〉의 자전거 기사에서 영감을 얻었다고 한다. 실제로 다윈은 "나는 가치가 있다고 생각하는 것은 모두 독학으로 배웠다"라고 말했다.[8]

자기계발의 방법

첫째, 자투리 시간을 이용하자.

정해윤의 『점심시간의 재발견』에서는 점심시간 10분의 인맥 관리로 1년이면 1백 명의 인맥이 형성되고, 점심시간 15분의 독서로 1년이면 25권의 책을 읽을 수 있고, 점심시간 20분의 파워워킹으로 1년이면 세 살이 젊어진다고 한다. 나시무라 아키라의 『퇴근 후 3시간』, 다카시마 데쓰지의 『잠자기 전 30분』에서는 "**퇴근 이후의 시간 활용이 미래의 성장을 결정한다**"라고 주장한다.[9] 자투리 시간을 블루존의 영역으로 끌어들이라는 의미이다. 블루존은 레드존과 달리 내가 어떤 일을 자기 주도적으로 성취할 수 있는 시간을 의미한다. 시간을 금과 같이 사용할 수 있는 방법은 숨은 시간을 이용하는 것이다. 한 달에 4번 있는 주말들이 모여 나만의 또 다른 창조적인 한 주가 만들어진다. 달력의 세로줄 속에도 1주일이라는 시간이 숨겨진 것처럼. 이 시간을 블루존의 영역으로 끌어들여 자기계발의 속도를 높여야 한다.[10]

둘째, 일기를 써보자.

일기는 나만을 위한 최고의 자기계발 방법이다. 소설 『빙점(氷点, ひょうてん)』을 쓴 일본 최고의 작가 미우라 아야코는 "**3년간 일기를 쓴 사람은 앞으로 뭔가를 이룰 사람이며, 10년간 일기를 쓴 사람은 이미 뭔가를 이룬 사람**"이라고 했다. 사람은 지나간 과거를 되돌아봄으로써 미래를 위한 생각을 정리하고 통찰을

얻기 때문이다.[11] 『현장론』의 저자 엔도 이사오는 15년간 다년식 다이어리를 사용한다.

예를 들어, 3년용이라면 1월 1일 페이지가 세 공간으로 나뉘어, 2년 전과 1년 전이 함께 있는 형식이다. 즉, 3년 동안 같은 날 무엇을 했는지 파악할 수 있다. 이 다년식은 성장 관점에서 자신을 매우 자극한다고 했다.[12] 회사 다이어리에 꼼꼼히 기재하는 것도 방법이다. 또한 요즘은 휴대폰으로 디지털 일기를 쓸 수도 있다. 시간과 인생을 잡아 놓을 수 있는 필적공간이기에 소중하다. 즐거움과 아쉬운 기억들, 그 속에 고귀한 성찰이 있듯이 일기는 가장 저렴하면서도 강력한 자기 동기부여 및 자기계발의 수단이다.

셋째, 내 마음을 컨트롤하자.

존엄하지 않은 고객은 없지만, 아직 무르익지 않은 사업에 귀중한 내 시간이 빼앗기는 영업을 하다 보면 맥이 풀린다. 혹시, 남이 다 망쳐 놓은 것을 내가 치운 적이 있는가? 정말 하기 싫고 명분도 없고 잘 되어도 욕을 먹고 심하면 내가 몰수패를 당할 경우에 놓인 적이 있는가? 또한, 직장에는 도움이 별로 안 되는 라이벌이 항상 있다. 이렇게 마이너스의 고객, 업무, 동료들이 나를 배반하는 상황에서도 나 자신을 잘 회복(Resilience)시켜야 한다.

자기계발의 대가들은 이 회복력이 매우 높다. 마이너스 요소들이 그러건 말건 빨리 플러스로 터닝하여 내 인생에 도움이 되는 방향으로 선회시킨다.

일본의 유명한 보험왕도 싸늘한 고객의 거절을 맛본다. 수억을 버는 세일즈 전문가도 거절은 속이 상하고 열정이 식는다. 이 보험왕은 거절을 당해 마음이 씁쓸해질 때마다 자신의 줄기찬 권유로 마지못해 보험에 가입하고 얼마 지나지 않아 불의의 사고를 당한 고객을 찾아간다. 이 고객은 보험왕의 권유가 없었다면 경제적, 정신적으로 엄청난 위기에 처했을 것이다. 그러니 이 고객에게 보험왕은 은인이나 다름없고, 보험왕 역시 이 고객을 볼 때마다 보람과 기쁨을 느낀다. 이 보험왕 역시 마이너스일 때는 플러스로 채워 곧바로 균형을 맞춘다.[13]

"남을 아는 사람은 지혜롭지만 자기를 아는 사람이 더욱 명철하고, 남을 이기는 사람은 강하지만 자신을 이기는 사람이 더욱 강하다"라는 노자의 명언도 마인드 컨트롤을 의미한다.[14] 모욕과 문전박대를 당하는 상황이 내 자존심을 짓밟을지언정, 자존감은 지켜야 한다. 나아가 이런 모욕과 거절은 미래를 위한 투자라고 생각해야 한다.[15] 그런 대접을 받지 않으려면 술을 먹어서 잊을 것이 아니라, 더욱 자기계발을 해야 한다고 나 자신을 다독여야 한다. 분이 풀리지 않으면 밖에 나가서 뛰어라. 차 안에서 큰소리로 욕을 해도 좋다. 좀 누그러지면 책을 한번 펼쳐보자. 절대로 읽히지 않을 것 같은 독서가 신기하게도 또 읽힌다. 자존심과 자존감의 균형점을 더 향상하는 방법 또한 자기계발이다.

04

자기계발 노하우

우수한 내가 권고사직? 자기계발은 직장에서 롱런하는 유일한 방법이다.

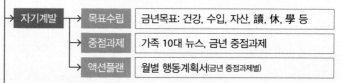

자기계발		
Visioning →	비전수립	인생미션, 좌우명, 부고기사
	인생손익	인생 손익계산서, 대차대조표, 연간자금계획
	5거탑	욕구(자아실현, 존경, 소속감, 안전, 기본)

▶ 인생의 비전을 수립해 보자. 먼저, 내 인생의 미션(승진, 자산, 학업 등)을 수립한다.

▶ 내 미래상을 부고 기사로 작성해 보자. 신문에서 나의 죽음을 애도하는 헤드라인과 함께 업적을 설명하는 과정에서 지금 내가 무엇을 준비해야 하는지를 얻게 된다.

▶ 내 인생을 숫자로 알고 싶다면, 손익계산서와 대차대조표 및 연간 자금 소요계획을 수립하면 된다. 특히 자금을 연도별로 분석하면, 향후 자녀의 출생과 결혼까지를 고려하여 수입과 지출에 대한 명료한 각성을 얻게 된다.

▶ 5거탑은 매슬로의 욕구 5단계를 의미하며, 각 욕구의 목표 및 성과를 기재함으로써 성취감을 높인다.

자기계발		
목표수립	금년목표: 건강, 수입, 자산, 讀, 休, 學 등
중점과제	가족 10대 뉴스, 금년 중점과제
액션플랜	월별 행동계획서(금년 중점과제별)

▶ 올해에는 무엇을 할 것인가? 말로만 하는 것은 의미가 없고, 목표를 수립하자.

▶ 건강, 수입, 자산, 讀, 休, 學 등 구체적인 테마에 대하여 내가 무엇을 할 것인지를 정리해 보자. 글로 써도 되고 이후 그래프로 표현해도 좋다. 목표를 수립하고 나서, 그 목표를 이루기 위한 중점과제를 수립해야 한다.

▶ 금년도 중점과제를 5개 정도 만들고 나서, 월별 행동 계획서를 수립한다. 월별 계획에 대한 액션플랜을 작성하다 보면, 올해에 대한 구체적인 플랜을 확보하게 된다.

▶ 예를 들어, 건강에 대한 다이어트 액션플랜은 월별 1kg 감량이 될 것이다(건강 다이어트: 12kg 월별 1kg 감량). 주의사항은 반드시 구체화 · 정량화해야 한다.

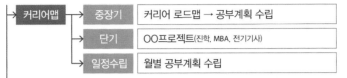

▶ 커리어 로드맵을 작성해 보자. 내 인생을 굵직하게 초, 중, 장기로 나누고, 다시 3년 Term으로 세분화하여, 미래에 나의 직급(나이) 대비 무엇을 학습할 것인지를 기재한다.

▶ 이때 직급(나이)대비 공부할 것과 자격을 취득해야 할 것이 나온다. 거시적으로 앞으로 무엇을 공부하고 취득하고 학습할 것인지를 알게 되는 것이다. 그중 올해에 할 일을 프로젝트로 명명한다.

▶ 예를 들어 노무사를 취득하고자 한다면 전문적인 공부계획이 필요하다. 2년 정도의 기간을 두고 학원, 인강, 문제풀이 등 과목별 월별 학습계획을 수립한다.

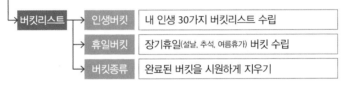

▶ 가장 즐겁고 흥미 있는 자기계발은 버킷리스트를 만드는 것이다. 내 인생의 버킷(건강, 여행, 회사, 봉사, 재테크, Fun 등)을 30가지 만든다.

▶ 도표화(구분, 내용, 목표치, 기한, 진척도, 이룩한 날 등)하면 가장 좋다. 무의미한 연휴(설날, 추석 등)에도 단기 버킷을 만들면 좋다.

▶ 예를 들어, 올레길 5개 정복, 백두산 등반, 마케팅 독서 10권 등이다. 이렇게 버킷리스트를 수립하고 나서, 완성되면 시원하게 지워버리고 이룩한 날을 기재한다. 고생한 나 자신에게 포상을 하고, 다른 버킷에 집중한다.

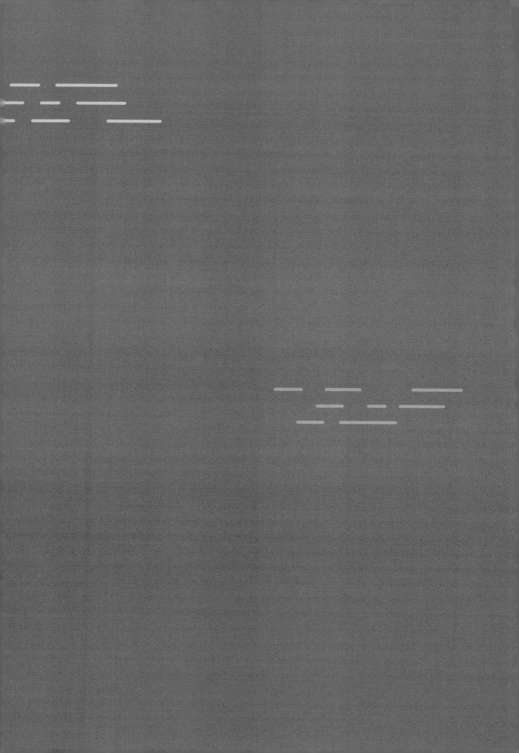

Z세대여, 스마트 에너자이저가 되자

DAY 5

SMART 타워: 스마트한 Z세대 직장인 되기

21단계

1월 10일 금요일 14:30 강원도 속초리조트 / 미래인재상 워크숍

신나는 불금! 일과를 마치고 인사팀은 전원 워크숍 장소로 향했고, 회사의 미니밴을 이용했다. 오후 13시 30분. 차 안에서 속초의 물치항에 파도가 보였다. 장태준은 오랜만에 바다를 보았다. 아름다운 바다 너머로 섬이 보이고, 바다 내음이 후욱하고 호흡기로 들어왔다. 춥지만 아름다운 광경이다. 이윽고 속초리조트에 도착했다. 짐을 풀고 점심을 먹고는 회의실로 집결했다. 14시 30분에 회의는 시작되었다.

 심각한 차장　"아! 바다가 앞인데, 회의라니, 이건 좀 너무한 것 아닌가요? 마치고 소주는 한잔할 수 있죠?"

유별난 팀장 "어제도 오늘도 술이군요. 그래도 횟집 예약은 다 해 놓았습니다." (와아! 환호성이 울렸다.) "그래도 오늘 해야 하는 인재상에 대해서는 마무리를 다 하고 가야 합니다." (순간 모두 조용해졌다.)

 오상실 사원 (장태준을 툭 치며) "이 분위기 어쩔? 아이스링크급인데?"

 나대로 차장 (컴퓨터를 켜며) "이런 냉동 분위기를 완화하기 위해서 제가 준비를 많이 했습니다. 너무 걱정하지 마십쇼. 오늘은 부사장님 지시로 진행되는 우리 회사 인재상에 대하여 Z세대가 함께 공존할 수 있는 리뉴얼을 만드는 것이 목적입니다. 사전에 장태준 씨와 오상실 씨와 함께 검토했고, 두 분이 Z세대가 공감할 인재상을 SMART Tower로 만들어서 저에게 주었습니다. 모두 보시고 나서 프리토킹을 하고자 합니다."

장태준은 빔프로젝터 화면이 준비되는 동안 Z세대에 대한 특징을 설명했다. 아울러, 오상실 씨와 작성한 스마트타워도 설명했다.

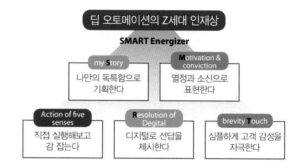

 장태준 사원 "나 차장님과 화요일에 사전미팅을 했을 때,
스마트타워와 함께 S.M.A.R.T의 약자로 키워
드를 만들기로 했습니다. 먼저 스마트한 시대
에 필요한 인재상을 스마트타워라 합니다. 스
마트타워에서 원하는 Z세대의 인재상은 스
마트 에너자이저(SMART Energizer)로서, 내 스
토리로 소신과 열정을 가지고, 행동과 해결을
하고 간결하게 소통하는 인재를 의미합니다."

 강 단 대리 "좀 헷갈리는데, 도식화한 자료는 없습니까?"

 오상실 사원 "네, 있습니다. Z세대 인재상인 스마트 에너
자이저를 도식화해 보았습니다. 화면의 도표
를 보시죠. 아울러, S.M.A.R.T는 각각 Z세대

의 특징이 담겨있는 키워드로 작성했습니다. 이 다섯 가지의 키워드는 Z세대가 갖추어야 할 핵심역량이라고 보시면 됩니다."

유별난 팀장 "기존의 인재상의 키워드는 혁신, 성과, 도전입니다. 그 키워드는 이제 버릴 건가요?"

나대로 차장 "네, 팀장님. 저도 그 질문에 대한 답을 함께 고민해봤습니다. 기존의 인재상은 3년 전에 저희가 전사 워크숍을 통하여 제정한 것으로서, 기본적인 인재상으로 일단 놔두고자 합니다. 본 자료는 부사장님이 지시한 Z세대들을 위한 인재상으로 별도로 만들었고요. 아시다시피 Z세대들은 꼰대 문화를 싫어합니다. 그렇다고 기업이 한없이 그들을 위해 뒷받침할 수는 없고요. 조직문화에 Z세대가 잘 적응할 수 있게 하는 것이 중요합니다. 그렇게 하기 위해서는 현실에 맞게 별도의 인재상도 준비가 되어 있는 것도 좋은 방법이라 사료됩니다. 아울러, 요즘 Z세대들은 유튜브로 소통합니다. 스마트인재상도 홈페이지에

유튜브로 업로드하면 인재채용에 더욱 효과
가 있다고 사료됩니다."

유별난 팀장 "스마트 에너자이저라. 그것은 무슨 의미가
있나요? 조직에 S.M.A.R.T를 열정적으로 제
공하는 사람이라는 의미인가?"

장태준이 따뜻한 아메리카노를 준비했다. 심 차장이 아메리카노
를 한 모금 마시면서 인상을 썼다.

심각한 차장 "아우, 쓰다. 그 밑에 있는 키워드에 대하여
누가 설명 좀 해봐요."

오상실 사원 (빔 포인터로 화면을 짚으며) "마이 스토리는 내
의견을 기획하는 것입니다. 모티베이션은…"

모두 오상실의 설명을 끝까지 들었다. 심 차장은 이제 저 정도면
되었으니까, 회 한 접시 하러 가자고 부추겼다.

유별난 팀장 (눈살을 찌푸리며) "음, 나 차장님. 스마트타워에
서 S.M.A.R.T에 대한 정의는 저것이 전부인

가요? 너무 간략한데? 이걸로 마무리를 지을
수는 없잖아요."

나대로 차장   (새로운 화면을 띄우며) "제가 이것만 준비했겠습
니까? 스마트타워와 함께 공존할 SMART차
트입니다. 이 빈칸을 함께 채우고 각각의 인
재상에 대하여 논의하면 됩니다."

심각한 차장   "아니, 이것도 미리 준비를 안 해오고 이 자
리에서 채우라니, 너무하네. 나 차장. 준비를
왜 이렇게 안 해왔는가?"

나대로 차장   (커피를 한잔 마시며) "이 차트를 만드는 데에만
저와 장태준, 오상실 씨가 2시간을 공들였습
니다. 이 빈칸은 여기에서 함께 채워야 워크
숍을 개최한 의미가 있고 이따 저녁때 회도
달지 않겠습니까?"

심각한 차장   (회 얘기가 나오자 입맛을 다시며) "어? 그래? 그럼
얼른 진행합시다. 스마트차트 거 금방 짜면
되지 뭐."

Z세대 인재상		정의	핵심내용	현대 키워드
S	my Story	나만의 독특함으로 기획한다	내 스토리	마이싸이더
M	Motivation & conviction	열정과 소신으로 표현한다	열정, 소신	소피커
A	Action of five senses	직접 실행해보고 감 잡는다	오감만족 행동	실감세대
R	Resolution of Digital	디지털로 선답을 제시한다	디지털 해결	유아독존
T	brevity Touch	심플하게 고객 감성을 자극한다	간결한 공감	인포그래픽

그렇게 해서 스마트차트를 작성했다. 인사팀은 두 시간 동안 자료를 작성했고, 마무리된 자료를 서로 확인했다. 인사팀에서 Z세대 인재상에 대한 큰 그림을 작성한 것이다. 이 내용에 대한 세부적인 사항을 검토하기로 했다.

my Story: 나만의 독특함으로 기획한다

22단계

 나대로 차장 "장태준 씨, 오상실 씨. my Story에 대하여 얘기해 봅시다. 먼저 장태준 씨는 '스토리'를 어떻게 생각하는가?"

 장태준 사원 "스토리는 기획의 원천으로서 회사에서 가장 중요하다고 생각합니다. 스토리가 돈이 되기 때문입니다. 우리 회사도 업력과 조직문화, 레퍼런스 등은 스토리와 관련이 있습니다. 제가 생각하는 Z세대의 스토리는 마이싸이더입니다."

심각한 차장 "마이싸이더? 그게 뭐지?"

 오상실 사원 (쿠키를 한 조각 입에 넣으며) "신조어로서 My(나의) + Side(~을 중심으로 한) + er(사람)를 의미합니다. 즉, 내 안의 기준을 세우고 따르는 Z세대를 말하며, 안정적인 것보다는 좋아하고 잘할 수 있는 것, 결과보다는 노력을 택하는 것을 의미합니다."

 심각한 차장 (냉소를 지으며) "회사 일을 내가 잘할 수 있는 것만 한다면 얼마나 좋겠는가? 실제로는 그렇지 않아. 어떻게 잘하는 것만 하면서 직장 생활을 해. 그리고 결과가 중요하지 어떻게 노력한 것이 중요한가? 결과가 없으면 망하는데. 또 내 안에 기준을 세운다는 것도 말도 안 되는 거야. 회사에는 엄연한 기준이 있어. 그런 기준을 무시한다면 막말로 우리 인사팀이 왜 필요한가? 이것을 인재상으로 한다면 웃기는 얘기라고. 안 그래?"

심각한 차장이 강 대리를 바라봤다. 강 대리는 난처했다. 사실 심 차장의 얘기가 아주 틀린 말은 아니었다. 아무리 Z세대를 위한다고 해도 기성세대들과 어울려야 조직문화가 비로소 융합되는 것이다.

 나대로 차장 "심 차장님, 간단하게 생각하시죠. 신규입사자들이 틀에 얽매이지 않고, 회사를 위해 도전하기 위해서는 자신의 기준을 세우라는 의미입니다. 저도 과장을 달기 전까지는 소신 있는 말을 한마디도 못 했어요. 그런데 요즘은 어떻습니까? 자유롭게 의사토론을 하잖습니까? 장태준 씨와 오상실 씨가 서칭을 통해서 정확하게 주는 정보들에 저도 의존을 많이 합니다. 나의 기준을 세우고 나의 스토리로 대결한다는 말은 그런 뜻이지, 회사의 기율을 저버리겠다는 게 아닙니다."

 유별난 팀장 (커피를 한 모금 마시며) "그래, 그럼 마이 스토리를 어떻게 수립할 수 있지? 핵심키워드가 뭐야?"

오상실 사원 "장태준 씨와 얘기를 해보았는데, **기획**과 **스토리텔링**입니다. 기획은 본질을 직시함과 동시에 신선해야 하고, 스토리텔링은 고객의 마음을 빼앗아야 합니다."

심각한 차장 (턱도 없다는 표정을 짓다가 고개를 끄덕거리며) "스토리가 고객의 마음을 뺏는다는 말은 참으로 공감이 가는군. 마치 게임처럼 말이야."

본질을 꿰뚫는 방법: 기획

나만의 스토리를 만들기 위한 기획은 본질을 꿰뚫어야 한다. 즉, 기획은 과제의 핵심을 잡고 스토리를 만드는 것이 중요하다. 본질에 접근하기 위한 가장 중요한 요소는 명쾌(明快)함이다. 명쾌함은 말이나 글이 명백하여 시원하다는 의미이다.[1] 『성과의 가시화』의 저자 엔도 이사오는 이렇게 말했다. "명쾌함이란 사물의 본질을 간파하고 무엇이 가장 중요하며 적절한지를 꿰뚫어 보는 능력이다."[2] 그렇다면, 본질을 꿰뚫는 명쾌한 능력은 어떻게 양성할 수 있을까? 그 단련법으로서 기록을 구체화하고, 관점을 다각화하며, 정보를 축적해야 한다.

첫째, 기록하여 구체화해야 한다.

가능한 한 많은 종이를 사용하여 머릿속의 다양한 정보와 아이디어, 모순점을 적어본다. 사고를 심화하기 위하여 먼저 종이에 적어서 자신의 머릿속에 있는 정보와 사고를 밖으로 꺼내 구체화하는 것이 중요하다.[3] 인류를 빛

낸 스피치는 기록의 산물이다. 머릿속에 말할 내용이 깔끔하게 정리되어있기 때문에 말로 유연하게 표현할 수 있는 것이다.[4] 기록의 구체화는 본질을 꿰뚫기 위해 시간을 절감할 수 있는 최선의 방법이다.

둘째, 관점을 3차원화해야 한다.

"저 사람은 언제나 신선한 의견을 말하는 군." 이런 소리를 듣는 사람이 여러분 주변에도 분명히 있을 것이다. 그런 사람은 시야·시점·관점의 세 가지를 항상 변화시키면서 대상을 다방면으로 포착하는 '보는 방법의 기술'을 가졌다.[5] 그중 관점을 3차원화하면 X축(상대방의 숨은 의도), Y축(나의 실제 상태), Z축(향후 방향성)을 다각화할 수 있다. 관점의 3차원화는 적지 않은 시간과 노력이 소요되지만, 다른 각도에서 본질을 볼 수 있는 힘을 배양하는 척도가 된다.

셋째, 정보를 축적해야 한다.

해결해야 할 문제에 정보를 축적하라. 깊이 읽으면 반드시 폭이 좁아지고 지식은 전문화된다.[6] 이때, 눈앞의 세계를 받아들일 것이 아니라 다양하게 비교하고 상대화해야 한다. 그렇게 함으로써 보편성을 검증하게 되며, 두꺼운 정보축적은 그것을 검증하는 렌즈의 역할을 한다.[7] 본질을 꿰뚫는 질문 역시 정보에서 나온다. 정보축적은 시간과 노력이 소요되지만, 본질에 다가서서 오랫동안 내 가치를 유지하게 한다.

내 안의 나를 깨우기: 아웃 오브 박스

경직성 즉, 사고의 껍질을 부수고 나오는 것을 '아웃 오브 박스(Out of box)'라고 한다. 우리는 기존의 '상자'에서 의식적으로 뛰쳐나오려고 노력해야 한다. 누구나 자신도 모르는 사이에 상식과 정설이라는 기존의 '상자'에 갇혀 버리기 쉽다.[8] 사람은 경험을 쌓을수록 '상식'의 지배를 받게 된다. '상식'은 안정을 추구할 때는 평탄한 트랙이지만, 불연속적인 변화나 창조를 추구할 때는 반대로 허들로 작용한다. 자기도 모르는 사이에 '상식'이라는 고정관념에 사로잡히게 되고, 그것이 고착화되면 그러한 사실조차 깨닫지 못하게 된다.[9]

직장에서 회식하면, 고참들은 어느덧 옛이야기를 늘어놓는다. "10년 전에", "소싯적", "이건 해봐서 아는데" 등등. 고참은 자신의 경험담만큼 재미있는 것이 없다. 왜냐하면, 그때는 이 자리에 아무도 없었으니까. 누구도 반론을 제기할 수 없는 옛이야기를 하면 내 스토리가 먹혀서 집중을 받는다고 생각하기 때문이다. 하지만 그걸 듣는 동료는 지겹고 괴롭다. 그래서 고참과 함께하는 회식은 즐겁지 않다. 고참은 정보에 민감하고 새로운 정보를 얘기해야 한다. 신정보와 유연한 사고를 배제한 경험을 상식과 정설로 오인하면 꼰대가 되는 것이다.

새로운 것을 만들어내는 것은 창조이지만, 새로운 의미를 발견하는 것은 유연성이다. 이 유연성은 다른 이들이 저항감을 나타내는 의미에 높은 가치가 숨어 있을 가능성이 있다고 생각하는 것이다. 발표자도 발표하다 보면 누군가가 PT의 약점을 건드린다. 사전 리허설에서 그 약점이 발견된다. "그 부분만 지나가면 심의를 무사히 통과할 텐데"라고 생각했는데, 어김없이 그 약점에 대한 예리한 질문이 들어온다. 그러면 즉시 저항감으로 언변이 떨리거나 높아지면서 되받아치는 과정에서 감정이 섞인다. 잘 생각해 보라. 그 저항감 속에 높은 가치가 있는 것은 아닐까? 그 저항감을 유연하게 받아들인다면 생각지도 못한 귀한 기획이 나올 수 있다. 바로 역발상으로 해답을 만드는 것, 약점을 강점으로 전환하는 것이다. 내 상식의 틀을 깨면 고귀한 스토리를 만들어 낼 수 있다.

나만의 개성 있는 스토리: 스토리텔링

나만의 스토리를 만들기 위해서는 스토리텔링을 해야 한다. 스토리텔링은 스토리(Story)와 텔링(Telling)의 합성어로 상대방에게 알리고자 하는 바를 재미있고 생생한 이야기로 설득력 있게 전달하는 행위이다. 청자의 마음을 움직이는 스토리텔링은 다음의 세 가지가 중요하다.[10]

첫 번째, '콘텐츠'이다.

자신의 의도를 명확하게 제시해야 한다. 자신이 전하고자 하는 의도가 무엇인지 모른다면, 애초에 전하고자 하는 '콘텐츠(내용)'가 부족하거나 정리되지 않고 뒤죽박죽이라 '공감'을 얻지 못하는 경우가 매우 많다. 예를 들어 회의나 세미나 등에서 다른 사람에게 무엇인가를 설명할 때 슬라이드나 보고서에 '적혀있는 내용'과 입으로 '말하는 내용'이 다른 경우에는 일관성과 적합성이 부족하기 때문이다. 따라서 참신한 콘텐츠를 일관성 있게 사용해야 한다.

두 번째, '메시지'이다.

자신이 전하고자 하는 내용을 명확하게 표현해야 한다. 만일 자신이 전하고자 하는 내용이 제대로 압축돼 있지 않다면 수신자는 갑자기 사라진 영상 한 컷을 찾게 된다. 즉 영화에서 필름이 끊기는 현상을 느끼게 되는 것이다. 항상 수신자가 이해할 수 있는 허용량과 흥미, 관심을 고려해 '메시지'를 다듬어야 한다. 아울러 '메시지'가 너무 많다고 생각되면 축약하여 제시할 줄 알아야 한다.

세 번째, '표현'이다.

전하려는 의도가 상대방에게 효과적으로 전해져야 한다. 그렇게 하기 위해서는 언행을 고도화하여 자신감 있게 표현해야 한다. 즉, 자신이 전하고자 하는 바가 효과적으로 전달되어야 한다. 성과의 달인은 탁월한 스토리텔러인 경우가 대부분이다. 그들은 설명하는 대신에 이야기를 한다. 같은 메시지라도 은유법, 의인법, 대조법, 경험담을 섞어서 듣는 이로 하여금 알아듣기 쉽게 메시지를 전달하는 것이다. 그 속에 교훈이 있고, 다시 그 속에 본인이 주장하는 전략적 메시지를 넣는다. 이런 스토리의 논리적 공격을 정면으로 돌파하기는 쉽지 않다. 그만한 스토리를 생각해 내어 설득해야 하기 때문이다. 고전을 많이 읽어야 하는 이유가 바로 그것이다. 일본의 육사 시험 주관식에 자주 출제된 **"삼국지의 등장인물 100명을 쓰시오"**라는 문제도 고전의 중요성을 내포한다. 삼국지를 10번 이상 읽어야 답을 낼 수 있기 때문이다. 로마 이야기, 삼국지, 초한지, 손자병법 등의 전쟁고전은 과거의 스토리를 통해 현 과제를 해결하는 데 탁월한 식견을 제공한다.

Motivation & conviction: 열정과 소신으로 표현한다

23단계

1월 10일 금요일 16:00 강원도 속초리조트 / 미래인재상 워크숍(계속)

강 단 대리 "장태준 씨, 오상실 씨. Motivation & conviction을 얘기해 보시죠. 모티베이션은 흔히 열정이니까 잘 알겠는데, Conviction은 무엇인가요? 이것이 Z세대에게 그렇게 중요한 단어인가요?"

장태준 사원 "네, 대리님. Conviction은 소신을 의미하며 정말 중요한 단어입니다. 그래서 Z세대를 소피커라고 표현합니다."

심각한 차장 (빔 포인터를 소피커라는 단어를 향해 둥글게 움직이며) "소피커? 저거 오자 아닌가? 스피커를 잘못

쓴 거 아냐? 나 차장, 팀장님 보시는데 오탈자 점검 안 했나?"

나대로 차장 (심 차장의 질문에 실실 웃음이 나왔다.)

오상실 사원 "네 심 차장님. 소피커가 맞습니다. 소피커란 所(바 소) + Speaker(말하는 사람)로서 자신의 소신을 거리낌 없이 말하는 Z세대를 의미합니다. Z세대들은 아무리 작은 사안이라도 자신이 생각하는 가치를 스스럼없이 전하는 것이 특징입니다."

심각한 차장 "그래? 이거 다 있는 단어인가?"

오상실은 화면에 포털사전을 열었다. 소피커가 명확하게 나왔다. 심 차장은 화면을 바라보며 무척 신기해했다.

심각한 차장 "아니, 이런 단어가 포털사전에 등재되어 있다니? 참으로 놀랍군."

유별난 팀장 "Z세대가 향후 세상을 리드한다는 반증이죠. 이렇듯 이제 누가 가치를 창출하고 향후 경제력이 우수해지는 고객인가를 기업들이 잘 알고 있다는 겁니다. 인사팀도 Z세대의 인재를 채용하고 육성하여 기업에서 잘 성장하도록 하는 것이 목적입니다."

나대로 차장 "장태준 씨. 소피커를 지향한다면, 상사의 의견도 필요가 없다는 것인가? 직장생활에서는 그렇게 하면 왕따를 당할 텐데."

심각한 차장 "나 때는 말이야, 열정이 최고였어. 열정 없이 어떻게 회사에서 일을 하는가? 요즘 세대들은 회사가 공부를 시켜주면서 일을 배우게 하잖아. 그래서 열정페이라는 단어가 나왔고. 나는 개인적으로는 열정페이가 나쁘다고 보지 않아. 어떤가?"

오상실 사원 (눈살을 찌푸리며) "심 차장님. 제 생각에는 연봉과 성과를 거래하는 곳이 직장이라면, 일을 한만큼은 급여를 받아야 한다고 생각합니다. 열정페이는 급여에 열정을 더한다는 의미로서 거래의 공정성이 부족하다고 사료됩니다."

심 차장은 무슨 말을 하려다가 참았다. 순간적으로 욱했지만, 오상실의 말이 합리적인 답변이었기 때문이다. 분위기를 전환하기 위해 장태준이 말을 이었다.

 장태준 사원 "제가 소피커에 대하여 좀 더 말씀드리겠습니다. 물론 상사의 말에 지속적인 반박을 하는 것이 소신은 아닙니다. Z세대가 말하는 소신은 책임감과 관련된 단어입니다. 즉 명확한 근거 없이는 소신이 생기지 않습니다. 예를 들어, 일전에 부사장님 간담회 시 건의 사항을 말하라고 했을 때 제가 직원휴게실과 영업직 전원 법인카드 지급을 말씀드렸는데, 신입사원이 너무 나댄다고 핀잔을 받았습니다. 그렇지만 결국 두 가지 모두 실행됐습니다. 직원휴게실은 점심시간에 직원들이 휴식할 수 있으므로 모두 즐거워했고, 영업직도 품위와 편리함이 향상되었다며 좋아했습니다. 물론, 회사에도 이득이 되고요. 이러한 소신 있는 말을 하는 것이 소피커라고 생각합니다."

심 차장도 고개를 끄덕였다. 분명 기성세대들은 부사장 앞에서 아무 얘기도 하지 못했다. 기안과 협조문에 익숙한 관리문화이므로 결재상신을 통하여 과제수행을 주로 했기 때문이었다.

 유별난 팀장   "오늘 우리 X, Y세대가 Z세대에게 공감이 많이 되는 자리입니다. 소피커. 참으로 **열정, 책임감, 소신** 있는 단어라고 생각되네요."

세상을 지배하는 힘: 열정

열정의 기원은 아리스토텔레스의 저서 『변론술』에 잘 나와 있다. 사람을 설득하고 행동을 변화시키기 위해서는 로고스(Logos: 논리의 어원), 에토스(Etos: 윤리의 어원), 파토스 이 세 가지가 필요하다고 했는데, 그중 파토스(Pathos)가 열정의 어원이 된다. 아리스토텔레스는 열정이 사람의 마음을 움직이는 열쇠라고 생각했다.[1] 열정 어린 사람은 에너지와 호기심이 넘치며 이 세상은 새롭고 신기한 것이 가득하다고 생각한다.

전 모토로라 회장인 로버트 갈빈(Robert Galvin)은 70대의 나이가 무색할 만큼 주말에는 윈드서핑을 하며 시간을 보낸다. 세계적인 건축가 프랭크 게리(Frank Gehry)는 1929년생이지만 아이스하키를 한다. 그들은 '내일은 어떤 일이 있을까?' 하고 소풍을 기다리는 초등학생처럼 설레는 마음으로 매일 잠을 청했다는 현대그룹의 故 정주영 회장과 일맥상통한다. 그들에게 세상은 좋은 일만 있는 것이 아니라, 해결해야 할 문제와 숙제를 상상할 수 없을 만큼 어깨에 지고 살았다. 그러나 그들에게는 열정이라는 에너지가 그 모든 것을 감당하고 남았다. 그렇기에 그들에게 이 세상은 마치 끝없는 축제처럼 느껴졌다.[2] 그래서 잭 웰치(Jack Welch)는 GE의 회장 시절, 리더의 덕목을 묻는 기자의 질문에 4E, 즉 **열정**(Energy), 격려(Energize), 결단력(Edge), 실행력(Excution)을 들었다. 잭 웰치는 그중에서도 '열정'을 가장 첫 번째의 덕목으로 생각했다.[3]

살아남은 열정의 예제가 또 있다. 시드니 리텐버그(Sidney Rittenberg)는 공산주의 중국에서 자그마치 16년간이나 독방에 구속되었다.

"그들은 원을 그려서 날 가두고 이단자, 반역자, 범법자라고 말했지만, 나는 사랑과 위트를 가지고 원을 그려서 오히려 그들을 가뒀네."[4]

출옥하며 그가 한 말이다. 감옥은 오히려 열정이 가득한 리텐버그를 해방시켰다.[5]

레오나르도 다빈치도 수기에 다음과 같이 기재했다.

"식욕을 잃어 억지로 먹는 것이 건강에 해로운 것처럼, 열정이 수반되지 않은 공부는 기억을 훼손하며, 기억한다고 하더라도 그 기억을 보존하지 않는다."[6]

열정으로 가득한 사람이 결국 존경받는 성과를 도출하는 이유는, 열정이 그들의 일관성과 성과집중력을 강화했기 때문이다.[7] 이들이 역사 속에서 현세에 위인으로 추앙받는 이유는 한결같이 열정을 보유했다는 것을 증명한다.

소신을 뒷받침하는 힘: 책임감

일의 시작은 책임감이다. 직장에서 책임소재 없이 성과를 내는 경우는 없다. 만일, 책임도 없는 일이 완수되는 것은 그 일이 평범하거나 사소하기 때문이다. 책임질 사람이 없거나 너무 많다는 건 모두 책임회피를 하기 위한 꼼수다. 일의 소유권 차원에서 전혀 다른 결과를 내기 때문이다. 내가 책임지는 일에는 내 이름이 쓰여 있다. 그래서 지식노동자의 경우, 작업 후 출력하여 내용을 재확인하고 아이디어를 첨삭하는 과정을 반복한다. 지식노동자에게 오탈자는 작성자의 치밀함과 책임성을 함께 확인할 수 있는 가늠자이다. 오탈자의 횟수만큼 책임성이 부족한 것이다.

실적이 부진한 사람들은 책임질 필요가 없는 근무환경에서 잘 산다. 마감기한을 못 지키고, 실적이 없고, 미흡한 의사결정과 기대에 부족한 행동에 대하여 결코 책임을 지지 않도록 만드는 것이다. 그들은 언제나 어떤 일과 타인에게 책임을 돌리고 변명한다.

책임감 없는 행동[8]

① 남 탓하기 ② 실적 부진 합리화 ③ 변명하기 ④ 문제회피 ⑤ 징징대기 ⑥ 일 되는대로 내버려 두기

책임감을 높이는 세 가지 행동은 다음과 같다.[9]

첫째, 한다고 한 일은 반드시 끝내자.

내 입에서 일을 마무리하겠다고 내뱉었다면 반드시 끝내는 습관을 들여야 한다. 일을 생물로 표현하면 단세포가 아니라 대부분 다세포로 이루어져 있다. 즉, 여러 가지 문제가 복합적으로 합쳐져 있어, 각각 해결하여 합산해야 하는 경우가 다반사다. 그 일을 수행하기 위해서는 최종성과물을 그리고 일을 쪼개어야 한다. 그 과정에서 절대적인 시간이 필요하다. 내가 그 시간 내에 일을 완수하겠다고 했으면, 반드시 끝내야 한다. 내가 책임지기로 한 시간까지 마치는 것이 급여를 받는 자의 책무이자 자존심이다.

둘째, 타인의 핑계를 대지 말자.

"그 일은 마무리했는가?"라는 질문에, 전후좌우의 타부서나 동료의 미흡함에 핑계를 대는 이들이 있다. 내가 그 일을 책임지기로 했다면, 타부서나 동료의 미흡도 내 소유이다. 그것까지 고려하여 내가 확언을 해야 했고, 만일 잘못됐다면 반드시 다시 정정 보고를 해야 한다. 그 일의 마감기한에 도래하여 안된다고 말하는 것은 변명과 핑계에 불과하다.

셋째, 내가 솔선하여 책임진다.

종료 시간에 임박하여 "이것 마치고 집에 가라"고 얘기하면서 먼저 퇴근해버리는 얄미운 상사가 종종 있다. 책임은 던진다고 이루어지는 것이 아니다. 리더는 본인이 먼저 책임지고 솔선하는 자세를 보여야 한다. 아울러, 본인이 맞추기로 한 기한에 제대로 된 과제를 제출하지도 않으면서 "제가 일과시간 이외에 일을 해야 합니까? 밤새워 일하란 말입니까?"라고 묻는 담당자도 있다. 그럼 상사가 되묻는다. "누가 밤을 새우라고 했는가? 본인이 판단해라. 본인 책임하에 일찍 끝내고 싶거나 시간이 촉박하면 밤을 새우고 말고는 자유의지다." 답을 내야 할 담당자가 제대로 된 아웃풋 없이 상사에게 질문한다는 것은 어불성설이요, 본인의 책임을 망각하는 것이다.

나에 대한 신념: 소신

소신은 굳게 믿는 것을 의미하며, 신념, 신조, 견해와 동의어이다. 우리는 회의 석상에서 해야 할 말을 소신 있게 해야 한다. 무엇을 명확하게 짚고 넘어가야 하는지를 잘 아는데도 관대하게 사안을 바라보다 보면 무딘 결과를 양산할 뿐이다. "여러 가지가 방향성이 있다"라고 아는 척하며 말하면 숭고한 지식인으로 보일지도 모른다. 하지만 이런 태도는 궁극적으로는 지적 태만으로 이어진다. 차이를 발견하고 그 차이가 생긴 구조적인 요인까지 파고들어 이해해야 내 것이 된다. 이렇게 파고드는 일이야말로 진정한 의미에서 다른 사람에 대한 존중이다. 차이를 무감각하게 수긍하는 태도는 모두에게 악영향이 된다.[10]

의견이 있다면 술자리가 아닌 회의에서 말해야 한다. 하지만, 회의에서 자신의 의견을 제대로 피력하는 사람은 매우 드물다.[11] 회의 석상의 대화에서, 경영진과 나는 모두 참정권을 가진다. 할 말이 있다면 예의를 갖추어 거침없이 말해라. 이런 자리를 통해서 자신의 역량을 상사나 주위에 알리고 동시에 자신의 내적 성장을 이룰 수 있는 일거양득의 묘수이다. 회의 석상에서 공식적으로 말하고, 토론하고, 답변을 듣는 과정을 거치면 자신도 모르게 사물을 바라보는 눈이나 성과 창출을 위한 아이디어가 한 단계 성숙해진다.[12] 내가 던지는 대화에서 다른 이들이 더 좋은 아이디어를 보탤 수도 있다. 아울러 질문과 답변을 하는 동안, 회의에 참석한 고위층에게는 숙고하고 의사결정을 할 수 있는 시간을 부여해 주게 된다.

　분위기가 어색하다고 내 의견을 쉽게 포기하지 말자. 끝까지 주장을 비추고 노력해야 나중에 후회가 없다. 사람은 후회가 생기면 납득이 안 되고 의문이 생긴다. 우리는 그런 의문이 없도록 반대의견의 본질까지 속 시원하게 파고 들어가야 한다. 반대를 위한 반대를 하는 것이 아니다. 사안의 핵심에 대하여 도저히 이해가 가지 않는데도 과묵할 필요는 없기 때문이다. 회사의 프로젝트이기에, 회의록에 서로 서명하고 확정하기 전까지는 나도 확인을 할 의무가 있다. 건실한 결과를 낸 성과물에서 견제가 부족한 경우는 없다.[13] 그렇지만, 자신의 의견을 소신 있게 개진하고, 치열한 토의를 하여 결론이 도출됐다면 그다음에는 결정된 사항에 대하여 적극적으로 지원하고 협력해야 한다. 회의 결과에 대하여 나 자신이 승복하고 조력함과 동시에 내 숙제는 내가 책임져야 한다. 이 과정에서 내가 행하는 의견 개진-토론-결정은 모두 귀중한 학습의 기회가 된다.[14]

Action of five senses: 직접 실행해보고 감 잡는다

24단계

 심각한 차장 "장태준 씨, Z세대가 참으로 흥미롭군요. 신조어들이 벌써 이렇게 기성세대를 압도하다니, 다음은 Action of five senses인데 Five Senses는 무엇을 의미합니까? 오감 아닌가? 왜 오감이 들어가지?"

 장태준 사원 "Z세대는 시각, 청각, 후각, 미각, 촉각의 다섯 가지 감각이 모두 흡족한 것을 오감 만족이라고 하며, 어떤 일을 할 때 온몸으로 체감하는 것을 의미합니다. 그래서 Z세대를 실감 세대라고도 합니다."

나대로 차장 (티스푼을 저으며) "실감 세대? 실감 세대는 뭔가요?"

오상실 사원 "實感(실감) + 世代(세대)가 합쳐진 말로서, 오감을 만족시키는 현실 같은 감각에 끌리는 Z세대를 의미합니다. '실감 세대'는 실감 나는 경험을 소비함으로써, 내가 지금 이곳에 '존재'하고 있음을 '실감'하는 세대라는 뜻입니다."

유별난 팀장 "그렇다면 <u>의사결정</u>과 <u>실행</u>을 하기 전에 실감이 나야 하겠군요."

의사결정의 중요성

조사기관에 따르면, 직장인은 하루에 약 150건 정도의 의사결정을 하면서 살아간다고 한다. 그렇게나 의사결정을 많이 하던가? 아침부터 일어날까, 조금만 더 잘까, 밥을 먹을까 말까, 냉장고에서 무엇을 꺼낼까, 몇 시에 나갈까 등. 고민과 선택의 행위는 모두 의사결정이다. 의시결정이란 개인적으로는 자기 생각을 명확하게 하는 의미나, 조직에서는 활동방침을 결정함을 의미한다. 포괄적 의미로 경영자가 조직목표를 달성하기 위한 전체적인 프로세스를 통틀어 말하기도 한다. 그렇기에 회사에 나쁜 결정은 궁극적으로 주주에게도 나쁜 결정이 된다.[1] 최고경영자의 의사결정은 어제 발생한 위기를 해결하는 것이 아니라 오늘과 다른 내일을 만들어나가야 한다는 것이다.[2]

경영자는 성과를 올리기 위한 의사결정을 내려야 한다. 성과를 올리는 경영자는 아주 많은 의사결정을 내리지는 않는다. 그들은 중요한 의사결정에만 집중한다. 개별 문제 해결에 관해서가 아닌 전략적, 기본적인 것을 생각하려 한다. 고도로 개념적인 이해에 근거해 의사결정을 내리려 한다. 불변의 것을 보려 하는 것이다. 따라서 그들은 의사결정의 신속함을 중시하지 않는다.[3] 판단에 있어서 신속함보다 깊게 보는 것이 중요한 요소이다. 수십 겹의 페이스트리를 심층적으로 들여다보고 이것은 먹음직스러운 빵이라는 결론을 내는 것과 같다.

사업도 마찬가지다. 사업 구도, 개발, 수익, 비용, 일정, 각종 허가, 시공 등의 수십 겹을 심층적으로 꿰뚫고 먹음직스러운 사업이라는 것을 확인하여 투자라는 의사결정을 하는 것이다. 그렇다면 누가 결정을 하는가? 참으로 우문(愚問)이 아닐 수 없다. 당연히 최고경영자라고 생각할 것이다. 하지만 의사결정에서 '지식에 의한 권위'는 '지위에 의한 권위'와 똑같이 정당하고 필연적이다. 즉 지식자의 의사결정은 최고경영자의 의사결정과 본질적으로 같다.[4] 그래서 최고경영자는 의사결정 전에 해당 과제의 최고전문가(지식자)와 상의한다. 그의 지식을 통해 통찰하기 위함이다. 결국 지식자와 최고경영자의 의사결정은 대부분 동일한 방향을 향한다.

미국에서 가장 뛰어난 CEO였던 잭 웰치는 그의 자서전에서 5년마다 "지금 무엇을 해야 하지?"라고 자신에게 질문했다. 그리고 그때마다 새롭게 우선순위를 다시 매겼다. 그는 우선순위에 오른 2~3개의 과업 중 자신이 집중할 것을 고른 후, 나머지는 위임했다.[5] 강물에서 수영함과 동시에 밥을 먹을 수 있는가? 평상시 생존을 위해서는 밥이 중요하지만, 깊은 강에서는 수영이 더 우선순위이다. 수영으로 강을 건너고 나서 밥을 먹어야 한다. 당연한 얘기지만 최고경영자의 입장에서는 모든 것이 급한데 최우선 과제가 무엇인지를 알고 있어야 한다.

최우선 순위를 결정하기 위한 세 가지 원칙[6]

① 과거가 아니라 미래를 선택한다.

② 문제가 아닌 기회에 초점을 맞춘다.

③ 변혁을 가져올 수 있도록 조준을 높게 맞춘다.

과거보다 미래를 직시하여 의사결정을 해야 한다. 과거 속에 살다 보면, 꼰대가 되는 법이다. 경영진이 참석하는 위원회에서는 문제에 대한 해결보다는 사업 기회에 대하여 주로 논의해야 한다. 기회는 미래를 지향하는 통로이

기 때문이다.

아이젠하워가 대통령에 당선되었을 때, 전임자 해리 트루먼은 말했다. "**불쌍한 아이젠하워. 장군 시절에는 명령만 내리면 무엇이든 실행되었지만, 앞으로 이 커다란 사무실에서 명령해도 되는 일이 아무것도 없을 것이네.**"[7] 해리 트루먼은 현명한 대통령이었지만, 재임 시절 지시대로 되지 않는 상황을 한탄했다는 점에서 의사결정의 아이러니를 보여주는 말이다.

그릇된 의사결정

그릇된 의사결정의 예제로 많이 거론되는 것으로서 〈뉴욕타임스〉 사례가 있다. 최고경영자가 100만 부를 인쇄하라고 지시했지만 실제로는 50만 부밖에 안 되었다. 인쇄하기 전, 편집장과 세 명의 위원은 하이픈(-) 사용 방법에 대한 의견이 엇갈려 이를 바로잡는 데만 50분이 걸렸다고 한다. 그 시간은 인쇄 작업의 절반에 해당하는 시간이었다. 편집장이 내린 의사결정의 최우선 순위는 판매 부수가 아닌 무오류성이었다. 즉 그는 문법의 대가로서 〈뉴욕타임스〉에 오류가 없도록 지키는 것을 의사결정의 기준으로 삼은 것이다.[8] 전쟁터에서 내가 저격수라면 철탑의 꼭대기에서 적군을 사살하는 것이 중요한데, M16이 좋은지 칼빈이 좋은지를 고민하는 것과 같은 것이다. 방향을 망각하면 결국 그릇된 의사결정이 되고 만다.

제1차 세계대전 당시 독일의 슐리펜 원수는 유명한 '슐리펜계획'을 수립했다. 이 계획은 독일이 프랑스와 러시아를 대상으로 두 개의 전선을 동시에 수행하는 전략이었다. 러시아는 소수병력만 대응시킨 후, 강적 프랑스에 대해서는 대군을 집중적으로 투입해 먼저 승리하고, 그 후에 약한 러시아를 제압한다는 더블 윈(Double Win) 전략이었다. 슐리펜 의사결정의 전제조건은 군사력의 소모전은 피해야 한다는 것이었다. 즉 단기간에 승부를 내야 한다는 마지노선이 있었다. 그러나 슐리펜의 후임 장군들은 이 전제조건을 무시하고 기존의 의사결정을 그대로 이어 나갔다. 어중간한 군사배치로 프랑스에서 얻은 승리는 허사가 되었고, 러시아군에 충분한 병력을 배치하지 못함으로써 종국에는 패배하게 되었다.[9]

1920년대 중국은 국민당과 공산당으로 양분되어 있었지만, 일본이라는 공동의 적을 물리치기 위해 국공합작을 실시한다. 1927년 국민당의 장제스는 마오쩌둥이 이끄는 공산당을 척결하는 노선으로 변경하고 유명한 1~4차의 폭도 진압 작전을 시작한다. 그러나 위대한 전략전술가로 평가받는 마오쩌둥은 게릴라전으로 10:1의 열세를 극복한다. 장제스는 마오쩌둥 대비 10배의 군사력과 함께, 미국으로부터 약 50억 달러 및 5만 명의 군인지원을 등에 업었음에도 실패하여 대만으로 쫓겨난다. 왜 그렇게 되었을까? 장제스의 실패 요인은 ① 전투 병력의 분산, ② 군내 당파를 통합하지 못한 리더십 부재, ③ 국민 비전 제시 미흡 등을 꼽을 수 있다. 그중에서 ① 무리한 군대의 분산 및 병참 노출로 인한 의사결정의 실수는 마오쩌둥이 게릴라전으로 중국을 통일할 수 있도록 도와주게 되었다. 결국 1949년 국민당의 내부에서부터 붕괴로 인해 대만으로 가는 몰락의 길을 걷게 된다.[10]

옳은 의사결정

옳은 의사결정도 다수의 사례가 있지만, 월남 호찌민의 정글 게릴라전이 있다. 호찌민은 농민의 자식으로 혹독한 환경 속에서 자립하여 영국, 미국, 프랑스에서 신학문을 탐독했고, 1919년 베르사유 회의에서 베트남 대표로 참석하여 그 유명한 '베트남 인민의 8항목의 요구'를 제출하면서 세계의 주목을 받는다. 그는 본래 미국의 지원으로 민족해방혁명을 이끌어 결국 북베트남의 통치자가 된다. 이후 그는 베트남전쟁이 끝나기 3년 전, 심장마비로 급사할 때까지 미국을 괴롭혔다. 미국은 B52 전투기 폭격, 전함 포격, 박격포격, 자동소총 등 물량 위주의 전투를 펼쳤다. 그러나 늪과 정글에서 치러지는 게릴라전에서는 별 소용이 없었다. 호찌민은 자국의 입지 상황을 잘 알고 있었고, 단기 전면전보다는 장기 소모전이 효과적이라는 판단과 의사결정을 하였다. 이 결정은 미군 람보들을 정글 속에 한 명의 외톨이로 만들게 되었고, 결국 미국으로 송환하게 만든다.[11]

케네디 대통령은 미군이 한국전쟁 이후 장기간 장비 조달, 재고 문제, 예산

합리화의 측면에서 여러 문제가 있음을 인식했다. 많은 검토와 혁신을 추진하고자 했지만, 무위로 돌아갔다. 1960년 케네디는 포드자동차의 사장이었던 로버트 맥나마라에게 간청하여 1961년에 그를 국방부 장관에 임명하였다. 로버트 맥나마라는 조달과 재고에 관련된 전통적인 평가측정기준, 즉 총액과 총 품목이라는 척도가 문제라는 것을 꿰뚫었다. 그는 총 품목 중 5~6% 정도의 중요품목 리스트를 집어냈다.

아울러 그는 이 리스트를 세심하고도 전략적으로 별도 관리할 것을 명령했다. 그리고 남은 94~95%의 루틴한 품목들은 확률과 평균치에 의한 관리를 시행했다. 현재 핵심 5%를 의미하는 맥나마라 가이드라인은 파레토법칙과 함께 핵심요소관리의 중요성을 나타내는 척도로 쓰인다. 이 의사결정은 국방계획 비용 대비 효과를 분석하는 제도로 론칭되어, 컴퓨터를 이용한 국방예산과 전략의 합리화가 추진되었다. 이후 미군의 국방예산은 안정적인 제도 속에서 관리가 유지되는 계기가 되었다.[12]

1933년 미국인들은 라디오에서 나오는 프랭클린 D. 루스벨트 대통령의 친근한 목소리에 귀 기울였다. 이 인간적인 목소리로 인해 미국인들은 그가 1945년 사망할 때까지 내리 4선을 유지하도록 지지해 주었다. 그가 주로 라디오에서 한 말은 '뉴딜정책'에 대한 지지 호소였다. 사실 루스벨트가 취임한 때 미국은 노동실업률이 25%로 최악의 대공항을 겪고 있었다. 미국은 1차세계대전 이후 산업이 급격히 위축되었고, 경제의 활로가 없어짐으로써 맥박이 희미한 식물인간과도 같았다.

루스벨트는 미국을 살리기 위해 경기부양책을 고민했다. 정부가 빛을 내어 공공복지사업을 이끌고 그로 인해 실업자가 구제되어 그들이 사용하는 비용으로 경제가 돌아가는 선순환구조의 뉴딜정책을 시행하는 것이었다. 그러나 그는 맨 처음 뉴딜정책을 실행하기 전에 무척 고심했다. 미국의 자유주의와는 차이가 있는 사회주의와 같은 구상이었기 때문이다. 그는 주변의 만류에도 불구하고 뉴딜정책을 경제가 아닌 정치로 풀어내는 결정을 내렸다. 그것은 바로 국민의 곁으로 다가서는 친근한 연설이었다. 그는 국민과 함께 대공황을 극복했고, 2차 세계대전도 승리로 이끌었다. 그가 만일 전임 대통령이던 후버와 같이 낙관론을 앞세워 경제를 그대로 놔두었다면 현재 초강국의 미국도 존재하기 어려웠을 것이다.[13]

행동하지 않으면 얻을 수 없다

실행력을 갖춘 임원의 예이다. 그는 현장에 사고가 났다고 고객으로부터 연락을 받았다. 일요일 밤 11시였다. 담당 AS 직원에게 전화를 하고 그는 주섬주섬 옷을 입고 출장 가방을 챙겼다. 아내의 표정이 심상치 않다.

· 아내: "이 밤에 어디를 가려는 거예요? 직원들이 있잖아요?"

· 임원: "지금 현장에는 직원도 없고, 고객은 나에게 전화를 했어요. 그렇다면 내가 가봐야지."

4시간을 꼬박 운전해서 가야 하는 거리. 그러나 망설임은 없다. 중앙에서 손가락으로 지시만 하는 임원은 결코 오래갈 수 없다. 현장에 가서 현물을 보고 판단해야 한다. 이런 행동은 도요타의 '겐치, 겐부쯔(現地, 現物)'라는 가치와 의미를 함께한다. '현지, 현물'이라는 말은 매니저들이 직접 현장에 가서 실제상황을 확인해야 한다는 것이다.[14]

역시 시공 임원의 예이다. 시공에 오랜 경험이 있는 A와 함께 사고 현장에 갔다. A는 현장을 면밀히 관찰하고 내가 보는 시각과 전혀 다른 원인 B를 내세웠다. 나는 교과서적으로 원인 C를 내세웠으나, 그는 내 의견을 한마디로 일축했다. 고객과 마주한 자리에서 우리 둘의 원인분석이 상이하면 안 되므로, 왜 B가 원인인지 캐물었다. 그랬더니, 그가 오일 묻은 현장 바닥에 누워서 제품 안쪽을 가리켰다. 그의 등은 순식간에 기름때로 뒤덮였다.

"저 B-1 지점이 문제의 발단입니다. 여기서는 안 보이지요. 그렇지만 누우면 보입니다. 들어오면서부터 직감했습니다." A가 가진 능력은 무엇이었을까? 그는 탁월한 '현장 센서'가 있었다. 현장 센서는 현장이라는 비즈니스의 최전선에서 각종 자극을 오감으로 받아들여 느끼는 기능이다. 현장 센서는 누구나 가지고 있지만 그 성능, 즉 감도에서는 큰 차이가 있다. 언뜻 흔해 빠진 듯 보이는 것에서 무엇인가 핵심을 감지하고 느끼는 사람도 있다. 그런 사람은 의당 독창적인 사고와 발상을 할 수 있게 된다.

현장에 대한 전문적인 견해를 가진 사람들은 은퇴를 보장받을 뿐 아니라, 은퇴 자체를 늦추는 경우도 많다. 예를 들어 영국해군 초창기에는 배를 귀족들이 지휘할 정도로 선박을 운항했고, 배를 관리할 능력이 있고 경험 많은 선원들을 대우했다. 이들은 왕실로부터 인증을 수여 받았는데, 근대에 와서는 해군 내에 편입되어 항해나 화포 등의 분야에서 전문지식을 갖춘 선원들에게 '준위(Warrant Officer)'라는 계급을 부여했다. 오늘날 미국에서의 준위 계급은 탄생 100주년을 맞이했으며 전투기 수리, 조종, 공급망관리, 인력관리 등 분야의 군사 전문가에게 부여되는 전통을 잇는다.[15] 현장 전문가에게 부여하는 전문직급이 아닐 수 없다.

한 번도 달성한 적이 없는 목표를 달성하려면, 여태 해본 적이 없는 행동을 해야 한다. 세계적인 컨설팅기업 베인 앤 컴퍼니는 조직변화를 연구한 보고서를 통해 새로운 사실을 발견했다. **"새로운 기획의 65%가 일선 직원들의 획기적인 행동 변화를 요구하는데, 관리자들은 이 점을 간과한다."**[16] 즉, 성과를 내기 위해서는 행동 변화에 대하여 리더들의 직시가 부족하다는 의미이다. 부하직원이 과제를 수행하지 못하면, 그를 열외할 방법을 고민하지 말고, 행동을 바꾸도록 만들어야 한다. 그것이 리더가 할 일이다.

행동 변화를 일으키기 위해서는 KDG(Knowing Doing Gap)를 줄여야 한다.

무엇을 해야 하는지 알고 있다는 것만으로는 충분하지 않다. 모르기 때문에 행동하지 못하는 것보다 "알면서도 행동하지 못하는 것"이 진정한 문제로, 성공하지 못한 원인의 70~80%는 실행력 부족이다. 〈포춘〉은 "체계화된 전략을 성공적으로 실행한 비율은 불과 10%"라고 했고, 〈비즈니스 위크〉는 "체계화된 전략보다 전략의 실행력이 더 중요하다"고 언급한 바 있다.[17]

우리에게 왜 행동이 중요한가? 비즈니스는 결국 '사람을 움직이는 것'이기 때문이다. 이론만으로 사람을 움직이기는 어렵다. 먼저 내가 땀을 흘려야 상대방을 움직일 수 있다.[18] 상대 행동의 근원에는 지시가 아니라 내 행동이 선행되어야 하기 때문이다.

Resolution of Digital: 디지털로 선답을 제시한다

25단계

1월 10일 금요일 17:00 강원도 속초리조트 / 미래인재상 워크숍(계속)

오상실은 과자와 맥주를 준비했다. 심 차장이 진작부터 맥주에 눈독을 들였다. 심 차장이 유 팀장에게 회의가 거의 끝나가므로 맥주라도 한잔 하게 해달라고 건의했기 때문이다. 간단한 안주와 더불어 맥주가 개인에게 돌아갔다. 나 차장은 지금까지 나온 얘기들을 녹음과 함께 즉석 타이핑을 하고 있었다. 심 차장이 맥주를 벌컥 마신 후 탄산으로 인한 눈물을 찔끔거리면서 오상실에게 말했다.

 심각한 차장 "생각해보니, 내가 오상실 씨에게 좀 심했던 것 같군요. Z세대의 이야기를 하다 보니까 이해가 갑니다. 저는 장태준 씨나 오상실 씨가 너무 소신 있게 얘기해서 버릇이 없다고 생각했는데, Z세대의 특징일 뿐 결코 문제될 일이 아니라는 것을 깨달았습니다. 그뿐만 아니라 상당히 개방적이고 혁신적인 측면이 있네요. 내가 꼰대 같이 굴어서 여러모로 미안합니다."

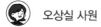 **오상실 사원** "심 차장님은 그런 모습이 안 어울리세요. 무대 뽀로 말씀하시는 것이 제가 부담이 없습니다."

나대로 차장 "심 차장님. 갑자기 변하면 큰일 난다고 합니다."

모두 웃었다. 역시 맥주가 주는 엔도르핀이 화기애애한 행복을 안겨 주었다.

 유별난 팀장 "자, 이제 두 가지 남았습니다. 디지털로 선답을 제안한다. 이것에 대한 장태준 씨의 의견은 어떻습니까?"

장태준 사원 (맥주를 꿀꺽 넘기고) "Z세대만큼 유튜브, 페이스북을 많이 다루는 세대는 없습니다. IOT, 빅데이터, 프로그램코딩 등 디지털을 자유자재로 사용하는 것도 Z세대입니다. 그래서 독

학을 통한 학습으로 성장하는 세대이고 모든
해결책을 디지털에 의존하기도 합니다. 그래
서 Z세대를 위해서는 사실 기초적인 역량을
개발하는 것이 가장 중요하다고 생각합니다.
왜냐하면 과제수행을 위한 디지털을 활용하
기 이전에 역량이 기본적으로 갖추어져 있어
야 하기 때문입니다. 그래서 기업에서 역량
개발을 위한 교육제도가 중요하다고 생각합
니다."

 유별난 팀장 "오상실 씨의 의견은 어떻습니까?"

 오상실 사원 "저는 디지털로 선답을 제시하기 위해서는 Z
세대가 가진 강점을 집중하고 더욱 증진해야
한다고 생각합니다. 즉, 단점이 많고 업무가
서툰 Z세대에게 단점을 보완하라고 다그치
기보다는 강점을 보강함으로써, 기업의 선배
들과 디지로그(Digilog)한 조화를 이룬다면 조
직에 기여하고 함께 동화될 것입니다."

 유별난 팀장 "두 분의 얘기는 디지털 선답으로 과제를 해
결하기 위해서, Z세대의 **역량**과 **강점**을 증진
해야 한다는 것이로군요."

디지털 선답의 선결과제: 역량

Z세대가 향후 고성과를 내기 위해서는 디지털 Tool의 사용과 함께 역량개발에 기반을 두어야 한다. 여기서 역량이란 조직 내에서 지속적이고 안정적으로 높은 성과를 올리는 사람들이 가지는 공통의 행동 양식과 발휘 능력을 말한다.[1] 역량은 일반적으로 크게 지식, 기술, 태도의 세 가지 영역으로 구성된다.[2] 대부분의 유능한 기업들은 직무나 직군 공통의 역량을 파악하는 동시에 역량모델을 구축하여 활용한다. 이러한 역량 모델을 활용해 실시하는 인사관리를 '역량 중심의 인적 자원관리(CBHRM : Competency based Human Resource Management)'라고 한다.[3] 역량 중심의 인적 자원관리는 결국 성과를 올리기 위하여 기업이 역량육성에 집중하는 관리기법이다. 역량은 회사별로 차이가 있지만, 대체로 기본역량, 리더십역량, 직무역량으로 나뉜다.

① **기본역량**: 전체 조직의 비전 및 경영목표달성을 위해 모든 구성원에게 요구되는 역량

② **리더십 역량**: 업무 수행에서 직급별 역할에 따라 요구되는 일반적 관리, 리더십 역량

③ **직무역량**: 직무를 수행하는 데 요구되는 공통 직무역량과 해당 직무를 수행하는 데 요구되는 보다 전문적인 역량인 개별직무역량[4]

자신의 역량을 개발하기 위한 방법은 무엇이 있을까? 강의하거나 글을 쓰는 것도 방법이다. 강의하거나 글을 쓰면 자기 생각을 정리하게 되고 남을 설득하기 위해서 확실한 개념과 원리를 이해하게 된다.[5] 만일 기회가 된다면 포럼, 세미나 등에서 발표를 하는 것도 훌륭한 방법이다. 처음에는 물론 어렵다. 발표자료를 만들어서 타인 앞에 선다는 것은 잘하고 못함을 떠나 자신의 역량을 한 단계 끌어 올릴 수 있다.

또한, 직장 내 순환보직은 직무역량개발의 기회가 된다.[6] 일부 회사는 현장에 대한 순환보직을 의무화한다. 예를 들어, 대리에서 과장으로 진급하기 위해서는 공장이나 시공 현장에 반드시 1년 이상을 근무하도록 규정화하는 것이다. 의당 직원들의 불만은 폭주한다. 특히 본사에 근무하는 인원들은 지방에 갈 수 없다고 집단항의를 하기도 한다. 갑자기 1년 동안 공장, 시공 현장에 가서 무슨 업무를 진행하느냐는 것이었다. 속내는 사실 가고 싶지 않은 것이다. 소위 현장직을 달가워할 사람은 없다. 그러나 현장직무를 수행해 본 자가 결국에 임원, 사장이 되어야 한다. 현장 경험도 없이 중책을 맡으면 항상 경험 부족이라는 꼬리표가 따라붙을 것이다. 강제 순환 근무 규정에 의연한 인원은 오히려 핵심 인재들이다. 그들의 일부는 이미 현장에 있고, 본사에 있는 인원들도 현장을 경험해 볼 기회라고 생각한다.

공장에 있는 인원이 시공 현장에서 프로젝트 관리를 하고, 시공 인원이 본사의 공사관리를 하며, 생산관리자가 구매팀에 오고, 설계자가 기술영업을 한다. 생각해보라. 무엇이 문제인가? 오히려 순환 보직자들은 팀장급으로 신속히 올라간다. 그들은 시각이 넓어지면서 실력도 증진되고, 무엇보다도 언제든지 돌아갈 수 있는 친정(본래 직무)의 능력이 겸비된 것이다.

개인이 보유한 지식경쟁력이 반으로 감소하는 반감기는 보통 3년, 특히 IT 산업은 경쟁력 반감기가 1.5년밖에 안 된다고 한다. 경쟁력이 반감되는 시간은 갈수록 더욱 짧아질 것이고, 나와 경쟁자 간의 격차는 더욱 감소할 것이다. 뒤처지지 않으려면, 아니 앞서 나가려면 미래를 내다보고 자신의 경쟁력 있는 역량에 욕심내야 한다.[7] 그 역량을 적극적인 체험으로 보유할 방법은 순환 근무와 TF 활동 밖에 없다.

핵심 인재를 육성하는 대표적인 방법 중 하나는 도전적인 업무를 부여하여 일을 통해 성장하도록 하는 것이다. 대부분의 회사는 직책에 대한 후보자를 미리 엄선하는 계획을 수립하고, 임원 후보자들은 일부러 부서를 서너 번씩 옮겨가며 새로운 업무를 익히게 한다. 다양한 직무의 과제수행을 통하여 창의, 도전정신, 내공을 키우게 만드는 것이다. 업무환경을 변화함으로써 새로운 고객, 서비스, 시각을 재정립할 수 있다. 이 과정을 통해 역량도 한 단계 성숙해진다. 물론 아무 생각 없이 가라는 대로 가고, 오라는 대로 오면 발전이 없다. 앞서 언급했던 바와 같이 역량을 발전시키겠다는 뚜렷한 목표가 있어야 순환 근무도 의미가 있다. 안 그러면 자기 분야에서 몇 년 동안 어렵게 쌓아온 전문적인 역량과 감각만 무뎌지게 된다.[8]

역량을 개발하는 또 다른 방법으로 자격증을 취득하는 것이다. 여러분의 회사에서 가장 필요한 자격증이 무엇인가? 보통 기술 자격증은 관공 입찰에서는 평가점수에 반영되고, 시공할 때는 보유자만이 현장 소장을 할 수 있다. 회사에서 장기근무를 하고자 한다면 자격증을 취득하는 것도 방법이다. 재직 중에도 퇴직 후에도 유용한 자격증은 몇 번을 강조해도 지나침이 없다. 자기계발과 역량증진을 위해 눈 딱 감고 열심히 학원과 도서관을 배회해야 한다.

역량평가의 경우 조직에 필요한 역량을 미리 정의하여 수준을 책정해 놓은 역량 사전이 있고, 그 역량 사전에 따라 해당자가 역량계획을 수립하여, 당해 연도 역량을 상향시켰으면 점수를 받도록 해야 한다. 중견 규모의 회사에는 역량 사전이 있다. 직무역량은 회사의 보고(寶庫)이다. 그 회사와 경쟁사에만 존재하는 역량으로서, 해당 직무에 가장 핵심이 되는 역량의 특성과 성장단계, 교육 방법을 추출하는 것이기 때문이다. 그 직무에 역량을 뽑아내기 위해서는 전문가 수준과 경력을 보유한 팀장들이 해당 직무를 면밀히 확인하여 한땀 한땀 작성해 내야 한다. 직무역량에 5단계의 역량별 기준이 있고 조직원들은 매년 역량개발계획을 수립하여 자신의 현재 기준(1단계) 대비 상향목표(2단계)를 수립한다.

프레젠테이션(presentation)				직무역량 10호

개념	연구 결과 및 각종 정보·데이터를 다양한 기법을 활용하여 체계적으로 정리하고, 상대방에게 효과적인 방법으로 전달하는 능력을 의미한다.			
유사개념	발표력, 표현력, 구성력 등			
관련 기능	· 특정 기술 분야에 대한 전문적인 연구 업무를 수행하는 경우에 요구되는 역량 · 새로운 상품과 서비스의 개발, 투자 유치, 고객관리와 관련된 업무를 담당하는 관리자에게 특별히 강조되는 역량			

직무역량 5단계				
Level 1	Level 2	Level 3	Level 4	Level 5
· 업무와 관련된 보고와 브리핑을 하지 않으려고 한다. · 자료를 읽는 수준이며, 질문이나 반박을 회피한다.	· 표현방식, 사용 용어 등을 상대방의 입장에 맞추지 않는다. · 무엇을 주장하는지 분명하지 않다.	· 청중의 이해를 돕기 위해 다양한 비주얼과 사례를 준비한다. · 적절한 사례와 비유를 들어 이해하기 쉽게 의견을 전달한다.	· 사전에 예상 질문을 확인하고, 답변을 준비해 둔다. · 상대방의 질문에 자신감 있게 답변하고, 비난이나 반박에 침착하게 대응한다.	· 상대방의 기대를 넘어서는 시사점과 통찰력을 제시한다. · 청중에 공감대를 확보하고, 협조를 얻어낸다.
Junior			Senior	Manager

디지털 선답을 위한 집중: 강점

왜 기업은 Z세대의 강점을 살리는 데 시간을 활용해야 하는가? 강점이 시간과 어떤 관계가 있는가? 모든 직장인이 지혜를 짜내는 것은 결국 **"어떻게 하면 다른 사람에게서 시간을 빼앗을 것인가?"** 하는 문제이다. 자신의 시간을 방어하지 않는 한, 나에게 투입되어야 할 시간을 다른 이에게 빼앗기고 그의 부로 전환된다. 시간은 개인이 자유롭게 분배할 수 있다는 유일한 투자자원이기에, 타인의 시간은 나에게는 상당한 재물(財物)이 된다.[9] 즉, 나와 내 조직의 강점을 잘 활용하면 소중한 시간을 임팩트 있게 활용할 수 있다. 강점이 중요한 이유가 여기에 있다.

미국의 강철왕 카네기는 "**자기보다 뛰어난 사람을 일하게 만드는 방법을 아는 자, 여기 잠들다**"라는 자신의 묘비명을 남겼다. 그가 생전에 타인의 강점을 잘 활용했음을 알 수 있다. 커다란 강점을 가진 사람은 대부분 큰 약점을 보유한다. 산이 높으면 골도 깊다. 모든 분야에서 강점만 가진 사람은 이 세상에 존재하지 않는다. 즉, 나무랄 데 없는 사람은 없다.[10] 보이는 약점을 계속 신경 쓰지 말고 강점을 눈여겨봐야 한다. 부하직원의 강점이 곧 내 시간을 줄여준다는 것을 알아야 한다. 오페라의 무대감독은 프리마돈나가 아무리 짜증을 내어도 관객을 모아주는 한 문제를 제기하지 않는다. 그녀가 최고의 무대를 만들기 위해 필요한 짜증은 무대감독 급여의 일부이기 때문이다.[11]

Z세대의 강점은 무엇일까? 프로그램, 빅데이터 분석, 알고리즘 개발 등 최신식 디지털 가공능력이다. 그들의 강점을 북돋아 주어야 한다. 조직의 혁신적인 성과를 올리기 위해 그 강점을 잘 이용해야 한다. 강점이야말로 기회를 양산하기 때문이다.[12] 링컨 대통령은 술고래인 그랜트 장군을 신임지휘관으로 임명했다. 누군가가 고자질하는 행동에 대하여, "**그가 좋아하는 술을 알면 다른 장군들에게까지도 보내주고 싶다**"라고 두둔해 주었다고 한다.[13] 대신 그랜트

장군은 링컨에게 필요한 전략적인 시간을 통찰과 함께 제공했을 것이다.

1942년 마셜 장군은 미국 역사상 가장 유능한 장군을 거느렸다. 그는 항상 "이 사람은 무엇을 잘 할 수 있을까"를 자문했다. 그리고 가능한 그 무엇을 찾았다. 그것이 그의 가장 큰 강점이었다. 예를 들어 마셜은 조지 패튼 장군이 참모의 자질이 부족하다는 약점을 탓하지 않았고, 야심만만하고 화려한 그의 군인 스타일의 강점을 종종 부각시켰다. 그 강점은 조지 패튼에게 기회로 다가와서 혁혁한 전장의 공을 세울 수 있었다. 또한 마셜은 아이젠하워 소위가 전략 수립에 강점이 있음을 알아차렸다. 그는 1930년부터 일부러 그에게 전략 부문을 위임하여 향후 대통령으로 성장할 수 있는 기반을 제공하였다.[14]

강점을 기반으로 조직을 운영해야 한다. 조직 내에서 성과로 연결시키는 특수한 도구가 바로 강점이기 때문이다. 정말로 강한 사람은 조직을 필요로 하지 않으며 조직을 바라지도 않는다. 사실 그들은 결국 독립해서 일한다. 그러나 보편적인 사람들은 독자적으로 성과를 올릴 만큼의 강점을 보유하지 않는다.[15] 만능의 천재도 여러 분야에서 탁월한 업적을 남기기 어렵듯이, 조직 내에 있는 조직원들이 가진 강점을 상호 활용해야 한다. 개개인 100의 능력 중 강점 50, 보통역량이 40, 약점이 10이라고 한다면, 이것을 조직 차원으로 확대하면 엄청난 양의 강점을 모을 수 있다. 고작 약점 10을 조직성과에 맞게 고치려고 애를 쓰는 것은 자칫 소중한 자원을 낭비할 우려가 있다는 의미이다.

brevity Touch: 심플하게 고객 감성을 자극한다

26단계

나 차장은 회의록을 타이핑하면서 마지막 인재상 요소를 정리했다.

나대로 차장 "장태준 씨, 이제 마지막으로 Z세대의 소통에 대한 사항입니다. 어떤 특징이 있고, 이에 대해 어떻게 생각하나요?

장태준 사원 "대부분 간결하게 공감합니다. 그래서 인포그래픽에 관심이 많고, 인플루언서 활동을 주목합니다."

심각한 차장 "그것이 무엇인가?

장태준 사원 "인포그래픽은 인포메이션그래픽(information

graphics)의 줄임말로, 그래픽을 기반으로 시각 시스템을 이용하여 정보를 쉽고 빠르게 전달하는 기능입니다. 인포그래픽 기술을 사용하면, 쉽게 흥미를 유발할 수 있고, 정보 습득 시간을 절감하며 기억 지속 시간을 연장합니다. 또한 페이스북이나 트위터 등의 SNS를 통해 신속하게 확산됩니다."

 강 단 대리   (오징어 다리를 뜯으며) "요즘 인터넷에 각종 광고를 할 때 그래픽을 사용하여 깔끔하게 머리에 각인되는 것이 바로 인포그래픽이었구먼. 그래서 저도 인터넷 쇼핑이 많이 늘었어요."

오상실 사원   "그리고 인플루언서(Influencer)는 '영향력을 행사하는 사람'을 뜻하며, '파워블로거'나 수십만 명의 팔로워 수를 가진 소셜네트워크서비스(SNS) 사용자, 혹은 1인 방송 진행자들을 통칭합니다. 근래에는 인플루언서 마케팅을 통해 제품이나 서비스를 대량으로 홍보하곤 합니다."

유별난 팀장   "그렇다면 결론적으로 **공감**을 위해 Z세대가 추구하는 키워드는 무엇인가?"

 장태준 사원　　"그것은 <u>간결</u>과 <u>소통</u>입니다."

일의 지배자: 공감

전 세계 1위 커피숍 스타벅스는 공감의 장소이다. 스타벅스의 직원들이 걸치고 있는 초록색 앞치마의 뒷면에는 공감 문구가 새겨져 있다. **"우리는 모든 고객의 하루에 영감을 불어넣는 순간을 창조한다. 예측하라. 공감하라. 고객화하라. 소유하라"**고 되어있다.¹ 고객의 영감을 불어넣기 위해 직원들의 공감을 강조하는 문화가 아닐 수 없다. 커피 한잔에도 공감을 불어넣는 세상. 그것이 스마트한 시대이다. 삭막함 속에 부드러움, 경직 속의 유연함, 긴장 속에 즐거움, 디지털 속의 아날로그 이러한 것이 감성을 유발하는 마케팅이다. 각박한 세상 속에서 감성으로 고객의 지갑을 열게 한다. 공감은 지갑이 아닌 마음을 열게 한다. Z세대가 갖추어야 할 가장 커다란 덕목은 공감이다.

가장 효율적인 리더들은 한 가지 중요한 부분에서 공통점을 가진다. 그들은 '감성 지능(Emotional Intelligence)'이라고 불리는 능력이 높은 수준에 도달해 있다. IQ와 전문기술이 전혀 상관없다는 것은 아니다. 하지만 IQ는 '기본적인 능력'에 포함된다. 임원급이 되기 위한 일반적 조건에 불과하다는 것이다. 여러 연구 결과에 따르면 감성 지능은 리더십의 필수요소다. 어떤 사람이 최고의 직무교육을 받았고, 예리한 분석력을 갖고 있고, 아이디어가 끊임없이 나온다 해도 감성 지능이 없다면 훌륭한 리더가 될 수 없다.[2]

감성 지능은 곧 공감 능력이라 할 수 있다. 그렇다면 공감 능력은 무엇이고, 왜 중요한가? 공감 능력은 지적인 의사결정 과정에서 다른 직원들의 감정에 대해 신중하게 생각할 수 있는 능력을 의미한다.[3] 즉 공감 능력이 탁월한 리더는 짧은 시간에 직원들의 감정관리를 통해 내면을 장악한다.[4] 공감이 중요한 이유는 행동을 변화시키려면 확신이 필요하고, 확신을 얻기 위해서는 이해가 필요하다. 그리고 이것이 '공감'에 이르면, 상대방의 확신은 자발적 에너지에 의해 외부에서 불을 지피지 않아도 마음의 불꽃은 계속 타기 때문이다.[5]

『그들은 어떻게 지적 성과를 내는가』의 저자 야마구치 슈가 분석한 혁신의 성공사례 답은 공감이었다. 국내외 혁신사례를 100개 이상 조사했는데, 특이점은 그 사례 중 처음부터 합리적인 계획으로 프로젝트를 추진한 사례가 거의 없다는 점이다. 혁신의 원동력은 바로 '공감'이다. 합리적인 전략이나 전망이 혁신을 선도한 것이 아니라 공감이 서로의 마음을 움직였다.

반대로 논리 사고가 매우 뛰어난 경영자(전략 컨설턴트)가 독립해 창업한 신설기업이 곤경에 빠진 사례도 많다. "설득이 아닌 이해를, 이해보다는 공감"을 지향해야 한다는 의미이다.[6] '엿장수 마음대로'라는 말이 있듯이, 머리로는 엿을 정확한 크기로 잘라 팔고 싶지만, 상냥한 손님에게는 마음이 끌려서 더

주게 되고 까칠한 손님에게는 덜 주게 된다.[7]

이렇듯 마음은 사람을 움직이는 만능연료이다. 가고 싶은 마음을 넣으면 가도록 할 수 있고, 하고 싶은 마음을 넣어주면 하게 만들 수 있다. 평안감사도 본인이 싫다면 그만이다. 마음을 넣지 못하면 꽃보직이어도 억지로 시킬 수 없다는 것이다. 거꾸로 마음을 넣으면 위태로운 전쟁터도 내보낼 수 있다. 마음을 제대로 넣어 줘야 상대방을 자신이 원하는 곳으로 움직이게 할 수 있다는 말이다.[8]

감성의 자극: 간결

일의 마무리는 간결함이다. 간결하다는 것은 복잡한 사안을 통섭하여 심플한 키워드로 추리는 행위이다. 간결함은 간단하면서도 짜임새가 있는 것을 의미하고, 짜임새는 내용의 연관과 체계를 제대로 갖춘 상태를 의미한다. 깔끔한 일의 마무리를 위하여 보고가 간결해야 한다. "**보고할 때 문제는 최대한 복잡하게, 해결은 심플하게 말하라**"는 우스개 직장 격언이 있다. 상사는 복잡한 문제에 대하여 간결하지만, 짜임새 있는 답변을 원하기 때문이다.

리더는 주어진 목표에 필요한 유용한 지도를 발견해내는 것이 중요하다. 복잡한 현 상황에서 빠르게 핵심을 잡아내고, 이것을 다른 사람에게 간단하게 설명할 수 있어야 한다.[9] 만일 압축하여 설명할 능력이 부족하다면, 글, 도표, 그림으로 표현할 줄 알아야 한다. 일을 보는 순간 해결의 로직이 서야 한다. 원칙을 토대로 여러 가지 다사다난함을 축약할 수 있어야 한다. 선택과 집중의 측면에서 간결함이 왜 중요한지 애플의 팀 쿡(Tim Cook)이 주주들에게 한 말을 참조하자.

"내가 알고 있거나, 관련 자료를 읽어봤거나, 약간의 지식이라도 있는 회사 중 집중력에서는 우리 회사가 최고입니다. 우리는 날마다 좋은 아이디어를 퇴짜 놓습니다. 아주 뛰어난 아이디어도 퇴짜를 놓죠. 집중하는 대상을 최소화하기 위해서 우리가 선택한 것이 온 힘을 쏟기 위해서입니다. 지금 여러분 앞에 놓인 탁자에 애플이 만든 전 제품을 올려놓을 수 있지만, 단지 몇 개의 제품만이 있습니다. 그런데도 애플의 지난해 수익은 400억 달러(한화 약 46조, 환율 1,160원 기준)였습니다."[10]

심플한 선택과 집중으로, 수익이 증가했음을 보여준다. 아무리 복잡한 현상이라도 거기에는 '내재된 단순성(Implicit simplicity)'이 있다. 언뜻 복잡해 보이는 시스템이라도 잘 살펴보면 의외로 단순하게 통제할 수 있다. 마치 2만 개의 부품으로 구성된 자동차는 복잡한 시스템이지만, 자동차를 관장하는 통제점은 운전대와 브레이크 페달, 단 2개이다.[11] 기업의 의사결정은 데이터를 적게 사용할수록 좋다. 복잡한 문제를 단순화해야 한다는 의미이다.

작곡가이자 지휘가인 故 레너드 번스타인(Leonard Bernstein)의 간결함에 대한 일화가 있다. 번스타인이 콘서트를 마친 뒤, 한 열정적인 작가가 작품에 대한 아이디어가 있다며 그에게 다가왔다. 번스타인이 **"명함 뒷면에 당신의 아이디어를 적어주세요"** 라고 말하자, 작가는 **"어떻게 명함 뒷면에 제 아이디어를 다 적을 수 있습니까?"** 라고 물었다. 번스타인은 **"그렇다면 당신은 별생각이 없는 거로군요"** 라고 답했다고 한다. '간결(Concise)'의 사전적 정의는 '적은 단어로 많은 것을 표현하는 것'이다.[12] 사안에 대해 생각이 깊고 뚜렷한 경우에는 간결한 결론을 먼저 내고, 설명을 부연할 수 있다.

미국 NBA 농구에서도 1970년대에 링 위에서 공을 꽂아서 간결하게 득점하는 덩크슛을 구사하는 선수가 등장한다. 닥터 J라고 불리는 줄리어스 어빙(Julius Erving)이다. 당시 미국대학 농구에서는 덩크를 금지하기도 했으나, 줄리어스 어빙은 유명한 자유투 라인에서 덩크를 최초로 성공시키며 공중 동작의 아름다움을 관중에게 선사했다. 덩크를 예술로 승화한 것이다. 사실 골밑에서는 레이업 슛과 훅 슛이 대세였던 시절에 어빙은 문득 **"왜 그냥 링 위에서 넣으면 안 되는가?"** 라고 생각했고, 간결하게 링 위에서 꽂았다. 이후 NBA에서 간결한 덩크는 보편화되었다.

발표자도 성공적 브리핑을 위해서는 간결함이 필수이다. 최고의 발표는 발표자가 도표 없이 간단하게 발표 이유를 설명하고, 발표를 마친 후 청중이 무엇을 해야 하고, 왜 그 일을 해야 하는지를 이야기한 발표이다. 성공적인 발표가 될 확률은 발표 시간과 반비례한다. 최고의 발표자는 무엇보다 간단명료한 자세를 유지한다. 어떤 발표이든 5개 이내의 차트로 간단명료하게 발표하는 것이 좋다.[13] 즉, 압축 없는 설명은 금해야 한다. 압축을 통하여 단순화하지 않으면 안 된다. 단순함이 청강자에게 강한 임팩트를 준다.[14] 마치 영화〈앤트맨〉에서 개미만 한 크기의 주인공이 작지만 강한 힘을 낼 수 있는 것과 같다. 총알이 작지만 살상할 수 있다는 임팩트를 잊어서는 안 된다.

탁월한 성과를 내기 위해서는 복잡한 과정을 잘 배워야 한다. 복잡한 과정에는 핵심원리가 연결되어 있기 때문이다. 그러나 복잡한 과정을 배운 뒤에는 단순명료하게 자시의 절차를 갖도록 해야 한다. 복잡함을 뛰어넘는 단순함을 통해 비로소 탁월한 성과가 만들어진다.[15] 톨스토이의 소설『안나 카레니나』는 이렇게 시작한다.

"행복한 가정은 모두 모습이 비슷하고, 불행한 가정은 제각각의 모습을 안고 있다."

이 말은 성과관리에도 그대로 적용된다. 탁월한 성과 창출의 모습은 의외로 단순하고, 시원찮은 성과에는 모두 제각각의 이유가 있다. 성과 창출은 그 구조가 복잡하고 다양한 요소들이 작용하는 듯해도, 사실은 매우 간단명료한 답을 내포한다. 중요한 문제일수록 겉으로는 복잡해 보이지만, 그 해법은 단순하다.[16]

만일 여러분이 영업직에서 최고가 되고자 한다면, 상품제시에 있어서 큐레이터를 지향해야 한다. 가령 보험을 판매한다면 고객이 어떤 분이고, 무엇을 원하고, 내가 어떤 상품을 권할지를 파헤치는 노력이 필요하다. 이것을 종합하여 고객에게 제시하는 큐레이터가 되어야 한다. 그 섬세하고 세련된 상품제시능력은 경쟁자는 모를 만한 작은 차이까지 꿰차고 있어야 한다. 나아가 수많은 상품의 다양한 특징들을 압축하고 요약하여, 복잡함을 간결함으로 바꾸는 지혜로 경쟁해야 한다.[17] 스마트한 시대에 피곤한 고객을 위해서는 큐레이션을 잘해야 한다. 너무 많은 상품이 쏟아져 나오고 나에게 가장 어울리는 것조차 알아서 찾아주기를 원하는 귀차니즘 세상이다. 고객이 처음부터 상품을 고르는 것이 아니라, 영업자가 원하는 것을 간파하고 압축해주어야 승산이 있다. 경쟁사 대비 내 입맛을 맞춰주는 큐레이터를 필요로 하는 간결을 원하는 세상이다.

공감의 핵심: 소통

Z세대가 고성과를 내기 위한 공감의 핵심은 소통이다. 고성과자가 소통이 부재한 경우는 본 적이 없다. 아무리 학식이 뛰어나고 무소불위의 힘을 가졌어도 내가 전부 할 수는 없다. 조직에서는 조직원 및 유관부서와 협업을 통하여 영리를 만들어 내야 한다. 결국, 일은 사람이 한다는 점에서 전략 방향으로 협업력을 유발하는 것은 소통밖에 없다.

고성과자를 지향하는 Z세대는 '틀림(Wrong)'과 '다름(Different)'을 구별할 줄 알아야 한다. 소통에서 그의 생각이 틀린 것이 아니라, 다른 것이다. 내 주장과 다르다고 그가 틀린 것인가? 그는 의견이 다를 뿐, 그의 말도 끝까지 들어봐야 한다. 내가 무턱대고 그가 틀렸다고 몰아세우다 보면, 그를 바로잡겠다고 생각한다. 자기처럼 하지 않는 것이 거슬리는 것이다. 결국 '틀림'은 '무시'로 이어지게 되며, '상호 간 불통의 원인'이 되서 성과도 나올 리 없다.[18] 누가 틀린 것이 아니라 특성이 다른 것이다. 그래서 직장에서는 남녀노소 틀림의 편견 없이, 다름을 인정하고 소통함으로써 성과에 몰입해야 한다.

이른바 '3대 비판론'을 편찬한 위대한 철학자 임마누엘 칸트는 대학 강사, 도서관 사서로 일하면서 타인과의 대화로서 사상을 연마했다고 한다. 소크라테스는 평생 책을 한 권도 쓰지 않았지만, 그의 유명한 반어법과 함께 세계 4대 성인의 반열에 올랐다. 이처럼 대화는 사상을 단련하는 훌륭한 도구이다.[19]

타인과의 소통이 지니는 두 가지 장점

① 말하는 사람의 생각이 한 번 더 정리되고, 핵심이 명확해진다.

상사가 흔히 "이점이 뭐야?", "핵심이 뭐지?" 등의 칼 같은 질문을 쏟아내는데, 이것은 담당자에게 "한마디로 표현하면 A입니다"와 같은 정밀화를 요구하는 것이다. 우리의 답변이 정밀해야, 상사도 선명한 판단을 할 수 있다.

이제 막 출근했는데, 뭘 하라고요?

② 타인의 아이디어를 내 논리구축에 활용할 수 있다.

당사자가 간과하던 모순이나 말하는 내용이 제시하는 바를 상대방과의 대화로 더 깊은 통찰을 깨달을 수 있다.[20] 그럼으로써 대화를 통해 내 말에 논리를 견고히 보강할 수 있다.

17세기 영국에서 시작된 카페는 지금도 그렇지만 대화의 요충지이다. 당시 영국은 세계를 선도할 다양한 아이디어가 나왔는데 봉건주의 신분제를 뛰어넘는 대화를 할 수 있었던 카페 덕분이었다.[21] 카페의 유래는 소통의 역사와 함께한다. 요즘 방문을 열어놓거나 룸에서 나오는 임원들이 증가한다. 직원들과 함께한다는 의식도 있지만, 진의(眞意)는 직원들로부터 격리되지 않기 위해서이다.[22] 임원들이 가장 힘든 것 중 하나는 점심 약속이 없는 날 누구와 식사를 함께 하느냐이다. 중간보스들도 바쁘다 보면 임원의 식사파트너가 되지 못하고, 직원들은 임원을 본능적으로 멀리한다. 그렇기에 임원들이 직원과 소통하기 위한 방법으로서 방에서 나오는 것이다. 소통에는 예나 지금이나 신분이 필요 없다. 전도유망한 팀장들이 갑자기 승진 가도에서 탈선하는 이유도 소통 부재이다.

1996년 진 브리튼 레슬리와 엘렌 반 벨서르는 그들의 저서 『오늘날의 탈선 고찰: 유럽과 북미(A Look at Derailment Today: Europe and America)』에서, 전도유

망한 팀장의 약 50%가 타인을 소홀히 대하고 소통이 부족함으로 인하여 좌천된다고 하였다.[23] 내가 상대방을 막무가내의 고집불통이라고 여긴다면, 상대방도 나에 대해 그렇게 생각하는 것이다.[24] 즉, 마음을 열고 상대방이 얘기하는 것을 듣고자 하는 노력부터 시작해야 한다.

여러분이 팀장이라면, 팀원들에게 몇 번을 얘기해야 그 과제를 이해한다고 생각하는가? 커뮤니케이션 학자들은 최소 7번이라고 한다. 7번 이상 팀장이 말해야 팀원이 "아, 그런 얘기였구나!"라고 이해하고 행동으로 옮기기 시작한다는 것이다. 그래서 잭 웰치는 GE의 경영혁신 과정에서 "10번 이상 이야기하라. 그렇지 않으면 한 번도 얘기하지 않은 것과 같다"라고 독려했다.[25]

05

업무의 차별화

남과 다른 내가 성공한다. 퍼스트무버가 되는 업무 Tip!

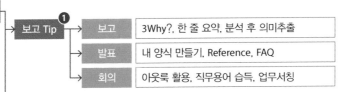

▶ 직장생활에서 보고, 발표, 회의는 일상이다. 보고는 현황보고와 종결보고로 나뉜다.

▶ 현황보고는 있는 그대로를 얘기하는 것이며, 종결보고는 결과물을 보고하는 것이다. 내가 의미해석을 명확히 하고 한 줄로 요약보고를 해야 한다. 내 특성을 강조한 발표를 위해서는 고유양식을 만들 필요가 있다.

▶ 발표를 용이하게 하려면 한 장당 가버닝메시지를 넣는 것이 좋다. 준비성을 돋보이게 하려면 FAQ List를 미리 작성해 놓는다.

▶ 회의 시 나만의 회의록을 아웃룩을 이용하여 만들고 저장하거나 송부한다. 선배들의 말은 직장용어이고 자주 반복되므로 나에게 피와 살이 된다. 향후 업무 서칭에도 편리하게 사용할 수 있다.

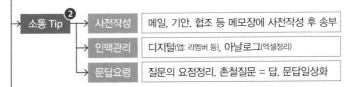

▶ 신입은 업무 소통(메일, 기안, 협조) 등이 미흡하고, 특히 외부문서는 사고가 나는 경우도 있다. 우선 메모장에 연습해보자. 소통에서의 고객은 상대방이다. 즉 상대방을 위해 시간을 줄여주면서, 실수 없이 쓰는 습관을 들여야 한다.

▶ 인맥 관리도 매우 중요하다. 명함관리는 앱(리멤버 등)을 활용하면 편리하다. 아울러 일일이 엑셀에 기록하는 것도 인적 네트워크 몰입을 위해 추천한다.

▶ 질문하기 전에 질의요점을 정리하자. 실제로 내가 얻고자 하는 것이 무엇인지를 알고 물어야 한다. 촌철 질문은 송곳 같은 답변을 유도한다. 문답의 일상화가 적당한 긴장감과 함께 자연스럽게 업무 내공을 증진시킨다.

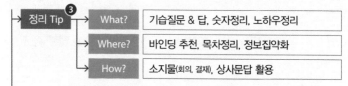

▶ 선배들이 갑자기 무언가를 찾거나 요구하는 경우에는 내가 고난을 겪도록 만들고자 함이 아니다. 그것이 필요하기 때문에 찾는 것이다. 만일 그것을 내가 미리 정리해 놓는다면 어떨까?

▶ 이런 방법으로 바인딩을 추천한다. 나만의 바인딩에 선배들이 물어보는 중복질문, 외울 수 없으나 꼭 알아야 할 숫자(매출액, 생산량, 리드 타임 등), 업무 표준화나 노하우를 미리 편철해 놓는 것이다.

▶ 바인딩의 맨 앞에는 목차를 정리하여 즉시 찾을 수 있도록 한다. 상사에게 결재 상신하거나 대화하는 자리에서 터지는 칼 질문에 준비된 정확한 답변을 내놓을 수 있다. 특히, 영업자는 고객을 위한 나만의 Sales 바인딩이 있어야 한다.

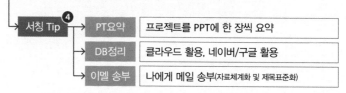

▶ 신입인 경우에도 때로는 중요한 프로젝트를 진행하거나 TF에 투입되기도 한다. 다수의 프로젝트를 관리해야 하는 경우에는, 프로젝트별 1Sheet씩 요점 정리할 것을 권한다.

▶ 예를 들어, A, B, C 개발사업 프로젝트를 진행한다면, 각 한 장씩 정리하여 놓는 것이다. 그 한 장에 사업 구도, 일정, 현재진행 사항, 중요 의사결정 등을 키워드로 하여 일목요연하게 정리하면 더욱 좋다. 향후 Ctrl+F로 키워드를 치면 해당 프로젝트에 대한 즉시 접근이 가능하다.

▶ 외부에서도 활용하고자 한다면, 네이버/구글 등을 활용한 클라우드에 저장해 놓거나, 표준화된 제목형식으로 이메일을 나에게 미리 송부하면 유사시에 어디서든 활용할 수 있다.

또 다른 일주일의 시작

다시 월요일이 되었다. 힘겨웠던 지난주가 어느새 순식간에 사라졌다. 유별난 팀장은 장태준을 찾았다.

유별난 팀장 "장태준 씨. 부사장실에 함께 들어갑시다. Z세대 인재상의 키워드는 장태준 씨가 직접 설명해 드려야겠어요."

장태준은 유별난 팀장을 따라서 경영진이 있는 10층으로 올라갔다. 유 팀장은 부사장실에 노크하고 들어갔다.

유별난 팀장 "한 주간 지시한 사항에 대하여 MIT를 보고드리러 왔습니다."

최 부사장은 때마침 통화 중이었으며, 자리에 앉으라고 손짓했다. 장태준도 묵례하며 들어갔다. 유 팀장이 첫 번째 보고 사항인 교육로드맵을 올렸다.

유별난 팀장 "교육을 기본, 리더십, 직무로 나누어 수립했습니다. 심차장이 밤새워 작성했는데, 우리 회사 실정에 맞게 잘 정리했습니다."

최 부사장은 커피를 권하며 자료를 받아들고 섬세하게 검토했다.

 최인걸 부사장 "매우 훌륭하군. 심 차장이 근래 집중을 못 하던데 모처

럼 자료가 비전 있게 잘 작성되었네요. 심 차장은 좀 더

주의 깊게 관리하고, 여기 리더십 교육에 첫 타자로 배

정하여 교육을 좀 보내세요."

유별난 팀장 (커피를 한 모금 마시며) "네. 알겠습니다."

교육 로드맵

기본역량 향상 및 조직문화 이해	학습조직화	리더십역량 강화	직무역량 강화

구분	기본교육		3. 리더십교육	4. 직무교육 (각 본부 추진)
	1. 기초교육	2. 공통교육		

자기주도 위주 학습
(MBA, AMP, 전문가 과정 등)

Director	1-2 1-3 1-4 1-5 1-6 1-7 1-8	2-4 2-5	3-5	
Manager		2-1 2-2 2-3	3-1 3-2 3-3 3-4	4-1 4-2 4-3
Senior	1-1			
Junior				

1-1 기본과정
포스터경영
윤리경영 / 직장예절
코칭스킬
기초회계 / 재무제표
규정 / 절차
ERP / MS
기초문서 / 작성법

2-1 기획 / 논리력
2-2 마케팅
2-3 창의력
2-4 대인관계
2-5 자기계발

3-1 팀워크
3-2 부하육성
3-3 비전목표
3-4 자원관리
3-5 계층별 리더십 과정

4-1 반도체 사업
4-2 FPD 사업
4-3 물류 자동화 사업

두 번째는 반도체 영업본부 목표 수립 내용 및 일정이었다. 유 팀장은 준비된 자료를 최 부사장에게 건네며 말했다.

유별난 팀장 "반도체 영업본부의 목표 수립 보고입니다. 일정은 이쪽에 표시되어 있습니다. 결론적으로 금주까지 회장님께 보고를 드릴 예정입니다. 매출목표는 작년 대비 20% 증가한 5천억 수준입니다."

최인걸 부사장 (문서를 뚫어지게 쳐다보며 볼펜으로 동그라미를 치며) "일정은 그렇고, 관리 방법은?"

유별난 팀장 (역시 준비가 되어 있는 듯, 유 팀장은 막힘없이 대답했다.) "보고서의 우측 하단에 있습니다만, 저희가 전산실과 협의하여 전광판 방식을 도입하고자 합니다. 본부장이 수주, 매출, 수금과 손익을 즉시 볼 수 있도록 ERP에 연동하는 방법입니다. 강단 대리가 준비하고 있습니다."

최인걸 부사장 (빙긋 웃으며) "아주 좋아요. 보여야 관리가 되는 것이지, 나도 ERP로 볼 수 있도록 전산실에 조치해주세요."

유별난 팀장 "네, 알겠습니다."

세 번째 자료를 펼쳤다. PMS 미팅으로 산출된 팀장의 성향 분석, 성과 창출을

위한 능력에 대한 20페이지에 달하는 리포트였다. 유 팀장이 리포트 맨 앞의
요약본을 설명했고, 마지막에 결론을 설명했다.

최인걸 부사장 (앞뒤로 문서를 넘겨보며) "허허, 월요일부터 공부할 것이 많
구먼. 내가 지시한 팀장들의 석세션 플랜에 관한 것이
지요? 팀장에 대한 심층분석이라서 여러모로 관심이
많아요. 이것은 놔두고 가세요. 내가 찬찬히 살펴보게."

유 팀장은 네 번째 결재판을 펼쳤다. Z세대 인재상 관련 워크숍 결과물이었다.

유별난 팀장 "지시하신 대로 저희 인사팀이 지난주 금요일에 워크숍
을 다녀온 결과물입니다. 저도 Z세대에 대하여 공부를
많이 했던 시간이었습니다. 매우 유익했고, 왜 부사장
님이 인재상을 별도로 준비하라고 했는지를 장태준, 오
상실 씨와 대화를 나누면서 알게 되었습니다. 전체적인
정리는 나대로 차장이 작성했습니다. 신조어와 키워드
에 대하여 장태준 씨가 상세설명을 드리겠습니다."

최 부사장은 관심 있게 자료를 검토하는 동안, 밀려오는 키워드의 의문점을

장태준이 요목조목 설명했다.

최인걸 부사장 "음, 장태준 씨. 역시 생각한 대로 다양한 특성을 가진 세대이군요. 내가 유 팀장에게 워크숍과 함께 본 과제를 지시한 것은 향후 결국 미래에 성과를 내야 하는 Z세대에 대한 인식을 넓히는 것이 목적이었습니다. 인사팀이 사전학습과 함께 HRM 트렌드에 대하여 열정을 가지고 주도하지 않으면 우리의 조직문화도 꼰대처럼 후진하기 때문입니다. 유 팀장. 이 자료에 있는 내용을 한 번 더 정리하여 회장님께도 보고합시다. 비서실에 연락하여 보고 날짜를 준비하고 팀장 이상 전원 참석시키세요."

유별난 팀장 "네."

최인걸 부사장 "유 팀장. 일주일이 참으로 폭풍처럼 지나갔을 텐데. MIT 과제를 준비하여 보고하느라 수고했습니다. 팀원들과 오늘 회식 한번 하세요. 저도 특별한 일 없으면 참석하겠습니다."

비서가 노크하며 들어와서 외부손님이 왔다고 전했다. 유 팀장과 장태준은 결재판을 챙겨서 일어섰다.

（８）　**최인걸 부사장** "장태준 씨, 신입사원이죠? 혹시 나에게 건의 사항이나 하고 싶은 말이 있는가?"

（🧑）　**장태준 사원** （유별난 팀장을 잠시 보더니 웃으며 말했다.）"부사장님 감사합니다. 외람되오나 소신 있게 말씀드려도 되겠습니까? 제 생각에 인사팀 회식에는 부사장님보다는 부사장님의 카드가 더 필요합니다."

유 팀장은 장태준을 쏘아보며 어쩔 줄 몰라 했다. 최 부사장은 잠시 멈칫하더니, 큰 소리로 웃으면서 당황하는 유 팀장에게 법인카드를 주며 말했다.

（８）　**최인걸 부사장** "역시 Z세대다운 소신 있고 간결한 답변이구먼. 알았네. 난 열외!"

또 다른 일주일이 시작되었다.

본서의 성과청사진: 로직 트리

1 일하는 이유	**2** 성과의 정의	**3** 성과 내는 기술	**4** 성과 내는 방법	**5** 스마트타워

1 왜 일하는가? 성과 창출	**6** 성과란? 의도한 결과	**10** 조직, 성과 관리 미션, 비전, 전략, 액션	**14** 성과리더십 패스파인더	**21** Z세대 인재상 스마트타워
2 일 못하는 이유 불통, 불량, 불납	**7** 꼰대 탈출 변화만이 살길	**11** 조직 성과 내기 문제인식, 몰입	**15** 답 제시 성과코칭	**22** my Story 기획, 스토리텔링
3 일의 이정표 성과 조감도	**8** 성과 미흡, 왜? 산만함, SNS 무계획	**12** 시간압축 기술 딥 콤팩트	**16** 성과팀장 공통점 통찰, 결단, 책임	**23** Motivation & conviction 열정, 소신
4 일의 목표 MIT	**9** 나를 위한 성과 생존, 미래가치창출	**13** 고성과 조직문화 소통, 다양성, 비전	**17** 성과 창출 능력 기획, 전수, 실행	**24** Action of five senses 의사결정, 실행
5 목표의 가시화 전광판			**18** 성과 도출 방법 주관, 유연, 스토리	**25** Resolution of digital 역량, 강점
			19 성과 유도방법 질문	**26** brevity Touch 공감, 간결, 소통
			20 연봉보다 중요 자기계발	

주요 등장인물

세대	부서	성명	성별	직책	직급	출생	전공	캐릭터	성격	취미	특기	혼인	자녀	특징
X 세대	COO	최인걸	남	COO	부사장	1970	산업공학	외유내강	유연함	영화	등산	기혼	1남 1녀	합리
X 세대	인사팀	유별난	여	팀장	부장4	1977	경영	답정녀	카리스마	독서 서칭	골프	기혼	2남	정치적
X 세대	인사팀	심각한	남	팀원	차장7	1976	심리	불통 고문관	괴이함	SNS	아재 개그	미혼	-	TMI 무능
Y 세대	인사팀	나대로	남	팀원	차장1	1985	사회	멋쟁이	자유분방	맵시옷	잡학 디피아	돌싱	-	젠틀
Y 세대	인사팀	강단	남	팀원	대리3	1989	법	해결남	다급함	건담 조립	해결사	기혼	1녀	합리
Z 세대	인사팀	오상실	여	팀원	사원1	1996	경영	발랄	새침함	여행	스킨 스쿠버	미혼	-	워라밸
Z 세대	인사팀	장태준	남	팀원	사원1	1995	경영	좌충우돌	소신	게임	프로그래머	미혼	-	소신

감사의 글

본서는 두 번째 책으로서, 집필하는 데 3년이 소요되었다.

책을 쓴다는 것은 외롭고 고독한 작업이다. 초고, 퇴고, 탈고하기까지 내가 독자가 되어보지 않은 적은 없다. 영업 상무이다 보니, 주중과 토요일에도 고객 약속으로 인한 시간 부족으로 매주 일요일 새벽 4시간씩 공부와 작문 끝에 출간할 수 있었다.

가장 좋은 글은 필력이 아니라 진실한 글이다. 책 속의 등장인물과 내용은 가공이지만 경험 Base로 진솔하게 작성하였기에, X, Y, Z세대 직장인이 두루 공감했으면 한다. 우리는 희로애락 이야기를 한 보따리 가슴속에 간직한 채 살아간다. 나 또한 그런 숨 가쁨을 책에 담았다. 즉, 주변의 선후배가 '내 인생의 스승이자 독자'이다.

본서는 아버지 故윤호진, 어머니 전희상께 바친다. 아울러, 나의 가족, 아내 오선영과 멋진 아들 윤준식, 귀염둥이 딸 윤아현. 그들의 존재와 코칭으로 글을 쓸 수 있었다. 내 인생은 가족으로 인해 발전하고 우아해졌다. 그 삶의 발자취를 영원히 책에 보존하고 싶다.

우선, 사회생활의 시작과 직장의 삶을 주신 존경하옵는 이완근 회장께 감사를 드린다. 아울러 인생의 비전과 철학을 정립하도록 가르침을 주신 김주헌 회장께 감사의 말씀을 드린다.

나의 멘토인 성균관대학교 신완선 교수, 세진공업 김상춘 대표, CFA 최기한 대표, 갈랩앤컴퍼니 김규영 대표께도 감사를 드린다. ㈜성과코칭 류랑도 대표, 더에이치알컨설팅 박해룡 대표와 책쓰기 노하우 전수 및 격려를 해주신 이상민 작가께도 감사드린다.

직장에서 오랫동안 모신 이순구 사장, 안윤수 대표, 이지선 대표, 이정선 대표, 김동섭 사장께도 지면으로나마 가슴 깊이 감사 인사를 드린다. 23년 전 나에게 영감 어린 도서와 함께 순환보직의 길을 열어 준 시너스텍㈜ 김영권 부사장께 특별한 감사를 드린다. 그의 인도 덕분에 지금의 책이 나왔다.

생산, 기획, 인사, 영업, 시공 현장에서 나와 만난 고객, 선후배, 직장동료 등 모든 분들께도 감사를 드린다. 특히 이용규, 박종운, 박준호, 라병한, 최영호, 김진우, 임장혁, 김태형, 김운식, 류경모, 정진욱, 장학수, 김신우, 박원세, 박강연, 조원경, 이민영, 정성재, 권재범, 정민혁, 최시영, 박용인에게는 말 대신 소주로 답례하고자 한다.

직장인들은 살기 남기 위해 안간힘을 쓰고, 그 치열함 속에 자기 자신의 발전과 성취를 맛본다. 모든 직장인의 성과를 기원하며.

2020년 3월

윤홍준

| 참고문헌 |

1일 출근하자마자 퇴근하고 싶은 Z세대에게

1단계 일하기 싫은데 오늘 연차 쓸까?

[1] 『성과관리, 이제는 사람이다』, 이현, 이담북스, 2015, p.26.
[2] 『팀장의 성과관리』 이동근, BG북갤러리, 2014, p.62.

2단계 왜 내가 꼴통인가? 세 가지가 없어서

[1] 『성과 중심으로 일하는 방식』, 류랑도, 쌤앤파커스, 2017, p.44.
[2] 『성과 중심으로 일하는 방식』, 류랑도, 쌤앤파커스, 2017, p.106.
[3] 『그들은 어떻게 지적 성과를 내는가』, 야마구치 슈, 인사이트앤뷰, 2015, p.208.
[4] 『성과를 향한 도전』, 피터 드러커, 간디서원, 2010, p.207.
[5] 『성과 향상을 위한 코칭 리더십』, 존 휘트모어, 김영사, 2007, p.175.
[6] 『일을 했으면 성과를 내라』, 류랑도, 쌤앤파커스, 2016, p.54.

3단계 TMI가 아닌 심플한 이정표가 필요해

[1] 『진짜 성과관리 PQ』, 송계전, 좋은땅, 2013, p.36.
[2] 『무엇이 성과를 이끄는가』, 닐 도쉬 외 1, 생각지도, 2016, p.236.
[3] 『무엇이 성과를 이끄는가』, 닐 도쉬 외 1, 생각지도, 2016, p.250.
[4] 『성과 중심으로 일하는 방식』, 류랑도, 쌤앤파커스, 2017, p.17.
[5] 『조직의 성과를 이끌어내는 리더십』, 다니얼 골먼 외 1, 매경출판, 2015, p.105.
[6] 『그들은 어떻게 지적 성과를 내는가』, 야마구치 슈, 인사이트앤뷰, 2015, p.106.
[7] 『그들은 어떻게 지적 성과를 내는가』, 야마구치 슈, 인사이트앤뷰, 2015, p.21.
[8] 『성과관리, 이제는 사람이다』, 이현, 이담북스, 2015, p.50.

[9] 『일을 했으면 성과를 내라』, 류랑도, 쌤앤파커스, 2016, p.64.

4단계 MIT, 가장 중요한 목표

[1] 『일을 했으면 성과를 내라』, 류랑도, 쌤앤파커스, 2016, p.27.

[2] 『성과 중심으로 일하는 방식』, 류랑도, 쌤앤파커스, 2017, p.69.

[3] 『무엇이 성과를 이끄는가』, 닐 도쉬 외 1, 생각지도, 2016, p.216.

[4] 『성과를 내고 싶으면 실행하라』, 크리스 맥체스니 외 2, 김영사, 2016, p.57.

[5] 『성과를 내고 싶으면 실행하라』, 크리스 맥체스니 외 2, 김영사, 2016, p.56.

[6] 『KPI 성과관리에 숨겨진 비밀』, 신성현, 굿러닝, 2015, p.84.

[7] 『성과를 내고 싶으면 실행하라』, 크리스 맥체스니 외 2, 김영사, 2016, p.73.

[8] 『성과를 지배하는 바인더의 힘』, 강규형, 스타리치북스, 2013, p.153.

[9] 『성과를 지배하는 바인더의 힘』, 강규형, 스타리치북스, 2013, p.142.

[10] 『딥 워크』, 칼 뉴포트, 민음사, 2017, p.132.

[11] 『성과를 내고 싶으면 실행하라』, 크리스 맥체스니 외 2, 김영사, 2016. p.40.

[12] 『성과를 내고 싶으면 실행하라』, 크리스 맥체스니 외 2, 김영사, 2016. p.65.

[13] 『성과를 내고 싶으면 실행하라』, 크리스 맥체스니 외 2, 김영사, 2016. p.77.

[14] 『성과관리, 이제는 사람이다』, 이현, 이담북스, 2015, p.102.

[15] 『성과 향상을 위한 코칭 리더십』, 존 휘트모어, 김영사, 2007, p.95.

5단계 전광판, 목표가 보여야 달성할 수 있다

[1] 『중소기업의 전략적 성과관리(BSC) 이론편』, 한국 BSC연구회, 이담북스, 2009, p.176.

[2] 『딥 워크』, 칼 뉴포트, 민음사, 2017, p.134.

[3] 『성과를 내고 싶으면 실행하라』, 크리스 맥체스니 외 2, 김영사, 2016, p.107.

[4] 『그들은 어떻게 지적 성과를 내는가』, 야마구치 슈, 인사이트앤뷰, 2015, p.224.

[5] 『탁월한 성과는 어떻게 만들어지는가』, 김준성, 김앤김북스, 2013, p.146.

[6] 『성과를 내고 싶으면 실행하라』, 크리스 맥체스니 외 2, 김영사, 2016, p.292.

[7] 『성과를 내고 싶으면 실행하라』, 크리스 맥체스니 외 2, 김영사, 2016, p.112.

[8] 『성과를 내고 싶으면 실행하라』, 크리스 맥체스니 외 2, 김영사, 2016, p.228.

[9] 『성과를 내고 싶으면 실행하라』, 크리스 맥체스니 외 2, 김영사, 2016, p.42.

[10] 『성과를 내고 싶으면 실행하라』, 크리스 맥체스니 외 2, 김영사, 2016, p.110.

[11] 『성과를 내고 싶으면 실행하라』, 크리스 맥체스니 외 2, 김영사, 2016, p.261.

[12] 『성과를 내고 싶으면 실행하라』, 크리스 맥체스니 외 2, 김영사, 2016, p.256.

[13] 『성과를 내고 싶으면 실행하라』, 크리스 맥체스니 외 2, 김영사, 2016, p.257.

2일 성과 그게 뭔데요? 먹는건가요?

6단계 Z세대, SMART한 시대의 프로직장인

[1] 『일을 했으면 성과를 내라』, 류랑도, 쌤앤파커스, 2016, p.34.

[2] 『성과 중심으로 일하는 방식』, 류랑도, 쌤앤파커스, 2017, p.25.

[3] 『일을 했으면 성과를 내라』, 류랑도, 쌤앤파커스, 2016, p.37.

[4] 『성과 중심으로 일하는 방식』, 류랑도, 쌤앤파커스, 2017, p.29.

[5] 『성과관리, 이제는 사람이다』, 이현, 이담북스, 2015, p.31.

[6] 『탁월한 성과는 어떻게 만들어지는가』, 김준성, 김앤김북스, 2013, p.8.

[7] 『탁월한 성과는 어떻게 만들어지는가』, 김준성, 김앤김북스, 2013, p.9.

[8] 네이버백과: 4차 산업혁명(http://terms.naver.com/entry.nhn?docId=3403455&cid =42107&categoryId=42107)

[9] 『성과를 향한 도전』, 피터 드러커, 간디서원, 2010, p.144.

[10] 『탁월한 성과는 어떻게 만들어지는가』, 김준성, 김앤김북스, 2013, p.29.

[11] 『탁월한 성과는 어떻게 만들어지는가』, 김준성, 김앤김북스, 2013, p.57.

[12] 『성과를 향한 도전』, 피터 드러커, 간디서원, 2010, p.103.

[13] 『딥 워크』, 칼 뉴포트, 민음사, 2017, p.32.

7단계 몇 년 후 나도 직장 꼰대가 된다?!

[1] 〈꼰대 탈출 10계명〉(헤럴드경제, 2014.5.16.)

[2] 『탁월한 성과는 어떻게 만들어지는가』, 김준성, 김앤김북스, 2013, p.15.

[3] 『탁월한 성과는 어떻게 만들어지는가』, 김준성, 김앤김북스, 2013, p.75.

[4] 『무엇이 성과를 이끄는가』, 닐 도쉬 외 1, 생각지도, 2016, p.310.

[5] 『딥 워크』, 칼 뉴포트, 민음사, 2017, p.27.

[6] 『성과를 200% 끌어올리는 TOC』, 정남기, 한언, 2005, p.71.

[7] 『탁월한 성과는 어떻게 만들어지는가』, 김준성, 김앤김북스, 2013, p.31.

[8] 『성과관리, 이제는 사람이다』, 이현, 이담북스, 2015, p.58.

[9] 『조직의 성과를 이끌어내는 리더십』, 다니얼 골먼 외 1, 매경출판, 2015, p.170.

[10] 『성과관리, 이제는 사람이다』, 이현, 이담북스, 2015, p.58.

[11] 『성과관리, 이제는 사람이다』, 이현, 이담북스, 2015, p.129.

[12] 『탁월한 성과는 어떻게 만들어지는가』, 김준성, 김앤김북스, 2013, p.79.

[13] 『성과 내는 팀장의 40가지 조건』, 이재정, 라온북, 2017, p.94.

[14] 『탁월한 성과는 어떻게 만들어지는가』, 김준성, 김앤김북스, 2013, p.16.

[15] 『성과를 200% 끌어올리는 TOC』, 정남기, 한언, 2005, p.66.

8단계 당신이 성과를 못 내는 3가지 이유

[1] 『성과 향상을 위한 코칭 리더십』, 존 휘트모어, 김영사, 2007, p.180.

[2] 『무엇이 성과를 이끄는가』, 닐 도쉬 외 1, 생각지도, 2016, p.77.

[3] 『무엇이 성과를 이끄는가』, 닐 도쉬 외 1, 생각지도, 2016, p.84.

[4] 『무엇이 성과를 이끄는가』, 닐 도쉬 외 1, 생각지도, 2016, p.352.

[5] 『무엇이 성과를 이끄는가』, 닐 도쉬 외 1, 생각지도, 2016, p.353.

[6] 『무엇이 성과를 이끄는가』, 닐 도쉬 외 1, 생각지도, 2016, p.356.

[7] 『무엇이 성과를 이끄는가』, 닐 도쉬 외 1, 생각지도, 2016, p.81.

[8] 『딥 워크』, 칼 뉴포트, 민음사, 2017. p.43.

[9] 『딥 워크』, 칼 뉴포트, 민음사, 2017. p.151.

[10] 『성과를 내고 싶으면 실행하라』, 크리스 맥체스니 외 2, 김영사, 2016. p.56.

[11] 『네이버백과: SNS(https://m.terms.naver.com/entry.nhn?docId=1526243&cid=4
2171&categoryId=42180)

[12] 『딥 워크』, 칼 뉴포트, 민음사, 2017. p.11.

[13] 『딥 워크』, 칼 뉴포트, 민음사, 2017. p.171.

[14] 『딥 워크』, 칼 뉴포트, 민음사, 2017. p.172.

[15] 『딥 워크』, 칼 뉴포트, 민음사, 2017. p.190.

[16] 『딥 워크』, 칼 뉴포트, 민음사, 2017, p.185.

[17] 『딥 워크』, 칼 뉴포트, 민음사, 2017, p.193.

[18] 『일을 했으면 성과를 내라』, 류랑도, 쌤앤파커스, 2016, p.32.

[19] 『탁월한 성과는 어떻게 만들어지는가』, 김준성, 김앤김북스, 2013, p.217.

9단계 나를 위한 궁극적인 성과, 생존과 미래 가치 창출

[1] 『딥 워크』, 칼 뉴포트, 민음사, 2017, p.130.

[2] 『탁월한 성과는 어떻게 만들어지는가』, 김준성, 김앤김북스, 2013, p.25.

[3] 『탁월한 성과는 어떻게 만들어지는가』, 김준성, 김앤김북스, 2013, p.208.

[4] '혁신전도사' 하이얼 회장 장루이민, 뉴스핌, 2018.2.21.(http://m.newspim.com/news/view/20180221000220)

[5] 『탁월한 성과는 어떻게 만들어지는가』, 김준성, 김앤김북스, 2013, p.206.

[6] 『탁월한 성과는 어떻게 만들어지는가』, 김준성, 김앤김북스, 2013, p.206.

[7] 『탁월한 성과는 어떻게 만들어지는가』, 김준성, 김앤김북스, 2013, p.206.

[8] 『탁월한 성과는 어떻게 만들어지는가』, 김준성, 김앤김북스, 2013, p.218.

[9] 『왜 내 성과는 제자리일까』, 김상배, 한국경제신문사, 2017, p.121.

[10] 『성과를 내고 싶으면 실행하라』, 크리스 맥체스니 외 2, 김영사, 2016, p.289.

[11] 『성과를 내고 싶으면 실행하라』, 크리스 맥체스니 외 2, 김영사, 2016, p.157.

[12] 『성과를 내는 팀장은 다르다』, 데니 F. 스트리글 외 1, 코리아닷컴, 2012, p.208.

[13] 『왜 내 성과는 제자리일까』, 김상배, 한국경제신문사, 2017, p.33.

[14] 『팀장의 성과관리』, 이동근, BG북갤러리, 2014, p.67.

[15] 『성과를 내고 싶으면 실행하라』, 크리스 맥체스니 외 2, 김영사, 2016, p.45.

[16] 『성과를 지배하는 바인더의 힘』, 강규형, 스타리치북스, 2013, p.296.

3일 직장에서 성과 내는 기술은 따로 있다

10단계 조직의 성과관리 알기: 미션부터 액션플랜까지

[1] 『중소기업의 전략적 성과리(BSC) 이론편』, 한국BSC연구회, 이담북스, 2009, p.94.

[2] 『왜 내 성과는 제자리일까』, 김상배, 한국경제신문사, 2017, p.260.

[3] 『성과 중심으로 일하는 방식』, 류랑도, 쌤앤파커스, 2017, p.164.

[4] 『탁월한 성과는 어떻게 만들어지는가』, 김준성, 김앤김북스, 2013, p.210.

[5] 『탁월한 성과는 어떻게 만들어지는가』, 김준성, 김앤김북스, 2013, p.212.

[6] 『조직의 성과를 이끌어내는 리더십』, 다니얼 골먼 외 1, 매경출판, 2015, p.333.

[7] 『중소기업의 전략적 성과관리(BSC) 이론편』, 한국BSC연구회, 이담북스, 2009, p.55.

[8] 소렌스탐의 '페어웨이 지키는 4가지 비법' 한국경제스포츠 2008.5.19.(http://news.hankyung.com/article/2008051612231?nv=o)

[9] 『중소기업의 전략적 성과관리(BSC) 이론편』, 한국BSC연구회, 이담북스, 2009, p.55.

[10] 『일을 했으면 성과를 내라』, 류랑도, 쌤앤파커스, 2016, p.29.

11단계 성과 도출을 위한 문제 인식과 몰입

[1] 『그들은 어떻게 지적 성과를 내는가』, 야마구치 슈, 인사이트앤뷰, 2015. p.73.

[2] 『그들은 어떻게 지적 성과를 내는가』, 야마구치 슈, 인사이트앤뷰, 2015. p.93.

[3] 『그들은 어떻게 지적 성과를 내는가』, 야마구치 슈, 인사이트앤뷰, 2015. p.197.

[4] 『그들은 어떻게 지적 성과를 내는가』, 야마구치 슈, 인사이트앤뷰, 2015. p.199.

[5] 『그들은 어떻게 지적 성과를 내는가』, 야마구치 슈, 인사이트앤뷰, 2015. p.68.

[6] 『그들은 어떻게 지적 성과를 내는가』, 야마구치 슈, 인사이트앤뷰, 2015. p.71.

[7] 『그들은 어떻게 지적 성과를 내는가』, 야마구치 슈, 인사이트앤뷰, 2015. p.195.

[8] 『그들은 어떻게 지적 성과를 내는가』, 야마구치 슈, 인사이트앤뷰, 2015. p.196.

[9] 『딥 워크』, 칼 뉴포트, 민음사, 2017, p.11.

[10] 『딥 워크』, 칼 뉴포트, 민음사, 2017, p.77.

[11] 『딥 워크』, 칼 뉴포트, 민음사, 2017, p.82.

12단계 시간을 3배 압축하는 기술: 딥 콤팩트

[1] 『성과 중심으로 일하는 방식』, 류랑도, 쌤앤파커스, 2017, p.155.

[2] 『성과를 향한 도전』, 피터 드러커, 간디서원, 2010, p.50.

[3] 『성과를 향한 도전』, 피터 드러커, 간디서원, 2010, p.170.

[4] 『성과를 향한 도전』, 피터 드러커, 간디서원, 2010, p.170.

[5] 『성과를 향한 도전』, 피터 드러커, 간디서원, 2010, p.169.

[6] 『성과를 향한 도전』, 피터 드러커, 간디서원, 2010, p.64.

[7] 『성과를 향한 도전』, 피터 드러커, 간디서원, 2010, p.76.

[8] 『성과를 향한 도전』, 피터 드러커, 간디서원, 2010, p.65.

[9] 『딥 워크』, 칼 뉴포트, 민음사, 2017, p.102.

[10] 『딥 워크』, 칼 뉴포트, 민음사, 2017, p.103.

[11] 『딥 워크』, 칼 뉴포트, 민음사, 2017, p.105.

[12] 『딥 워크』, 칼 뉴포트, 민음사, 2017, p.112.

[13] 『딥 워크』, 칼 뉴포트, 민음사, 2017, p.109.

13단계 뛰는 놈 위에 슈퍼맨, 고성과 조직문화 이해하기

[1] 『성과 내는 팀장의 40가지 조건』, 이재정, 라온북, 2017, p.204.

[2] 『무엇이 성과를 이끄는가』, 닐 도쉬 외 1, 생각지도, 2016, p.152.

[3] 『무엇이 성과를 이끄는가』, 닐 도쉬 외 1, 생각지도, 2016, p.151.

[4] 『무엇이 성과를 이끄는가』, 닐 도쉬 외 1, 생각지도, 2016, p.267.

[5] 『성과를 향한 도전』, 피터 드러커, 간디서원, 2010, p.272.

[6] 『무엇이 성과를 이끄는가』, 닐 도쉬 외 1, 생각지도, 2016, p.205.

[7] 『무엇이 성과를 이끄는가』, 닐 도쉬 외 1, 생각지도, 2016, p.221.

[8] 『무엇이 성과를 이끄는가』, 닐 도쉬 외 1, 생각지도, 2016, p.223.

[9]『무엇이 성과를 이끄는가』, 닐 도쉬 외 1, 생각지도, 2016, p.227.

[10]『왜 내 성과는 제자리일까』, 김상배, 한국경제신문사, 2017, p.155.

[11]『왜 내 성과는 제자리일까』, 김상배, 한국경제신문사, 2017, p.93.

[12]『성과를 내고 싶으면 실행하라』, 크리스 맥체스니 외 2, 김영사, 2016, p.124.

[13]『성과를 내는 팀장은 다르다』, 데니 F. 스트리글 외 1, 코리아닷컴, 2012, p.225.

[14]『왜 내 성과는 제자리일까』, 김상배, 한국경제신문사, 2017, p.69.

[15]『일을 했으면 성과를 내라』, 류랑도, 쌤앤파커스, 2016, p49.

4일 성과를 200% 끌어올리는 방법

14단계 성과리더십을 키우려면

[1] 『중간관리자의 성과코칭스킬』, Duke Corporate Education, 이너북스, 2009, p.46.

[2] 『무엇이 성과를 이끄는가』, 닐 도쉬 외 1, 생각지도, 2016, p.165.

[3] 『조직의 성과를 이끌어내는 리더십』, 다니얼 골먼 외 1, 매경출판, 2015, p.22.

[4] 『조직의 성과를 이끌어내는 리더십』, 다니얼 골먼 외 1, 매경출판, 2015, p.43.

[5] 『조직의 성과를 이끌어내는 리더십』, 다니얼 골먼 외 1, 매경출판, 2015, p.23.

[6] 『무엇이 성과를 이끄는가』, 닐 도쉬 외 1, 생각지도, 2016, p.196.

[7] 『조직의 성과를 이끌어내는 리더십』, 다니얼 골먼 외 1, 매경출판, 2015, p.141.

[8] 『무엇이 성과를 이끄는가』, 닐 도쉬 외 1, 생각지도, 2016, p.232.

[9] 『성과 내는 팀장의 40가지 조건』, 이재정, 라온북, 2017, p.212.

[10] 『조직의 성과를 이끌어내는 리더십』, 다니얼 골먼 외 1, 매경출판, 2015, p.93.

[11] 『무엇이 성과를 이끄는가』, 닐 도쉬 외 1, 생각지도, 2016, p.367.

[12] 『조직의 성과를 이끌어내는 리더십』, 다니얼 골먼 외 1, 매경출판, 2015, p.239.

15단계 조직에 답을 제시하는 힘

[1] 『진짜 성과관리 PQ』, 송계전, 좋은땅, 2013, p.182.

[2] 『성과 향상을 위한 코칭 리더십』, 존 휘트모어, 김영사, 2007, p.216.

[3] 『성과 향상을 위한 코칭 리더십』, 존 휘트모어, 김영사, 2007, p.242.

[4] 『성과 중심으로 일하는 방식』, 류랑도, 쌤앤파커스, 2017, p.146.

[5] 『중간관리자의 성과코칭스킬』, Duke Corporate Education, 이너북스, 2009, p.41.

[6] 『성과 중심으로 일하는 방식』, 류랑도, 쌤앤파커스, 2017, p.147.

[7] 『조직의 성과를 이끌어내는 리더십』, 다니얼 골먼 외 1, 매경출판, 2015, p.160.

[8] 『중간관리자의 성과코칭스킬』, Duke Corporate Education, 이너북스, 2009, p.44.

[9] 『중간관리자의 성과코칭스킬』, Duke Corporate Education, 이너북스, 2009, p.69.

[10] 『성과를 내는 팀장은 다르다』, 데니 F. 스트리글 외 1, 코리아닷컴, 2012, p.155.

[11] 『성과 향상을 위한 코칭 리더십』, 존 휘트모어, 김영사, 2007, p.25.

[12] 『성과 향상을 위한 코칭 리더십』, 존 휘트모어, 김영사, 2007, p.20.

[13] 『성과 향상을 위한 코칭 리더십』, 존 휘트모어, 김영사, 2007, p.17.

[14] 『진짜 성과관리 PQ』, 송계전, 좋은땅, 2013, p.183.

[15] 『진짜 성과관리 PQ』, 송계전, 좋은땅, 2013, p.184.

[16] 『진짜 성과관리 PQ』, 송계전, 좋은땅, 2013, p.190.

[17] 『진짜 성과관리 PQ』, 송계전, 좋은땅, 2013, p.191.

[18] 『진짜 성과관리 PQ』, 송계전, 좋은땅, 2013, p.193.

[19] 『진짜 성과관리 PQ』, 송계전, 좋은땅, 2013, p.195.

[20] 『그들은 어떻게 지적 성과를 내는가』, 야마구치 슈, 인사이트앤뷰, 2015, p.109.

[21] 『그들은 어떻게 지적 성과를 내는가』, 야마구치 슈, 인사이트앤뷰, 2015, p.112.

[22] 『그들은 어떻게 지적 성과를 내는가』, 야마구치 슈, 인사이트앤뷰, 2015, p.114.

[23] 『탁월한 성과는 어떻게 만들어지는가』, 김준성, 김앤김북스, 2013, p.159.

[24] 『왜 내 성과는 제자리일까』, 김상배, 한국경제신문사, 2017, p.151.

[25] 『성과 향상을 위한 코칭 리더십』, 존 휘트모어, 김영사, 2007, p.39.

16단계 성과 내는 팀장에겐 공통점이 있다

[1] 롤러코스터를 탄 서울의 부동산, 57년 역사, 노컷뉴스(https://www.nocutnews.co.kr/news/5026029)

[2] 『성과의 가시화』, 엔도 이사오, 다산북스, 2013, p.38.

[3] 『성과관리, 이제는 사람이다』, 이현, 이담북스, 2015, p.146.

[4] 『성과를 향한 도전』, 피터 드러커, 간디서원, 2010, p.238.

[5] 『성과의 가시화』, 엔도 이사오, 다산북스, 2013, p.41.

[6] 『성과를 향한 도전』, 피터 드러커, 간디서원, 2010, p.238.

[7] 『성과를 향한 도전』, 피터 드러커, 간디서원, 2010, p.260.

[8] 『그들은 어떻게 지적 성과를 내는가』, 야마구치 슈, 인사이트앤뷰, 2015, p.116.

[9] 『그들은 어떻게 지적 성과를 내는가』, 야마구치 슈, 인사이트앤뷰, 2015, p.128.

[10] 『그들은 어떻게 지적 성과를 내는가』, 야마구치 슈, 인사이트앤뷰, 2015, p.129.

[11] 『그들은 어떻게 지적 성과를 내는가』, 야마구치 슈, 인사이트앤뷰, 2015, p.244.

[12] 『그들은 어떻게 지적 성과를 내는가』, 야마구치 슈, 인사이트앤뷰, 2015, p.248.

[13] 『성과의 가시화』, 엔도 이사오, 다산북스, 2013, p.23.

[14] 『성과를 내는 팀장은 다르다』, 데니 F. 스트리글 외 1, 코리아닷컴, 2012, p.84.

[15] 『성과를 내는 팀장은 다르다』, 데니 F. 스트리글 외 1, 코리아닷컴, 2012, p.84.

[16] 『성과를 내는 팀장은 다르다』, 데니 F. 스트리글 외 1, 코리아닷컴, 2012, p.85.

[17] 『성과를 내는 팀장은 다르다』, 데니 F. 스트리글 외 1, 코리아닷컴, 2012, p.89.

[18] 『그들은 어떻게 지적 성과를 내는가』, 야마구치 슈, 인사이트앤뷰, 2015, p.100.

[19] 『왜 내 성과는 제자리일까』, 김상배, 한국경제신문사, 2017, p.122.

[20] 『성과 중심으로 일하는 방식』, 류랑도, 쌤앤파커스, 2017, p.36.

[21] 『성과 중심으로 일하는 방식』, 류랑도, 쌤앤파커스, 2017, p.190.

[22] 『성과 중심으로 일하는 방식』, 류랑도, 쌤앤파커스, 2017, p.190.

[23] 『성과 중심으로 일하는 방식』, 류랑도, 쌤앤파커스, 2017, p.192.

[24] 『그들은 어떻게 지적 성과를 내는가』, 야마구치 슈, 인사이트앤뷰, 2015, p.26.

17단계 성과 창출의 능력 3가지

[1] 『성과관리, 이제는 사람이다』, 이현, 이담북스, 2015, p.104.

[2] 『일을 했으면 성과를 내라』, 류랑도, 쌤앤파커스, 2016, p.154.

[3] 『성과 내는 팀장의 40가지 조건』, 이재정, 라온북, 2017, p.128.

[4] 『일을 했으면 성과를 내라』, 류랑도, 쌤앤파커스, 2016, p.354.

[5] 『팀장의 성과관리』 이동근, BG북갤러리, 2014, p.84.

[6] 『성과를 지배하는 바인더의 힘』, 강규형, 스타리치북스, 2013, p.104.

[7] 『왜 내 성과는 제자리일까』, 김상배, 한국경제신문사, 2017, p.115.

[8] 『일을 했으면 성과를 내라』, 류랑도, 쌤앤파커스, 2016, p.76.

[9] 『일을 했으면 성과를 내라』, 류랑도, 쌤앤파커스, 2016, p.78.

[10] 『성과 중심으로 일하는 방식』, 류랑도, 쌤앤파커스, 2017, p.98.

[11] 『성과 중심으로 일하는 방식』, 류랑도, 쌤앤파커스, 2017, p.96.

[12] 『성과의 가시화』, 엔도 이사오, 다산북스, 2013, p.31.

[13] 『성과의 가시화』, 엔도 이사오, 다산북스, 2013, p.30.

18단계 성과 도출의 능력 3가지

[1] 『성과의 가시화』, 엔도 이사오, 다산북스, 2013, p.58.

[2] 『성과의 가시화』, 엔도 이사오, 다산북스, 2013, p.61.

[3] 『탁월한 성과는 어떻게 만들어지는가』, 김준성, 김앤김북스, 2013. p.48.

[4] 『일을 했으면 성과를 내라』, 류랑도, 쌤앤파커스, 2016, p.228.

[5] 『그들은 어떻게 지적 성과를 내는가』, 야마구치 슈, 인사이트앤뷰, 2015, p.124.

[6] 『그들은 어떻게 지적 성과를 내는가』, 야마구치 슈, 인사이트앤뷰, 2015, p.174.

[7] 『무엇이 성과를 이끄는가』, 닐 도쉬 외 1, 생각지도, 2016, p.153.

[8] 『일을 했으면 성과를 내라』, 류랑도, 쌤앤파커스, 2016, p.330.

[9] 『성과를 지배하는 바인더의 힘』, 강규형, 스타리치북스, 2013, p.323.

[10] 『무엇이 성과를 이끄는가』, 닐 도쉬 외 1, 생각지도, 2016, p.135.

[11] 『성과관리, 이제는 사람이다』, 이현, 이담북스, 2015, p.150.

[12] 『성과의 가시화』, 엔도 이사오, 다산북스, 2013, p.167.

[13] 『성과의 가시화』, 엔도 이사오, 다산북스, 2013, p.183.

[14] 『성과의 가시화』, 엔도 이사오, 다산북스, 2013, p.162.

19단계 성과를 내도록 유도하는 힘

[1] 『성과 향상을 위한 코칭 리더십』, 존 휘트모어, 김영사, 2007, p.223.

[2] 『그들은 어떻게 지적 성과를 내는가』, 야마구치 슈, 인사이트앤뷰, 2015, p.271.

[3] 『탁월한 성과는 어떻게 만들어지는가』, 김준성, 김앤김북스, 2013, p.33.

[4] 『탁월한 성과는 어떻게 만들어지는가』, 김준성, 김앤김북스, 2013, p.148.

[5] 『성과를 내는 팀장은 다르다』, 데니 F. 스트리글 외 1, 코리아닷컴, 2012, p.60.

[6] 『성과 내는 팀장의 40가지 조건』, 이재정, 라온북, 2017, p.88.

[7] 『일을 했으면 성과를 내라』, 류랑도, 쌤앤파커스, 2016, p.166.

[8] 『탁월한 성과는 어떻게 만들어지는가』, 김준성, 김앤김북스, 2013, p.150.

[9] 『일을 했으면 성과를 내라』, 류랑도, 쌤앤파커스, 2016, p.46.

[10] 『일을 했으면 성과를 내라』, 류랑도, 쌤앤파커스, 2016, p.190.

[11] 『성과 향상을 위한 코칭 리더십』, 존 휘트모어, 김영사, 2007. p.193.

[12] 『그들은 어떻게 지적 성과를 내는가』, 야마구치 슈, 인사이트앤뷰, 2015, p.58.

[13] 『그들은 어떻게 지적 성과를 내는가』, 야마구치 슈, 인사이트앤뷰, 2015, p.53.

[14] 『성과를 내는 팀장은 다르다』, 데니 F. 스트리글 외 1, 코리아닷컴, 2012, p.75.

[15] 『성과 내는 팀장의 40가지 조건』, 이재정, 라온북, 2017, p.89.

[16] 『성과 향상을 위한 코칭 리더십』, 존 휘트모어, 김영사, 2007, p.68.

[17] 『성과 향상을 위한 코칭 리더십』, 존 휘트모어, 김영사, 2007, p.69.

[18] 『성과 향상을 위한 코칭 리더십』, 존 휘트모어, 김영사, 2007, p.119.

20단계 직장인의 딜레마: 연봉 VS 자기계발

[1] 『그들은 어떻게 지적 성과를 내는가』, 야마구치 슈, 인사이트앤뷰, 2015, p.298.

[2] 『성과를 향한 도전』, 피터 드러커, 간디서원, 2010, p.275.

[3] 『왜 내 성과는 제자리일까』, 김상배, 한국경제신문사, 2017, p.102.

[4] 돈의 관점에서 플랫폼의 이해 2019.6.11. 이민석 국민대 교수 Blog(https://hl1itj. tistory.com/196)

[5] 『성과의 가시화』, 엔도 이사오, 다산북스, 2013, p.76.

[6] 『성과의 가시화』, 엔도 이사오, 다산북스, 2013, p.81.

[7] 『성과의 가시화』, 엔도 이사오, 다산북스, 2013, p.81.

[8] 『그들은 어떻게 지적 성과를 내는가』, 야마구치 슈, 인사이트앤뷰, 2015, p.293.

[9] 『성과를 지배하는 바인더의 힘』, 강규형, 스타리치북스, 2013, p.104.

[10] 『일을 했으면 성과를 내라』, 류량도, 쌤앤파커스, 2016, p.127.

[11] 『탁월한 성과는 어떻게 만들어지는가』, 김준성, 김앤김북스, 2013, p.138.

[12] 『성과의 가시화』, 엔도 이사오, 다산북스, 2013. p.109, p.114.

[13] 『왜 내 성과는 제자리일까』, 김상배, 한국경제신문사, 2017, p.250.

[14] 『왜 내 성과는 제자리일까』, 김상배, 한국경제신문사, 2017, p.253.

[15] 『왜 내 성과는 제자리일까』, 김상배, 한국경제신문사, 2017, p.269.

5일 Z세대여, 스마트 에너자이저가 되자

22단계 my Story: 나만의 독특함으로 기획한다

[1] 네이버사전(https://ko.dict.naver.com/detail.nhn?docid=13499401)

[2] 『성과의 가시화』, 엔도 이사오, 다산북스, 2013, p.10.

[3] 『그들은 어떻게 지적 성과를 내는가』, 야마구치 슈, 인사이트앤뷰, 2015, p.142.

[4] 『성과의 가시화』, 엔도 이사오, 다산북스, 2013, p.89.

[5] 『그들은 어떻게 지적 성과를 내는가』, 야마구치 슈, 인사이트앤뷰, 2015, p.152.

[6] 『그들은 어떻게 지적 성과를 내는가』, 야마구치 슈, 인사이트앤뷰, 2015, p.278.

[7] 『그들은 어떻게 지적 성과를 내는가』, 야마구치 슈, 인사이트앤뷰, 2015, p.250.

[8] 『성과의 가시화』, 엔도 이사오, 다산북스, 2013, p.132.

[9] 『성과의 가시화』, 엔도 이사오, 다산북스, 2013, p.133.

[10] 『성과의 가시화』, 엔도 이사오, 다산북스, 2013, p.158.

23단계 Motivation & conviction: 열정과 소신으로 표현한다

[1] 『그들은 어떻게 지적 성과를 내는가』, 야마구치 슈, 인사이트앤뷰, 2015, p.229.

[2] 『조직의 성과를 이끌어내는 리더십』, 다니얼 골먼 외 1, 매경출판, 2015, p.184.

[3] 『탁월한 성과는 어떻게 만들어지는가』, 김준성, 김앤김북스, 2013, p.68.

[4] 『조직의 성과를 이끌어내는 리더십』, 다니얼 골먼 외 1, 매경출판, 2015, p.191.

[5] 『조직의 성과를 이끌어내는 리더십』, 다니얼 골먼 외 1, 매경출판, 2015, p.192.

[6] 『그들은 어떻게 지적 성과를 내는가』, 야마구치 슈, 인사이트앤뷰, 2015, p.260.

[7] 『탁월한 성과는 어떻게 만들어지는가』, 김준성, 김앤김북스, 2013, p.67.

[8] 『성과를 내는 팀장은 다르다』, 데니 F. 스트리글 외 1, 코리아닷컴, 2012, p.26.

[9] 『성과를 내는 팀장은 다르다』, 데니 F. 스트리글 외 1, 코리아닷컴, 2012, p.144.

[10] 『그들은 어떻게 지적 성과를 내는가』, 야마구치 슈, 인사이트앤뷰, 2015, p.306.

[11] 『일을 했으면 성과를 내라』, 류랑도, 쌤앤파커스, 2016, p.129.

[12] 『일을 했으면 성과를 내라』, 류랑도, 쌤앤파커스, 2016, p.131.

[13] 『일을 했으면 성과를 내라』, 류랑도, 쌤앤파커스, 2016, p.132.

[14] 『일을 했으면 성과를 내라』, 류랑도, 쌤앤파커스, 2016, p.132.

24단계 Action of five senses: 직접 실행해보고 감 잡는다

[1] 『조직의 성과를 이끌어내는 리더십』, 다니얼 골먼 외 1, 매경출판, 2015, p.47.

[2] 『성과를 향한 도전』, 피터 드러커, 간디서원, 2010, p.177.

[3] 『성과를 향한 도전』, 피터 드러커, 간디서원, 2010, p.187.

[4] 『성과를 향한 도전』, 피터 드러커, 간디서원, 2010, p.21.

[5] 『조직의 성과를 이끌어내는 리더십』, 다니얼 골먼 외 1, 매경출판, 2015, p.46.

[6] 『성과를 향한 도전』, 피터 드러커, 간디서원, 2010, p.180.

[7] 『성과를 향한 도전』, 피터 드러커, 간디서원, 2010, p.226.

[8] 『성과를 향한 도전』, 피터 드러커, 간디서원, 2010, p.212.

[9] 『성과를 향한 도전』, 피터 드러커, 간디서원, 2010, p.213.

[10] 팬더 아빠의 전쟁사 이야기 "장제스는 왜 패하였는가"(https://blog.naver.com/atena02/221016146745)

[11] 크레피오의 서재 "전쟁과 전략-마오쩌둥과 호찌민"(https://blog.naver.com/crepio/150102215630)

[12] 『성과를 향한 도전』, 피터 드러커, 간디서원, 2010, p.236.

[13] 『성과를 향한 도전』, 피터 드러커, 간디서원, 2010, p.215.

[14] 『무엇이 성과를 이끄는가』, 닐 도쉬 외 1, 생각지도, 2016, p.132.

[15] 『무엇이 성과를 이끄는가』, 닐 도쉬 외 1, 생각지도, 2016, p.274.

[16] 『성과를 내고 싶으면 실행하라』, 크리스 맥체스니 외 2, 김영사, 2016, p.32.

[17] 『중소기업의 전략적 성과관리(BSC) 이론편』, 한국BSC연구회, 이담북스, 2009, p.28.

[18] 『성과의 가시화』, 엔도 이사오, 다산북스, 2013, p.37.

25단계 Resolution of Digital: 열정과 소신으로 표현한다

[1] 『중소기업의 전략적 성과관리(BSC) 이론편』, 한국BSC연구회, 이담북스, 2009, p.159.

[2] 『중소기업의 전략적 성과관리(BSC) 이론편』, 한국BSC연구회, 이담북스, 2009, p.161.

[3] 『중소기업의 전략적 성과관리(BSC) 이론편』, 한국BSC연구회, 이담북스, 2009, p.163.

[4] 『탁월한 성과는 어떻게 만들어지는가』, 김준성, 김앤김북스, 2013, p.54.

[5] 『성과관리, 이제는 사람이다』, 이현, 이담북스, 2015, p.154.

[6] 『일을 했으면 성과를 내라』, 류랑도, 쌤앤파커스, 2016, p.312.

[7] 『일을 했으면 성과를 내라』, 류랑도, 쌤앤파커스, 2016, p.138.

[8] 『일을 했으면 성과를 내라』, 류랑도, 쌤앤파커스, 2016, p.316.

[9] 『그들은 어떻게 지적 성과를 내는가』, 야마구치 슈, 인사이트앤뷰, 2015, p.297.

[10] 『성과를 향한 도전』, 피터 드러커, 간디서원, 2010, p.123.

[11] 『성과를 향한 도전』, 피터 드러커, 간디서원, 2010, p.124.

[12] 『성과를 향한 도전』, 피터 드러커, 간디서원, 2010, p.121.

[13] 『성과를 향한 도전』, 피터 드러커, 간디서원, 2010, p.121.

[14] 『성과를 향한 도전』, 피터 드러커, 간디서원, 2010, p.148.

[15] 『성과를 향한 도전』, 피터 드러커, 간디서원, 2010, p.126.

26단계 brevity Touch: 심플하게 고객 감성을 자극한다

[1] 『무엇이 성과를 이끄는가』, 닐 도쉬 외 1, 생각지도, 2016, p.192.

[2] 『조직의 성과를 이끌어내는 리더십』, 다니얼 골먼 외 1, 매경출판, 2015, p.10.

[3] 『조직의 성과를 이끌어내는 리더십』, 다니얼 골먼 외 1, 매경출판, 2015, p.27.

[4] 『조직의 성과를 이끌어내는 리더십』, 다니얼 골먼 외 1, 매경출판, 2015, p.28.

[5] 『그들은 어떻게 지적 성과를 내는가』, 야마구치 슈, 인사이트앤뷰, 2015, p.226.

[6] 『그들은 어떻게 지적 성과를 내는가』, 야마구치 슈, 인사이트앤뷰, 2015, p.227.

[7] 『왜 내 성과는 제자리일까』, 김상배, 한국경제신문사, 2017, p.183.

[8] 『왜 내 성과는 제자리일까』, 김상배, 한국경제신문사, 2017, p.180.

[9] 『조직의 성과를 이끌어내는 리더십』, 다니얼 골먼 외 1, 매경출판, 2015, p.320.

[10] 『성과를 내고 싶으면 실행하라』, 크리스 맥체스니 외 2, 김영사, 2016, p.60.

[11] 『성과를 200% 끌어올리는 TOC』, 정남기, 한언, 2005, p.45.

[12] 『성과를 내는 팀장은 다르다』, 데니 F. 스트리글 외 1, 코리아닷컴, 2012, p.95.

[13] 『성과를 내는 팀장은 다르다』, 데니 F. 스트리글 외 1, 코리아닷컴, 2012, p.109.

[14] 『왜 내 성과는 제자리일까』, 김상배, 한국경제신문사, 2017, p.90.

[15] 『탁월한 성과는 어떻게 만들어지는가』, 김준성, 김앤김북스, 2013, p.57.

[16] 『탁월한 성과는 어떻게 만들어지는가』, 김준성, 김앤김북스, 2013, p.39.

[17] 『왜 내 성과는 제자리일까』, 김상배, 한국경제신문사, 2017, p.121.

[18] 『진짜 성과관리 PQ』, 송계전, 좋은땅, 2013, p.258.

[19] 『그들은 어떻게 지적 성과를 내는가』, 야마구치 슈, 인사이트앤뷰, 2015, p.144.

[20] 『그들은 어떻게 지적 성과를 내는가』, 야마구치 슈, 인사이트앤뷰, 2015, p.144.

[21] 『그들은 어떻게 지적 성과를 내는가』, 야마구치 슈, 인사이트앤뷰, 2015, p.145.

[22] 『성과 내는 팀장의 40가지 조건』, 이재정, 라온북, 2017, p.31.

[23] 『성과를 내는 팀장은 다르다』, 데니 F. 스트리글 외 1, 코리아닷컴, 2012, p.52.

[24] 『성과를 200% 끌어올리는 TOC』, 정남기, 한언, 2005, p.145.

[25] 『탁월한 성과는 어떻게 만들어지는가』, 김준성, 김앤김북스, 2013, p.86.